코카서스 국가 조지아
역사 · 종교 · 국내정치 · 국제관계

정세진 **지음**

진인진

코카서스 국가 조지아 – 역사·종교·국내정치·국제관계

초판 1쇄 발행 | 2022년 3월 30일

지은이 | 정세진
편　집 | 배원일, 김민경
발행인 | 김태진
발행처 | 진인진
등　록 | 제25100-2005-000003호
주　소 | 경기도 과천시 별양상가 1로 18 614호(별양동 과천오피스텔)
전　화 | 02-507-3077-8
팩　스 | 02-507-3079
홈페이지 | http://www.zininzin.co.kr
이메일 | pub@zininzin.co.kr

ⓒ 정세진 2022
ISBN 978-89-6347-496-0 93920

* 책값은 표지 뒤에 있습니다.

* 이 책은 2018년도 한국연구재단의 지원에 의해 연구되었음(과제번호: 2018S1A6A3A02024971).

목차

머리말   5

1부   조지아의 역사와 종교문화   15

1장   조지아 역사   17
1. 조지아의 고대: 친서방 문화 전통과 공간 메타포   17
2. 조지아–아시아의 공간적 경계와 접변   26
3. 근대 시기의 조지아와 제정러시아   31
4. 1991년 독립 이후의 조지아–서방과 북방의 경계에서   37

2장   조지아 종교: 조지아 정교 및 조지아 이슬람   47
1. 조지아의 종교문화 개관   47
2. 조지아정교의 역사적 동학   53
3. 조지아 이슬람 및 자치공화국에서 무슬림의 역사적 정체성   63

2부   조지아 국내 정세   79

3장   조지아 국내 정치   81
1. 조지아 정치경제 현황   81
2. 조지아 국내 정치 전개 과정   87
3. 조지아의 주요 정치적 인물   127

4장 조지아 내정과 영토 통합성　　　　　　　　　　　　143
　1.　2008년 러시아 – 조지아 전쟁과 영토 통합성 이슈　　　143
　2.　2008년 전쟁 이후 남오세티아 – 아브하지아 자치공화국 상황　147

3부　조지아 국제 관계 및 대외 정책　　　　　　　　　　157

5장　조지아의 친서방 정책 전개 과정　　　　　　　　　　159
　1.　조지아 – EU 관계　　　　　　　　　　　　　　　　　159
　2.　조지아 – 나토 관계를 통해서 본 친서방 방향성　　　　177
　3.　조지아 – 우크라이나 국제관계 및 친서방 정책　　　　186

6장　조지아 – 러시아 관계　　　　　　　　　　　　　　　193
　1.　조지아 – 러시아 관계로 본 조지아의 친서방 외교전략　193
　2.　2012년 이후 조지아 신정부와 러시아와의 관계　　　　199

7장　GUAM과 조지아의 대외 정책: 미국과의 관계를 중심으로　207
　1.　GUAM 창설과 전개 과정　　　　　　　　　　　　　207
　2.　GUAM의 친서방 전략: 미국과의 관계를 중심으로　　219

참고문헌　　　　　　　　　　　　　　　　　　　　　　　245
주　　　　　　　　　　　　　　　　　　　　　　　　　263
찾아보기　　　　　　　　　　　　　　　　　　　　　　287

머리말

1991년 소련 해체 이후 남코카서스(트랜스 코카서스) 공화국들은 신생 독립국으로 민족 정체성 및 국가 정체성 정립을 모색해왔다. 남코카서스 국가들은 조지아, 아르메니아, 아제르바이잔 등이다. 북코카서스는 현재 러시아연방에 속해 있으며, 체첸 공화국, 다게스탄 공화국, 잉구세티아 공화국 등이 포함되어 있다.

2003년 조지아에서 장미혁명이 일어났다. 조지아의 장미 혁명, 우크라이나의 오렌지 혁명, 키르기스스탄의 튤립 혁명 등은 소련 해체 이후 과거 소련이 속했던 지역에서 일어난 색깔 혁명(color revolution)이다. 장미혁명은 과거 구소련권 지역에서 처음 발생한 혁명이었다. 색깔 혁명은 중앙유럽과 중앙아시아의 구소련 국가에서 등장한 운동으로 공산주의 체제의 붕괴 이후 일어난 일련의 자유 혁명이었다. 혁명 참가자들은 부패하거나 독재적인 정부에 대항하여 비폭력 저항의 방식으로 민주주의를 요구하였다. 이 운동은 특별한 색이나 꽃을 상징으로 하였다.

조지아는 소련 해체와 소련식 사회주의의 종언 이후 세계 역사 무대에 중요한 변수로 등장하고 있는데, 강대국들의 경쟁과 협력 공간으로 등장했기 때문이다. 국제 질서의 세력 균형에 매우 중대한 지정학적 중요성을 지니고 있다. 서방 국가는 조지아의 친서방 정책을 관철하고자 노력해왔으며, 2022년 현재도 그러하다. 그러나 러시아는 과거 소련 시절처럼 러시아의 정치적 지배력과 영향력을 조지아에서 유지하고자 한다. 특히 2008년 러시아-조지아 전쟁 이후 러시아는 조지아의 자치공화국이던 아브하지아 공화국과 남오세티아 공화국 등의 독립을 전격 승인하였다. 그러나 이는 UN 등 국제사회의 승인을 받지 않았고 불법으로 규정되었다. 조지아는 여전히 러시아와 대립 중에 있다.

조지아 주변 지도

장미 혁명은 민주주의의 가치뿐만 아니라 소련 해체에 따른 이데올로기 공백을 조지아가 스스로 극복했다는 점에서 매우 중요한 역사적·정치적 사건이었다. 조지아의 정치 변화는 '포스트 소비에트'(과거 구소련 지역을 소련 해체 이후에 명명하는 용어) 공간의 미래 전망과 발전 과정을 규명하는 핵심 요소가 되었다. 장미 혁명으로 2004년 조지아의 대통령이 된 미하일 사카쉬빌리 대통령은 친서방 국가 정책을 전면에 내세웠다. 독립 이후 조지아의 역사, 기원, 국가 특성을 연구하는 것은 유라시아 국가들의 외교관계, 국가전략을 이해하는 매우 중요한 모델을 제시해줄 것이다. 소련 해체 이후 유라시아 국가들은 지정학적 다원주의의 궤도를 밟았다.

1991년 독립 이후 조지아 대외 관계는 기본적으로 친서방 경향이었다. 조지아는 흑해의 요충지이다. 그러나 러시아에 있어 조지아는 사활적 전략 공간에 속하는 국가이다. 러시아는 조지아에 대한 정치적, 경제적 영향력을 지속하는 정책을 펼치고 있다. 그런 견지에서 조지아의 2개 자치공화국의 독립을 승인했다. 그러나 이로써 조지아가 가장 크게 심혈을 기울이고 있는 영토 통합성에 균열이 일어났다.

　　국가의 지속성과 연속성이라는 의미에서 조지아가 선택할 지정학적 옵션은 무엇일까? 조지아는 전통적으로 동서양의 다양한 문화 접변 지역이었다. 역사적 변천 과정이 극적으로 진행되었다. 조지아 역사 가운데 가장 큰 사건은 러시아가 조지아를 합병했던 일이다. 1783년 러시아와 조지아는 게오르기예프스크 조약을 체결했고 조지아는 이후 2백 년 이상 제정러시아와 소련의 통치적 범주 내에 포함되었다. 1805년 러시아가 동부 조지아를 공식 병합했다. 그러나 역사적, 전통적으로 본다면 조지아는 19세기 이전에는 서방의 영향력을 더 강하게 받아왔던 국가이다. 조지아는 동서양의 교차로에 위치했던 대표적 국가이다. 조지아는 그리스·로마, 이후 비잔틴 제국과 정치적, 국제적, 경제적, 문화적 영향권 내에 있었다. 조지아가 소련 해체 이후 친서방 전략을 채택하고 있는 이유 중의 하나이다.

　　그러나 조지아는 페르시아, 터키 등 동방 국가의 지배를 받거나 문화 접변의 영향권 안에 있었기 때문에 아시아 국가와도 밀접한 관련성이 있었다. 조지아는 러시아의 정치적, 문화적 지배력을 19세기 이후에 수용했다. 러시아 정체성은 '동'과 '서'의 포괄적 문제로 대변되어왔다. 조지아 입장에서 러시아 국가 정체성이 어떤 식으로 규정되든, 러시아는 북방 세력이었다. 조지아 근대 역사에 있어 러시아는 매우 중요한 국가였다.

　　필자가 보기에 역사적, 공간적 관점에서 본다면, 조지아는 동방, 서방, 그리고 북방과의 경계를 통한 문화적 복합성을 지닌 국가로 정의된다. 조지아가 속한 인문지리 및 그 공간을 잘 알아야 조지아 국가를 자연스럽게 이해할 수 있을 이다. 즉 조지아의 지정학적 위치, 지리적, 민족적 상황, 국가발전 전략을 총체적으로 이해하기 위해서는 조지아의 역사를 잘 알아야한다. 조지아는 1991년 독립 이후 외형적으로는 친서방 기조를 이어왔다. 그러나 러시아의 존재로 인해 이러한 경향이 지속될지는 여전히 더 두고보아야할 것이다. 조지아는 1991년, 2백 년 만에 처음으로 독립국이 되었고, 국가의 존립과 미래를 어떤 방향으로 이끌어 나갈 것인가가 매우 중요한 과제로 대두되었다. 조지아 역사에 있어서 서방, 동방, 그리고 러시아를 위시로 하는 북방과의 공간 접점은 매우 중요한 연구 대상이 된다. 독립 이후 조지아가 민족건설, 국가건설의 과정에서 과거 역사적 교류가 특별했던 서유럽, 러시아, 터키 등과 어떻게 관계 설정이 되어야하는지가 매우 중요하다, 그것이 조지아를 둘러싼 공간 연구이다.

본 저서의 1부에서는 '조지아의 역사와 종교문화'를 주된 내용으로 서술되었다. 1장의 주제는 '조지아 역사'이고 2장은 '조지아 종교: 조지아 정교 및 이슬람'이다. 1부 1장에서는 조지아의 역사를 조지아의 공간 연구, 즉 동과 서, 북방과의 지리적 접변과 상호 관계를 분석한 내용을 중점적으로 다루었다.

조지아는 고대에 친서방 교류와 연대를 강화해왔다. 그리스·로마 시대부터 유럽과의 정치적, 경제적, 군사적 교류를 통하여 일찍이 서방과의 근접성을 유지해왔다. 조지아의 서유럽 특징은 로마에서 융성해진 기독교를 수용, 유럽 문화권 중심의 역사적 관계를 지속해왔다는 점이다. 특히 조지아와 그리스의 역사적 관계도 조지아의 친서방 경향의 핵심 요소이다. 동로마 제국의 수도가 콘스탄티노플로 옮겨간 이후 조지아와 비잔틴 제국의 지리적 경계가 더 가까워짐으로써 조지아의 다양한 공국들은 비잔틴을 통해 친서방 국가 정책을 전개할 수 있는 내적 동력을 얻게 되었다.

고대에 페르시아와의 역사적 관계가 지속되었지만, 조지아는 중세 시대에 들어와서 매우 빈번히 동방 제국들과의 역사적 관련성을 유지해 왔다. 페르시아, 아랍 칼리프, 셀주크 투르크, 몽골, 티무르 등 동방의 제국들이 조지아를 침공하거나 지배하였다. 조지아 국가 형성 가운데서 가장 결정적인 사건은 19세기에 러시아가 조지아를 합병한 일이었다. 조지아는 지난 2백 년 동안 정치, 사회, 종교, 관습적인 면에서 북방의 러시아 문화를 수용하거나 흡수하면서 역사의 경로를 밟아왔다.

2장에서는 조지아 정교와 조지아 이슬람을 중점적으로 분석하는 내용으로 구성되었다. 조지아 정교가 조지아인의 핵심적인 문화 정체성이다. 종교적 측면에서는 다양한 종교가 출현하였다. 조지아 민족은 전통적 융화와 관용성을 강조한 특징이 있다. 조지아의 수도 트빌리시(Tbilisi; თბილისი)에는 복합적인 종교성이 나타났는데, 조지아 정교와 러시아 정교, 가톨릭, 아르메니아 정교회, 이슬람의 시아파 및 수니파 성전이 혼재해 있다. 조지아가 동서양 국가들과 대외관계를 맺은 핵심 인자는 他국가와의 상호 종교적 교류이다.

고대부터 조지아와 가장 관련이 깊은 종교는 기독교였다. 정확히 언급한다면, 비잔틴 정교의 영향력을 절대적으로 받았다. 유대교와의 교류도 활발하였으며, 바티칸과의 교류, 즉 로마 가톨릭과의 관계도 지속적이었고, 19세기 이후로는 러시아 정교회와 교류를 가졌다. 이처럼 조지아는 특히 종교의 중심지로 성장한 국가들과의 역사적 교류가 빈번하였다. 고대 상업의 중심지인 거대한 실크로드의 핵심 공간은 동 서양의 문화 접변의 원천을 보여준다.

본 저서의 특징은 조지아 정교만을 내용에 포함한 것이 아니라 조지아 이슬람의 전반적인 내용도 분석하고 있다는 점이다. 조지아 내에는 무슬림이 약 10~11% 정도 분포하고 있다. 역사적으로 오스만 투르크가 이슬람을 전파한 이유가 컸기 때문이다. 근접 지역의 오스만 투르크는 조지아에 대한 정치적 지배력을 상당 기간 유지하고 있었다. 이러한 측면에서 조지아 이슬람에 대한 연구는 매우 중요하다.

2부의 전체 주제는 '조지아 국내 정세'이다. 3장에서는 '조지아 국내 정치', 4장의 주제는 '조지아 내정과 영토 통합성 이슈'로 정했다. 2부에서는 2003년 장미 혁명 이후의 조지아 국내 정세를 주로 다루었다. 특히 본 저서에서는 3장에 많은 페이지를 할애했으며, 미하일 사카쉬빌리 시기 조지아 국내 정치와 특히 2012년 이후 조지아 신정부의 정치적 상황이 중점적으로 서술되었다. 그리고 2008년 조지아-러시아 전쟁 이후 조지아의 자치공화국이던 아브하지아, 남오세티아와 관련된 영토 통합성 이슈를 국내 상황과 서방-러시아 관계 등 국제관계를 중심으로 규명하는 내용으로 전개되었다.

2012년 총선으로 '조지아의 꿈' 정당이 승리하면서 국내 정치의 급변이 이루어졌다. 조지아의 꿈은 2016년, 2020년 연이어 총선에 승리하면서 조지아 국내 정치의 핵심 세력이 되었다. 2003년 장미 혁명으로 집권한 '국민운동연합'은 국민의 지지를 상실하였으며, 2020년 총선 패배 이후에는 분당 사태까지 겪게 되었다. 그러나 사카쉬빌리 정부와 현재의 신정부는 EU 및 나토 가입을 강력히 추진하면서 대외 정책에는 하나의 방향성을 가지고 추진해왔다. 다만 신정부는 러시아와의 관계를 개선해야 한다는 기본적인 입장을 가지고 있어 과거의 사카쉬빌리 정부와는 변별적인 대외 정책을 수행해왔다.

3부의 전체 주제는 '조지아 국제 관계 및 대외 정책'으로 정했다. 5장에서는 '조지아의 친서방 정책 전개 과정', 6장은 '조지아-러시아 관계', 7장은 'GUAM과 조지아의 대외 정책' 등을 주제로 분석하였다.

5장에서는 조지아 - EU 관계, 조지아 - 나토 관계 등을 통해 조지아의 친서방 외교 정책을 분석하는 내용으로 구성되었다. 1990년대 중반 셰바르드나제가 대통령으로 재임하면서부터 조지아의 기본적인 대외정책의 방향성은 친서방 정책이었다. 사카쉬빌리 정부와 신정부에 들어와서도 조지아는 친서방 국가전략을 명확히 내세웠다. 조지아는 유럽 - 대서양으로의 통합을 꾸준히 추구했다. 현재 러시아와 조지아는 2008년 전쟁 이후 국교가 단절된 상태이다. 신정부도 러시아와의 관계를 개선하고자 했지만, 여전히 대외정책의 핵심은 친서방 정책을 고수하고 있다. 조지아의 미래 방향성은 명확하며, 상당한 기간 동안 일정한 기조를 유지할 것으로 판단된다. 그리고 그 결과가 EU가입, 혹은 나토가입으로 나타나든, 조지아는 친서방 스탠스를 계속 유지할 것이다.

6장에서는 러시아 - 조지아 관계를 중점적으로 다루는 내용이다. 특히 조지아 - 러시아 관계로 본 조지아의 친서방 외교 전략과 2012년 이후 조지아 신정부와 러시아와의 관계를 중심적인 주제로 설정하여 내용이 전개된다. 7장에서는 1990년대 친서방 기조를 내걸고 출범한 GUAM(조지아, 우크라이나, 아제르바이잔, 몰도바)의 창설과 전개 과정, 그리고 친서방 정책이 기술되었다.

본 저서는 코카서스 국가인 조지아에 관한 내용으로 구성되었다. 저자는 조지아 국가 연구 토대를 마련하기 위해 국내 저널에 꾸준하게 논문을 기재해왔다. 본 저서에는 조지아에 관련된 4편의 필자 논문을 저서 내용에 포함하였다. 국내 저널에 실린 글은 다음과 같다. 1장은 "그루지야역사의 공간과 접변 연구 - 동과 서, 북방의 경계를 중심으로"(「국제지역연구」 12-1 (2008)), 1부 2장에는 "그루지야 종교 문화 인식에 대한 소고 - 그루지야 이슬람을 중심으로"(「동유럽발칸학」 13-2 (2011)), 3장~6장에는 "조지아 친(親)서방 정향성의 특성과 함의: 국제관계 및 국내정치적 상황을 중심으로"(『러시아연구』 29-1 (2019)) 논문을 일부분 재구성하여 내용에 포함하였다. 7장은 "GUAM 창설과 헤게모니 갈등: GUAM의 탈러시아적 경향을 중심으로"(『슬라브학보』 22-1 (2007)) 등을 새롭게 재구성하여 논문 내용에 포함하였다.

　본 저서에서는 논문 4편 이외에 이머릭스(Emerics) 『러시아 유라시아 전문가 오피니언』, 그리고 한국외국어대학교 러시아연구소에서 간행하는 『Russia-Eurasia Focus』에 실은 조지아 관련 필자의 칼럼을 포함하여 재구성하였다. 그리고 아태지역연구센터에서 매주 월요일마다 간행한 '유라시아 헤드라인'에 실린 필자의 글을 참고하였다.

　이 저서는 일반인들도 접근할 수 있도록 구성되었으며, 동시에 국내의 조지아 연구자들과 후학들이 조지아를 이해하는 데 조금의 도움이 될 것으로 판단된다. 필자는 여러 번 생각해보아도 본 저서가 연구 역량으로 너무나 부족하다고 인정할 수밖에 없다. 지역학 관점으로 본 저서를 출간하였지만, 조지아의 다양한 영역을 모두 다루지 못하였다. 특히 조지아 경제와 관련된 내용은 거의 없으며, 조지아 현대 문화와 문학에 관련된 내용도 있지 않다. 동시에 국내 정치와 국제 관계 분야에서도 조지아 현대 이슈를 다루고 있지만, 통찰력 있고 깊이 있는 분석은 이루어지지 않았다고 판단된다. 다만 국내에서 본격적인 역사, 종교, 국내외 정세와 대외정책을 망라한 내용의 조지아 개설서가 이전에 출간되지 않았다는 점에서 필자는 자그마한 자부심을 느끼고 있다.

　본 저서를 세상에 내놓으면서 필자는 조지아에 관련된 더 훌륭한 저서가 계속 출간되기를 간절히 바라는 심정이다. 향후 유라시아 지역학을 전공하는 훌륭한 후학 세대들이 더 뛰어난 저서를 출간할 것으로 진심으로 기대하는 마음으로 본 저서를 내놓게 되었다.

　본 저서의 출간을 앞둔 2022년 2월 24일에 러시아-우크라이나 전쟁이 발발했다. 조지아, 우크라이나 양국 관계는 2017년에 '전략적 동반자 관계'로 격상되었다. 양국은 EU와 나토 가입을 국가의 레드라인으로 설정했다. 양국의 지향 목표가 같기 때문에 러시아의 우크라이나 침공은 조지아에게도 국가적 관심사이다. 이 전쟁의 결과에 따라 조지아의 국가 목표에도 지대한 영향을 미칠 것이다. 조지아는 EU와 나토 가입을 천명했지만, 현 정부는 러시아와의 외교 관계 개선을 희망하고 있다. 그럼에도 불구하고 조지아의 친서방 국가전략에는 변함이 없다. 국제사회는 우크라이나와 조지아를 동일시 여길 수 없을 것이다. 조지아의 영토와 인구는 우크라이나에 비교하면 매우 작은 규모이다. 그리고 조지아는 우크라이나에 비해 상대적으로 지정학적 전략의 중요성이 크지 않다. 이런 상황에서 조지아의 EU와 나토 가입은 쉽지 않을 것으로 판단된다. 그리고 러시아는 조지아의 영토 통합성을 인정하지 않고 아브하지아, 남오세티아 공화국의 독립을 승인했다. 러시아는 동일하게 우크라이나 동부 돈바스 지역의 2개 자치공화국인 루한시크(루간스크) 공화국과 도네치크(도네츠크) 공화국 독립을 러시아 – 우크라이나 전쟁 직전에 정식 승인하였다. 그러므로 조지아의 영토 통합성도 이번 전쟁의 결과에 따라 영향을 받을 것이지만, 러시아는 조지아에 대한 정치적, 군사적 압박 정책을 지속할 것으로 예상된다.

  본 저서의 출판을 위해 물질적인 지원을 해준 한국연구재단과 총서 발간을 위해 격려해주신 한양대 아태지역연구센터의 엄구호 소장께 감사의 마음을 전해 드리며, 어려운 출판 환경 속에서도 기꺼이 본 책의 출판을 허락해주신 도서출판 진인진 사장님과 책의 완성도를 위해 최선을 다하고 편집 등 책의 제반 업무를 책임지신 편집부 담당자에게 깊은 감사의 말씀을 드린다.

2022년 3월 행당동에서 정세진

1부 조지아의 역사와 종교문화

1장 조지아 역사

1. 조지아의 고대: 친서방 문화 전통과 공간 메타포

조지아의 역사적 개관 – 친서방 전통의 기원

조지아는 지리적으로 동·서의 중간에 위치한 전형적 국가이다. 조지아는 고대의 역사와 문명, 상업 및 무역의 중심지인 실크로드(비단길)가 통과하는 지역으로 동(東)과 서(西)의 문물 교류의 요충지였다.

조지아는 "기독교 서방과 이슬람·불교의 동방"[1] 세계의 접경 지대에 위치한다. 조지아는 그리스·로마 문화의 영향을 받고 기독교를 수용하였으며, 서방과의 접촉이 매우 활발했지만, 중세 이후로는 페르시아, 터키 등의 영향력을 절대적으로 받았다.[2] 이런 관점에서 조지아가 문명·문화적으로 서방에 속하는지, 아시아에 속하는지의 역사 철학적 질문이 꾸준히 제기되어왔다.

조지아의 고대 역사에는 조지아가 다양한 국가들과 더불어 상호 교류와 역사적 관련성을 가지고 있다고 언급된다. 초기 역사를 살펴보면 고고학적 자료로는 B.C.

조지아 정교회 내의 이콘(필자 촬영)

조지아 유네스코 문화 유산 므츠헤타(필자 촬영)

5천년으로 거슬러 올라간다. 그 시대로부터 조지아의 실질적 국가 형성기까지 일단의 조지아 민족 그룹이 지금의 거주지로 이주하거나 침입해 왔다. 그 결과로 다양한 에트노스(종족)로 이루어져 조지아 민족의 인종적 기초가 되었다. 외부 군사 원정대가 조지아를 정복하거나, 지역 거주민에 대한 광범위한 통치가 이루어졌다.[3] 조지아는 역사 초기부터 단일한 국가로 형성되지 못하고 주변 세력의 지배를 받았다. 조지아는 동서 및 남북의 교통·무역의 요충지에 위치하여 외부 세력에 의한 간섭을 지속적으로 받았다.

조지아의 서방과의 관계, 즉 유럽과의 접변은 어떤 식으로 이루어졌을까? 조지아는 그리스·로마와 역사적 관계를 가졌고 기독교를 수용함으로써, 친서방 경향을 보여주었다. 조지아는 부분적으로 산악 지역에 속하는데, 코카서스(카프카스) 산맥과 흑해 중간에 위치해 있다. 조지아 국가명은 역사의 변천에 따라 다양하게 명명되었다.

일반적으로 동(東) 조지아는 '카르틀리'(Kartli; Картли) 공국으로 불렸다. 카르틀리는 조지아의 수도인 트빌리시(Tbilisi; თბილისი)가 있는 쿠라강을 교차하는 중부에서 동부 조지아에 속하는 공간에 속한다. 이 공국은 중세에 조지아인의 민족, 정치 통합에 결정적 역할을 담당했다. 이 공국의 영토는 현재 조지아의 다양한 행정 구역으로 나누어져있다.[4]

그리고 역사적 문헌에 '이베리아'(Iberia; Иберия) 공국이 등장하는데, 이베리아는 고대 그리스와 로마인에 의해 B.C. 4세기부터 5세기까지 지금의 조지아 남부와 동부를 상당 부분 차지하던 카르틀리의 고대 조지아 왕국에 명명된 이름이었다. 현재의 국가인 스페인, 포르투갈, 안도라, 영국령 지브롤터가 위치하고 있는 이베리아 반도와 구분 짓기 위해 '코카서스(카프카스) 이베리아' 또는 '동 이베리아'라고 부른다. 코카서스 이베리아 인은 이후 조지아에 독립국가가 건국될 때 토대가 되었다. 즉 콜키스(고대 서조지아왕국) 인과 더불어 현재의 조지아인(또는 카르트벨리아

인)의 토대를 형성했다.⁵

　스페인은 보통 서부 이베리아라고 일컫는데 스페인을 이베리아로 부르는 이유가 바로 그 단어 자체가 조지아의 이베리아에서 파생한 말이라는 주장이 제기되었다. 이들이 코카서스에서 식민지를 건설하고 이베리아 민족을 통치한 이후 스페인으로 돌아갔다는 가설이다.

　최초의 조지아 국가 명칭은 흑해 연안의 '콜히다'(Kolkhida)로 출발했는데, 이는 이후 '콜키스'(Colchis)라는 이름으로 일찍이 그리스인에게 알려졌다. B.C. 6세기에 그리스는 콜키스를 식민지로 지배하였다. 콜키스, 카르틀리, 이베리아 공국의 지배자들은 그리스와의 정치 경제 유대 관계를 강력히 지지했다. 조지아는 이후 로마 제국과 긴밀한 연대 관계를 맺고 비잔틴 제국과 장기간 교류를 가졌다.

　알렉산더 대왕이 페르시아 제국을 정복한 B.C. 4세기에 실질적인 최초의 조지아 국가가 형성되었다. 조지아의 국가명은 '게오르기아', 구르지스탄', '조지아'(Georgia), '사카르트벨로'(Sakartvelo; Сакартвело) 등으로 다양하게 불렸다. 사카르트벨로는 '카르베드의 나라' 즉 '조지아'를 의미하였다. 조지아인은 자신들을 일컬어 '카르트벨레비'(Kartvelebi) 또는 '카르트벨리아'로 부른다. 그런데 이 호칭들은 모두 이교도 신인 '카르틀로스'(Kartlos)에서 나온 말이다. 카르틀로스는 조지아를 건국한 전설적 신화에 등장하는 인물이다.

　조지아와 유럽 세력이 접변하게 된 것은 조지아에 속한 카르틀리·이베리아 공국이 그리스·로마와 정치적 협력과 긴밀한 무역 경제 유대 관계를 맺고, 비잔틴, 흑해 국가들과도 복합적인 협력 관계가 지속됨에 따라 가능하였다. 서방과 상대적으로 더 활발한 교류가 이루어진 지역은 동조지아라기보다는 서조지아였다. 이는 유럽과의 지리적 근접성이 서조지아가 동조지아보다 더 가까웠기 때문이다. 서조지아의 거주민인 콜히족은 흑해에서 선사시대 이래 어업 관련 일과 항해업에 종사하였는데,

흑해 중개인으로서 최단 거리로 중앙유럽 국가들, 그리스와 근동 국가들과 교류를 가졌다는 기록이 있다.

조지아와 그리스와의 교류는 그리스 로마신화의 〈아르고〉 호에 관련 내용이 나온다. 아르고 호는 그리스 신화에서 이올코스의 영웅 이아손과 모험가들이 전설의 황금양모를 찾기 위해 모험의 길을 떠났을 때 타고 간 배 이름이다. 고도로 발달된 그리스와 상업 교류, 그리고 황금 채굴의 내용이 있다. 조지아는 그리스와의 교류를 통해 서유럽 문화와 긴밀한 유대 관계를 가졌다. 조지아의 고고학 발굴을 통해 실제적으로 이러한 교류가 이루어졌다는 것을 알 수 있다.[6]

조지아의 친서방 경향의 구성 요소는 지리적 측면으로 흑해라는 공간이 큰 역할을 담당하였다. 콜히족은 흑해라는 지리적 구성 인자를 활용하면서 특별히 그리스와 상업 교류를 확대해왔다. 콜키스와 이베리아를 지나 인도와의 무역 활동에 나선 조지아 상인들은 그리스, 로마, 이탈리아 베네치아, 제네바의 동전과 무기 등을 구입했다. 특별히 로마인들은 코카서스에서의 교역을 위해 코카서스 130여 종족과의 원활한 의사소통을 위해 비슷한 수의 통역관을 확보하고 있었다고 한다. 후에 조지아 중심 지역이 된 트빌리시에는 코카서스의 정치적 권위의식과 더불어 외부 건축물의 웅장한 형태로써 유럽형의 시민적 도시 분위기를 보여주었다.[7] 특별히 헬레니즘 시대에 그리스의 영향은 증대되었다. 마케도니아의 알렉산더 대왕이 조지아에 특별한 관심을 가지면서 이 지역과 교류를 가졌고 조지아인의 내면적 삶에 관여하였다. 그리스 로마 시대에 조지아와 서방의 교류는 단순히 상업·경제적 목적 때문에 이루어진 것은 아니었고, 군사·정치적 성격 때문에 빈번하게 이루어졌다. 조지아가 이 시기 유럽 국가들과 정치적, 군사적 유대를 긴밀히 맺은 이유는 국가 형성기의 당연한 선택이었다.

조지아 정교회 내부
(필자 촬영)

조지아의 親유럽 문화 발전기

B.C. 2세기에 조지아인은 중동 아랍의 복잡한 정치적 소용돌이에 휘말렸다. 당시 로마는 아시아로 급격히 팽창을 시도하고 있었는데, 로마에 대항한 '폰트 공국'(Понтийское царство)의 미트리다테 6세는 아르메니아의 '티그란 2세'와 동맹을 맺고 있었다. 폰트 공국은 B.C. 302년부터 B.C. 62년까지 소아시아에 존속하였고 흑해 남부에 위치한 그리스어 사용 국가였다. 로마가 정복 활동을 확대하면서 소아시아 지역에서 전쟁이 발발하였다. 로마는 북방 기마민족의 팽창을 억제하기 위해서는 조지아와의 유대가 매우 중요하다고 판단하였고, 조지아도 이 전쟁에 개입했다. 조지아는 당시 남코카서스의 완충지이며, 로마에 있어 지정학적 핵심 공간이었다. 로마는 동방으로부터의 식민지 노예를 남코카서스에서 공급받아야 했고, 이를 실현하는 최적의 장소는 로마였다. 조지아가 그리스뿐만 아니라 유럽 영향력을 수용하게 된 계기는 로마와의 이러한 역사적 관련성 때문이었다.

B.C. 1세기부터 조지아는 로마의 공식 지배를 받았다. 남코카서스는 무역 교통로의 핵심지역이며, 지중해와 중앙아시아, 인도, 중국을 연결하는 전략적 공간[8]으로 일찍이 부상했다. 조지아는 로마의 입장에서 카프카스와 흑해 북부를 연결하는 교통 요충지로 인식되었다. 그러므로 오늘날 에너지 자원의 핵심 지역으로 전세계의 관심을 받고 있는 남코카서스의 지리적 중요성은 이미 오래전부터 시작되었으며, 소위 강대국의 전략적 공간의 대상이 조지아와 남코카서스였다. 남코카서스는 조지아, 아르메니아, 아제르바이잔 등 3개국을 일컫는다. 조지아는 이 시기부터 주변 강대국의 국가 이익이라는 전통적인 지정학적 상황에 따라 약소국으로 생존을 추구하는 국가전략을 채택할 수밖에 없었다.

당시 조지아의 동부 지역에서는 '카르틀리', 서부에서는 '이베리아' 공국이 점진적으로 형성되어가던 시기였다. 조지아는 서유럽에서는 로마, 아시아에서는 페르시아라는 강대국의 영향력을 직간접적으로 받았다. 조지아와 서유럽의 관계는 로마가 코카서스를 점령한 때인 B.C. 66년 이후에 심화되었다. 조지아는 이후 4백 년 동안 로마의 식민지, 혹은 동맹국이었다.[9] 로마의 폼페이 군대가 조지아를 침략하여 이 지역을 점령하고 전략적 우위를 확보함에 따라 폰트 왕국은 역사상에서 사라졌다. 이후 조지아 접경 지역의 아르메니아 대공국은 로마의 군사 원정으로 소공국으로 축소되거나 분열되었고, 자신을 "로마 민중의 친구이며 동맹자"[10]라고 선포하였다. 아르메니아 공국이 약화된 이후 서조지아의 이베리아 공국은 정치적 권력 집중을 이루면서 로마의 실질적인 가신이 되고 국경을 확장하였다. 이후 조지아 통치자들은 독자 정책을 강화하면서 로마의 직접 명령도 이행하지 않았다. 이베리아 공국은 지속적으로 독립을 추진하는데, 2세기에 들어 최고조에 이르렀다. 이 당시 이베리아를 통치하던 '파르만 2세'는 조지아의 독립을 위해 힘쓴 통치자였다.[11]

이베리아의 독립성과 자율성에도 불구하고 이베리아·로마의 국가 관계는 비교적 긴밀하고 양국 교류는 정기적으로 이루어졌다. 파르만 2세의 통치기에 왕궁의 시중 가운데 로마인도 있었다. 그러나 여전히 2세기에도 로마의 영향력은 지속적으로 유지되었으며, 로마 시민권자가 조지아의 관리로 국가 업무를 관장하였다. 조지아 공국들이 로마의 영향권을 강력히 받은 가운데서도 그리스 영향력 역시 남아있었다. 그러나 고고학적인 자료 등을 분석해본다면, 그리스의 영향력은 조지아 국가 형성의 결정적인 요소는 되지 못하였다. 그리스화는 단지 도시에서만 적용이 되었고 도시 이외의 지방에서는 그리스 문화의 영향력이 투영되지 않았다. 도시의 그리스化는 위로부터의 성격이며, 그리스 영향을 받은 계층은 주로 상류층이나 부유층들이었고, 일반 민중들에게는 그러지 못하였다. 그러나 대제국 로마 시대는 이와 달랐다. 로마와 조지아의 정치적, 경제적 결속 관계는 긴밀하였고, 자연스럽게 로마의 영향력은 심화되었다.

A.D. 330년에 '마리안 3세' 국왕이 기독교를 수용하였다. 기독교 조지아 연대기에는 카파도키아의 성녀 니노(Nino)가 로마의 콘스탄티누스 대제가 통치하던 시기인 330년에 기독교를 최초로 받아들인 것으로 기록되어 있다.[12] 이로써 조지아는 로마 가톨릭뿐만 아니라 이후 지리적으로 가까운 경계인 비잔틴 제국과 연대할 수 있는 계기가 되었다.

그런데 기독교 수용 이전 동조지아에서는 동양적 요소가 매우 강하게 나타났던 지역에 속했다. 로마의 영향력이 조지아에 강력히 유입되기 이전에 정치적, 문화적 영향력은 페르시아로부터 수용되었다. 페르시아의 사산제국 시기에 페르시아 문화는 동조지아에 지배적으로 수용되었고, 조로아스터교가 광범위하게 전파되었다. 사산제국은 아르다시르 1세가 세운 고대 이란 왕조이다.

2. 조지아 – 아시아의 공간적 경계와 접변

조지아 – 페르시아, 조지아 – 오스만 투르크 민족 관계

비잔틴·로마와의 역사적 관계가 조지아와 서방의 문화적 공간에서의 접변이었다고 한다면, 조지아와 동방의 역사는 어떻게 진행되었을까? 중세에 조지아는 유라시아 동방의 전통적 강국인 페르시아와 투르크 민족(셀주크 투르크, 오스만 투르크)의 압박을 받으면서도 기독교 유산을 전통으로 하면서 국가의 통치권이 꾸준히 유지되었다. 조지아가 기독교를 수용하고 몇 세기가 지나간 이후에 페르시아 통치 세력이 조지아에 확장되었다. 6세기에 카르틀리 공국은 페르시아 총독부에 속해있었는데, 페르시아인이 총독으로 임명되었다. 이 총독부의 중심 지역이 트빌리시였다. 이 시기 비잔틴 제국과 페르시아는 동조지아의 패권을 놓고 치열한 군사적 경쟁을 벌였다. 572년부터 비잔틴·페르시아 간에 20년간의

조지아 정교회(필자 촬영)

전쟁이 시작되었으며, 그 결과로 페르시아 사산제국의 영향력은 동조지아에서 급격히 줄어들었다.[13]

    이에 반해 서조지아는 전체적으로 비잔틴 원조 하에 안정된 사회 발전 과정을 거쳐 갔다. 조지아는 비교적 높은 수준의 농업 기술을 가진 농경 국가이며, 수공업이 주산업이었고, 5~6세기에 이베리아 공국의 각 도시에서 급속한 성장을 하고 있었다. 오늘날까지도 조지아의 수공업은 전통적 산업에 속하는데, 헬레니즘 시대에 비약적 발전을 이루었다. 수공업이 성장한 이유는 조지아 도시들을 통해 흑해, 카스피해, 그리고 중앙아시아를 연결하는 거대한 '해양 상업 라인'이 존재했기 때문이었다. 남코카서스를 지나는 '리온'강과 '쿠라'강은 바로 이러한 역할을 하였다. 리온강은 그리스어로는 '파지스'라고 불렸다. 리온강 명칭은 6세기부터 사용되었으며, 길이가 327km이다. 조지아 서부의 '리엔'족으로부터 기원한 이름이며, 리온의 뜻은 '큰 강'이다. 쿠라강은 길이가 1,364 km이며, 터키의 아르메니아 국경 근처와 그리스와 로마까지 연결된다. 이 강은 '남', '동' 조지아를 거쳐 카스피해로 연결되었다.

조지아에서 상대적으로 흑해 연안에 가깝던 이베리아를 해상 산업과 연결한 도시들은 파지스, 수리, 쇼라판, 우르브니시, 고리, 카스피, 므츠헤타 등이었는데, 이 도시 중에 핵심 도시는 '므츠헤타'(Mtskheta) 였다. 므츠헤타는 트빌리시로부터 북서쪽으로 약 20km 떨어져 있다. 므츠헤타는 5세기에 트빌리시로 수도를 옮길 때까지 이베리아의 수도였다. 1994년에 마을 전체가 유네스크 문화유산으로 지정되었다.

7세기부터 동방의 강력한 세력인 중동 아랍의 이슬람이 흑해와 카프카스에 흘러들어왔다. 이는 먼저 군사 원정으로 시작되었다. 아랍 칼리프의 군사적 팽창이 이 지역의 불안정 요소가 되었다. 7세기 말 아랍 군사 원정대는 비잔틴 제국의 영역이던 서조지아까지 그 세력을 확장하였다. 8세기 초에는 조지아의 상당한 지역이 아랍 칼리프의 영향력 안으로 들어갔다. 그러나 여전히 완전한 지배권을 가지지 못한 아랍 칼리프와 비잔틴 제국은 치열한 군사적 경쟁을 펼쳤다.[14]

조지아의 동방 요소에 대해 살펴보자. 조지아가 동방 문화와 다양한 형식의 접변을 이루게 된 것은 역사적 과정을 통해 페르시아, 오스만 투르크 등과 지리적으로 인접해 있어서 그 영향을 크게 받았다. 조지아는 이 국가들과 정치적, 군사적, 문화적으로 매우 밀접한 관련성을 가졌다. 고대 제국의 강자였던 페르시아가 동조지아를 점령함으로써 조지아는 일찍이 동방 문화를 접할 수 있었다. 중세에는 아랍 칼리프가 조지아를 일시적으로 점령하고 아랍 문화와 이슬람 문화를 전파함으로써 조지아 사회에 아시아적 요소가 형성되었다. 무엇보다도 조지아의 동방 문화의 요소는 러시아 남부 스텝의 유목민족제국사와 관련되어있다. 11세기 초 조지아는 바그라티드 왕조(아르메니아어: 바그라투니, 바그라티드, 조지아어: 바그라티오니)에 의해 동서조지아가 통일된 이래, 13세기 몽골의 침입으로 인해 또다시 소규모 공국으로 분열되었다.[15]

바그라티드 왕조는 약 800년대부터 1045년경까지 아르메니아에 속한 왕조였다. 그리고 780년경부터 19세기 초까지 조지아에 속한 왕조였다. 이 왕조는 본래 '바그라투니'라고 명명되던 아르메니아의 유력 귀족 가문이었는데, 아르메니아와 조지아 두 나라의 왕가였다가 1008년에 통일 조지아 왕국이 수립되었다. 다비드 4세(재위 1089~1125년), 타마르 여왕(재위 1184~1213년) 통치 시기가 조지아 역사의 황금 시대였다. 초기 수도는 쿠타이시였다. 이후 1122년에 트빌리시로 이전하였다. 이후 호라즘제국과 몽골제국의 습격으로 이 왕조의 황금시대는 막을 내렸다.[16] 다비드 4세와 타마르 군주 시기 성전 건축, 수도원 영성 분야에서 급속한 발전이 있었다. 다비드 4세는 셀주크 투르크에 조공을 중단하면서 조지아 독립을 회복하였다. 그는 매우 강한 종교 심성을 가지고 있었다. 타미르 군주가 통치하던 시기에는 위대한 문학과 문헌의 부흥이 있었다.[17]

고대 국가 형성기에 서방의 문화적 영향력을 더 강하게 받은 조지아가 페르시아와 아랍 칼리프의 지배를 한동안 받은 이후 아시아와 더 밀접한 문화 접변을 가지게 된 계기는 13세기 당시 유목 민족의 맹주였던 몽골의 침략이 결정적이었다. 페르시아는 러시아가 등장하기 전까지 조지아에 일정한 지배력을 지속적으로 가지고 있었고, 13세기 이후 몽골과 티무르제국, 그 이후 18세기 중반에 러시아가 등장하기 전까지는 동방의 맹주인 오스만 투르크의 등장으로 조지아의 아시아적 요소는 중세 이후에 지속적으로 강력히 형성되었다.

조지아 – 몽골, 티무르제국, 오스만 투르크 관계

1236년에 조지아를 점령한 몽골의 지배로 조지아의 친서방 경향은 종식되고 유럽 중심의 문화 정체성은 사실상 하향세에 접어들었다. 몽골의 침략으로 조지아는 13세기 말까지 조공을 바치는 신하 국가로 전락하여 국가적 혼란 상태에 직면하였다. 강력한 타마르 군주 이후 1세기 동안 조지아는 분열되고 왕권은 극도로 약화되었다. 조지아 국력이 퇴조의 길로 접어든 원인은 몽골의 침략이 결정적이었다.[18] 그러나 몽골의 지배력도 약세를 보이기 시작하자, 카르틀리 공국의 게오르기 5세(1314~1346년)가 몽골 세력을 격퇴하면서 조지아 땅을 통일하였다. 그러나 그 이후 강력한 유목 민족인 티무르 제국이 1386년에 트빌리시를 파괴함으로써 국력은 또다시 약화되었다. 이후 15세기에는 동방의 강력한 국가 오스만 투르크가 등장하였다.

조지아의 15~18세기는 오스만 투르크와 페르시아 사파비 제국에 의해 의해 분리되어 지배당했다. 사파비 제국은 대이란국으로도 불리며, 왕조의 시조인 이스마일 1세가 건국하였다. 대부분의 이슬람 국가들이 수니파를 신봉하지만, 사파비 제국은 대표적인 시아파 이슬람 국가이다. 1453년 오스만 투르크가 비잔틴 제국의 수도인 콘스탄티노플을 점령함으로써, 조지아의 가장 강력한 정치, 사회, 문화의 동맹국이던 비잔틴 제국(476~1453년)은 멸망했다. 이 사건은 모든 기독교 세계에 충격을 주었으며 조지아에도 마찬가지였다. 비잔틴의 붕괴로 조지아는 오스만 투르크라는 동방의 강력한 국가와 대치하게 되었는데, 서방과의 최단 거리인 비잔틴과의 관계가 상실됨으로써 기독교 세계와 서유럽 대신에 동방의 이슬람 세력에 포위된 결과가 되고 말았다.[19]

비잔틴이 멸망하기 이전 기독교 세계는 무슬림 세력을 응징하기 위해 십자군 운동을 일으켰다. 모든 기독교 세력이 하나로 연대하여 콘스탄티노플을 해방하자는 것이 그 목적이었다. 조지아도 사실상 이 십자군 원정에 참여했다. 교황의 대표 사절인 루도비크 볼론스키가 반 오스만 투르크 연합 창설을 위해 조지아를 방문하였다. 비잔틴 제국의 멸망으로 동조지아는 페르시아에, 서조지아는 오스만 투르크에 사실상 지배당했다.

1490년에 통일 조지아 왕국은 카르틀리, 카헤티, 이메레티로 3분할되었다. 이후 오스만 투르크와 페르시아 역대 왕조의 봉신이 되었다. 15세기 말에 오스만 투르크는 조지아의 서부와 남부를 장악하기 시작했다.

페르시아 사파비 왕조는 16세기 초에 동부의 카르틀리-카헤티를 지배하면서 페르시아의 지방으로 편입시켰다. 동부 조지아는 18세기 중엽까지 페르시아의 지배를 받았다. 오스만 투르크와 사파비 왕조는 1555년 아마샤 조약을 체결하면서 조지아를 양분시켰다. 서부의 이메레티 왕조는 오스만 투르크의 지배 하에 종속되었다.[20]

3. 근대 시기의 조지아와 제정러시아

조지아-러시아 관계, 러시아의 조지아 합병

조지아 국가 정체성은 전체적으로 그리스·로마, 비잔틴 등 서방 문화와의 관련성뿐만 아니라 페르시아, 오스만 투르크라는 동방 국가와의 역사적 관계가 날줄과 씨줄로 교차하면서 형성되었는데, 18세기 중반 이후 250년간의 조지아의 역사에는 북방의 강국, 러시아와의 관계가 핵심 요소로 작용했다.

조지아 정교회 내부(필자 촬영)

그렇다면 북방으로서의 러시아와 조지아의 역사적 관계는 어떻게 형성되었는가? 1762~1798년까지 통치한 카르틀리-카헤티의 왕 에리클레 2세는 오스만 투르크와 페르시아의 공격에 맞서기 위해 러시아의 보호를 받는 정책으로 선회했다. 러시아의 예카테리나 여제(재위 1762~1796년)는 오스만 투르크에 대항하기 위해 조지아와 동맹을 원했지만, 에리클레 2세에게 빈약한 병력들만 파견했다. 1762년 에리클레 2세는 당시 동조지아에서 형식적인 지배권을 가지고 있던 페르시아 세력을 몰아내고 이 지역을 통합하였다. 그러나 그의 통치 기반은 매우 취약하였다.[21] 1773년 에리클레 2세는 서조지아를 점령하고 있던 오스만 투르크의 세력을 몰아내기 위해 러시아의 보호를 요청하였다. 당시 오스만 투르크는 서조지아뿐만 아니라 에리클레 2세가 통치하던 동조지아에 대한 지배력도 완전히 장악하기 위해 총력을 기울이고 있었다. 러시아군대가 조지아 일부 지역을 장악하였는데, 오스만 투르크와 러시아는 거의 30년 동안 조지아에 대한 정치적 지배권을 놓고 경쟁을 벌였다.

1783년 에리클레 2세는 러시아와 '기오르기예프스크 조약'(Treaty of Giorgievsk)을 체결하였다. 이 조약으로 조지아 왕은 외교권 및 국방권을 러시아 차르에게 넘겼고, 내정 자치권만 가졌다. 이 사건은 조지아가 러시아로 병합되는 초석이 되었다.[22] 제정러시아는 조지아의 일부 지역을 점령하였고, 코카서스 지배권을 놓고 경쟁을 하던 오스만 투르크에 대해 확실한 우위권을 획득하고자 했다. 러시아와 오스만 투르크는 1차 러·터 전쟁(1768~1774년)과 2차 러·터 전쟁(1787~1791년)을 치르면서 남코카서스와 흑해 지배권을 놓고 격렬한 경쟁을 벌였다. 1795년 페르시아가 동조지아의 트빌리시를 공격해오자, 동조지아는 다시 러시아에 보호를 요청했다.

러시아는 당시 북코카서스(북카프카스)와 흑해 북쪽 지역에 군사 요새를 강화하고 있었는데, 남부 지역으로 제국 확장의 교두보를 마련하면서 남코카서스의 동맹국을 절실히 필요로 하고 있었다. 결국 1801년 제정러시아의 알렉산드르 1세는 동부 조지아에 속한 카르틀리-카헤티 공국을 공식적으로 폐위하였다. 당시 이 공국은 조지아 내 기타 군소 공국으로부터 조지아의 대표적 공국으로 인정받고 있었다. 러시아가 조지아를 합병한 때는 조지아가 페르시아의 지배로부터 벗어나서 실질적인 독립국가 형성을 구축하고 있었던 시기였다. 그 직전 카르틀리-카헤티 공국은 거의 2백 년간이나 페르시아에 복속된 상태였다. 이로써 동조지아는 페르시아와 북카프카스의 다게스탄 민족 그룹의 압박에서 벗어나 보호국으로 러시아를 선택하였다.[23]

기록에 의하면 다게스탄 민족들에 의한 소규모의 약탈 공격으로 인해 조지아는 큰 고통을 겪고 있었다고 한다. 심지어 그들은 조지아의 어린이들을 납치하고 이를 오스만 투르크의 매매 시장에 팔기도 하였다. 기오르기예프스크조약에 따른 보호 조항은 이미 효력을 발생하고 있었고 조지아의 주권은 실질적으로 제한되었다. 조지아 외교권은 그 효력이 정지되었다. 카르틀리-카헤티 공국의 정치적 유산이나 내부의 정치적 통치만 인정을 받았다.[24] 조지아의 바그라티드 왕조는 러시아와 합병함으로써 그 막을 내렸다.

러시아의 조지아 합병과 그 역사적 의의

19세기에 들어와 조지아의 정치 엘리트들은 '동방'에서 '북방'으로 지정학적 코드를 선택했다. 이후 10년간, 러시아 제국은 조지아 영토를 서서히 복속시켰다. 1801년에 병합된 동조지아에 이어 서조지아도 1804년에 제국 러시아에 병합되었다. 조지아 입장에서 19세기 이후 러시아와의 역사적 관계는 어떻게 설명될 수 있는 것인가? 조지아가 러시아의 통치를 수용한 근본적인 이유에 대해서는 오스만 투르크와 페르시아로부터 국가를 수호한다는 목적도 있었지만, 러시아를 통해 유럽으로의 통로를 확보할 수 있다는 의미도 될 수 있다. 러시아의 조지아 합병은 조지아 통치자들에게 조지아의 유럽화로 해석될 수 있다. 다양한 공국으로 분열된 조지아는 러시아와의 합병을 통해 국가 통합의 가능성이라는 옵션이 생겼다.

러시아의 조지아 복속은 조지아가 터키, 페르시아 등 동방의 영향력에서 벗어났다는 사실을 의미하고 새로운 북방 세력과 역사적 공간 범주에 포함되었다는 것을 상징한다. 여전히 러시아가 유럽 문화권인가 아니면 동방 문화권에 속하는 것인가 하는 역사 정체성 문제가 남아있지만, 러시아가 표트르 대제 이후 정치적, 사상적, 이념적으로 유럽 문화를 적극적으로 수용하고 있었다는 점에서 이 거대 제국은 조지아에 매우 부담스러운 존재였으며, 강력한 제국으로 간주되었을 것이다. 1991년 조지아가 독립 공화국으로 정식 출범할 때까지 조지아의 역사를 지배한 국가는 러시아였다.

19세기 후반기는 조지아의 러시아화가 강력히 실시되던 기간이었다. 1850년경에 수 세기 동안 조지아 사회의 근간을 형성한 귀족 계급의

조지아 고리시의 '스탈린 박물관' 앞에 있는 '스탈린 기차'(필자 촬영)

사회적, 정치적 신분이 급격히 저하되었다. 새로운 노동자 계급이 조지아에 사회적 압력으로 나타났다. 조지아 귀족 계급이 조지아의 국가 이익을 대변해왔기 때문에 귀족 계급의 영향력 약화는 중세 이후로 조지아 도시계급의 중요한 일원이었던 아르메니아 상인계급이 조지아 내에서 더 강력한 경제적 영향력을 행사하게 되었다는 것을 의미한다. 이러한 사회·경제 요인으로 조지아인의 민족 의식이 일깨워졌다.

조지아의 지식인 계급은 19세기 러시아의 사상과 유럽의 정치사상 및 철학을 조지아 민족주의의 이론적인 토대로 사용하였다. 20세기 초반, 조지아의 혁명 마르크시스트들이 러시아 사회민주당의 지도하에 급속한 성장을 하였다. 그들은 조지아에서 혁명의 기운이 무르익었다고 판단하였다. 1900년경 조지아의 농촌 인구가 급속하게 도시로 이주해왔고, 결속력 있는 노동자 계급이 지식인 계급에 의해 형성되기 시작했기 때문이다. 그들은 아르메니아 부르주아와 제정러시아 관료주의의 붕괴를 위한 투쟁을 펼쳤다. 이들의 가장 중요한 목표점은 제정러시아 식민주의 통치의 붕괴였다.[25]

20세기 볼셰비키 통치 시기의 조지아

20세기 볼셰비키 정권이 출범한 이후 멘셰비키 중심의 사회민주당원들은 러시아혁명을 인정하지 않고 1918년 조지아 공화국을 공식 선포하였다. 독립을 선언한 조지아의 국가 통치 근간은 기본적으로 서구식 모델이었다. 즉 의회민주주의를 기본적인 형태로 하고 중농과 중소 상공인의 육성을 근간으로 하여 봉건제 사회에서 사회주의 사회로 전환하는 정책을 지식인들은 채택하였다.

조지아는 1백 년 이상의 제정러시아의 지배력에서 벗어나기 위해 유럽과의 연대를 시도하였다. 러시아혁명과 1차 세계 대전의 와중에서 2~3년 간 조지아에는 민족 독립의 분위기가 성숙되어 있었다. 1918~1921

조지아의 도시 '고리' 소재 스탈린 박물관 사진(필자 촬영)

년까지 조지아는 유럽과의 연대를 모색하였다. 길지 않은 기간이었지만, 조지아가 유럽과의 연대를 시도했던 이유는 러시아가 적군과 백군과의 내전으로 혼란스러운 상태에 있었고, 주변 강국 터키는 1차 세계대전의 패배로 국가적 위기 상황을 겪으면서 그리스의 공격을 받고 있었기 때문이다. 이 당시 남코카서스의 조지아, 아르메니아, 아제르바이잔은 민족 독립을 쟁취하고자 노력했다.

조지아는 1918년 1월까지는 독일, 그 이후에는 영국과의 유대를 시도했다. 그러나 독일은 1차 세계 대전의 패배로 인해, 영국은 남코카서스에 대한 관심을 상실함으로 조지아와의 협력 관계는 이루어지지 못했다. 당시 영국은 아제르바이잔 바쿠의 원유 자원에 전략적 관심을 가지고 있었다. 이때 영국군 15,000명이 1차 세계 대전 이후 터키를 대신하여 조지아의 흑해 도시 바투미를 점령하였다. 그러나 러시아가 백군과의 전투를 승리로 이끌고 이 지역 지배권을 확보하면서 영국은 철수하였다. 볼셰비키의 지배권을 확인한 영국은 조지아를 떠날 수밖에 없었다. 아주 짧은 기간이지만, 조지아가 유럽과의 연대를 모색하였다는 것은 20세기에 조지아가 유럽으로 국가 방향성을 설정했다는 의미로서 연결될 수 있다. 당시 서유럽 강국의 전략적 관심 지역으로 부상하고자 했던 조지아의 시도는 무위로 돌아가고 말았다.

소련 정부는 조지아를 강제적으로 병합하고 구성공화국인 조지아공화국으로 재차 출범시켰다. 조지아는 형식적으로는 다른 14개의 공화국처럼 주권 국가로 간주되었고 자체 외무부까지 갖추고 있었다. 그러나 무엇보다도 조지아도 소련이라는 거대한 국가 체제에 포함된 구성 공화국의 일부로 남아있었다. 즉 1991년 소련 해체 이전까지 조지아는 '조지아소비에트사회주의공화국'으로 연방의 일원이 되었다.

4. 1991년 독립 이후의 조지아 – 서방과 북방의 경계에서

조지아의 지정학적 콘텍스트

소련 해체 이후 독립을 맞은 조지아는 안정적이고 연합된 국가를 구축하지 못했다.[26] '즈비아드 감사후르디아'(Zviad Gamsakhurdia; Звиа́д Гамсахýрдия) 대통령 시절 조지아는 정치적 격변기에 휩싸였다. 1989년 트빌리시에서 조지아인들이 소련에 반대해 시위를 벌이자 소련군이 조지아 시민들을 학살하는 사건이 있었다. 당시 감사후르디아는 민족주의자들과 연대, 조지아 민족주의 경향을 강하게 보여주었다. 소련 해체 선언이 있기 이전인 1991년 3월 31일에 조지아 독립에 관한 국민투표가 있었으며, 그 결과에 따라 4월 9일, 조지아 의회는 독립을 선언했다. 그리고 감사후르디아는 1991년 5월 26일, 83%의 투표율에 86.5% 득표율로 대통령에 당선되었다. 그러나 격심한 내전이 발생하면서 그는 반대파들에 의해 추방되어 러시아 체첸 공화국으로 피신하고 1992년 대통령직도 상실했다. 그 이후 에두아르드 셰바르드나제(Eduard Shevardnadze;

감사 후르디아 전 대통령(출처: Wikipedia[27])

Эдуа́рд Шеварднадзе)가 대통령으로 조지아를 이끌었다. 그는 소련 외무장관을 1985년부터 1990년까지 역임했다. 1992년 감사후르디아 대통령이 사임한 이후에 조지아 의회 의장이 되었다. 그는 1995년에 대통령이 되었으며, 2003년 장미 혁명으로 대통령직에서 물러났다.

조지아 민주주의의 과정도 험난해 조지아는 지정학적 지향점을 새로이 추구해야만 했다. 2003년 장미혁명으로 대통령이 된 미하일 사카쉬빌리(Mikheil Saakashvili; Михаи́л Саакашви́ли)는 친서방 경향의 정책을 추진하였다. 조지아는 나토(NATO: 북대서양 조약기구, 향후 '나토'로 표기)와 EU(유럽연합: 향후 EU로 표기) 가입을 추진하였다. 그리고 GUAM이라는 친서방다자협력기구를 통하여 서방과의 유대를 적극적으로 추진해왔다.

포스트소비에트 시기 조지아의 가장 중요한 사건은 2003년의 장미혁명이었다. 이 사건이 중요한 이유는 조지아가 독립 이후 친서방 발전 전략을 채택하였다는 것을 상징적으로 보여준 사건이었기 때문이다. 조지아는 러시아와 2008년 전쟁을 벌였다. 독립 이후 줄곧 조지아의 자치공화국이던 아브하지아 공화국과 남오세티아 공화국이 독립을 주장하였다. 이에 조지아가 남오세티아 공화국에 군대를 보내어 공격하였는데, 러시아군대가 전쟁에 참여하면서 조지아와 러시아 간에 5일 동안 전쟁이 벌어졌고 이후 휴전이 성립되었다. 이에 대해서는 5장에서 자세히 다루도록 하겠다. 이 전쟁이 터지면서 조지아 문제는 국제 정치의 핵심 이슈가 되었다.

포스트소비에트 시기 유라시아 지역 국가들의 대외 정책은 지정학적 다원주의로 나타났다. 소련 해체 이후 나타난 신생 독립국가들은 친러시아, 혹은 친서방 국가전략을 채택하였다. 조지아는 친서방 국제기구인 GUAM 회원국이었다. GUAM은 **조**지아, **우**크라이나, **아**제르바이잔, **몰**도바 등 소연방으로부터 독립한 국가 중 비교적 친서방 국가전략을 선택한 국가들로 이루어진 다자협력기구이다. 조지아 국민은 서방의 민주적 가치와 문화를 새롭게 인식하기 시작했다. 소련이 해체되고 15개 신생 독립 공화국들은 새롭게 민족 정체성을 강화하였다.

조지아는 왜 서방에서 지정학적 파트너를 모색하였을까? 조지아 역사를 통해서도 제기될 수 있는 화두는 왜 조지아가 유럽과의 문화적 유대를 더 중요시 여기는가 하는 관점이다. 조지아는 현재 나토 회원국으로 가입하여 국경 안보를 대서양, 즉 유럽으로부터 보장받고자 하는 국가전략을 추진하고 있다. 독립 이후 조지아의 지정학적 코드는 우선 대외 정책적 측면에서 나타난다.

1991년 독립 이후의 조지아를 국제관계라는 지정학적 콘텍스트 속에서 어떻게 분석될 수 있는가?

미국은 국제 테러리즘과의 전쟁뿐만 아니라 코카서스(카프카스)의 에너지자원 등 이 지역에서 헤게모니 우위의 국가전략을 추구하면서 조지아를 통해 지정학적 옵션을 확대하는 전략을 구사하고 있다. 21세기 초, 정치, 지리 상황은 이러한 지정학적 국제 관계의 역학을 통해 설명이 가능하다. 이는 상술한 바와 같이 제정러시아가 18세기 말에 '남부'로 세력을 팽창하는 플랫폼으로서 조지아의 지리적 가치를 높게 평가하고 이를 지렛대로 삼아 제국주의 팽창 전략을 추진한 것에서 보아도 알 수 있다.

무엇보다도 가장 중요한 측면은 조지아의 지리적 중요성이다. 조지아는 터키, 아르메니아, 아제르바이잔과 국경을 맞닿고 있는 전략 요충지이다. 중앙아시아와 남코카서스에서 전세계적인 해양으로 진출할 수 있는 출구를 가진 거의 유일한 국가가 조지아이다. 즉 아르메니아와 아제르바이잔의 해양 연결 교통로의 역할을 담당하는 공간이며, 유라시아 에너지 자원의 가장 중요한 핵심 파이프라인인 BTC 라인도 조지아를 통과하고 있다. BTC 라인은 아제르바이잔의 바쿠, 조지아의 트빌리시, 터키의 세이한을 연결하는 에너지 수송로이다. 남 카프카스에서 아르메니아는 인접 국가인 아제르바이잔과 터키와의 외교 관계가 없다. 아르메니아와 아제르바이잔은 독립 이후 나고르노-카라바흐 분쟁으로 전쟁을 경험했다. 20세기 초에 터키는 아르메니아인을 무차별 살해한 역사적 악연이 있다. 이런 관계로 아르메니아는 조지아의 교통망이나 수송로를 통해 러시아, 유럽과 경제 및 무역 교류를 지속하고 있다. 아제르바이잔과 터키도 조지아를 통해 상호 유대 관계를 심화시키고 있는데, 이 세 나라를 통과하는 BTC 라인은 미국의 주도하에 이루어지고 있는 원유 수송관이다.

조지아의 친서방 경향 및 전략

조지아 지정학의 콘텍스트 속에서 현저히 나타나는 부분은 친서방 경향이다. 일반적으로 유럽 통합이나 단일 유럽 창출에 대한 이상(理想)은 유럽 내에서 17세기 이래의 논의 대상이었다. 유럽 내의 모든 국가를 연방으로 연합하자는 계획이 역사적으로 존재해왔다.[28]

독립 이후 조지아의 친서방 경향은 몇 가지 이유로 그 설명이 가능하다.

첫째, 민주주의에 대한 추구이다.

2003년 장미 혁명으로 셰바르드나제가 선거 부정으로 권좌에서 물러나고 미국 유학파이며 친미 성향의 사카쉬빌리가 대통령이 되었다. 그는 민주주의의 신봉자로 알려졌고, 자신의 통치적 이상도 서방 민주주의라고 천명하였다. 2004년 1월 28일 사카쉬빌리 대통령이 의회 연설에서 "조지아는 고향으로 돌아가는 길에 섰다. 공동의 가치와 역사를 가진 유럽에 재통합되고 있다"고 밝힌 것은 조지아의 친서방 입장의 발언으로 해석된다.[29] 조지아의 '공동의 집'은 바로 유럽이라는 것이다. 장미 혁명은 서방 민주주의를 향한 강한 열망의 표현이었다.

포스트소비에트 공간에서 지정학적 다원주의가 출현한다는 그 사실 자체가 사회주의 가치에서 민주주의 가치로의 새로운 정치적 인식이었다. 조지아는 GUAM 회원국이며, GUAM은 전체적으로 유럽을 향한 지향점을 가지고 있으며, 유럽으로 진출하는 교두보의 가능성을 항상 열어놓고 있다.[30] 조지아와 비슷한 방식으로 대통령이 된 우크라이나의 유셴코 대통령은 "GUAM은 민주주의 혁명이라는 기관차가 되기를 희망한다"고 밝혔다. 사카쉬빌리는 조지아가 민주주의로의 가치를 지향해야 한다는 점을 분명히 하였다. 사카쉬빌리도 참여한 2005년 GUAM 정상회담에서 GUAM은 민주주의로의 가치를 적극적으로 옹호하였다.[31]

둘째, 조지아는 EU와 나토에의 가입을 적극 희망하고 있다.

EU와 나토 가입은 조지아가 유럽 국가의 일원이 된다는 사실을 의미한다. 조지아는 가입을 희망하지만, 가입 권한은 EU와 나토 집행부의 소관이다. 유럽 이사회(European Neighborhood)는 2004년 6월 14일 "유럽 근린국 정책"(European Neighborhood Policy: ENP)에 조지아, 아르메니아, 아제르바이잔을 포함시켰다. ENP의 목적은 EU 확대의 이익을 인접 국들과 공유하는 것으로서 EU와의 밀접한 관계를 제공하는 것이었다.[32] 2004년 10월 30일에 나토 집행부는 조지아와 '개별국가 협력 계획'을 체결했는데, 다수의 주변 국가들에서는 이 계획이 조지아의 나토 가입의 주요 단계로 간주하였다. 이 협정을 체결하고 난 이후 나토 사무총장은 조지아를 방문한 자리에서 조지아의 최대 현안은 분리주의자들과의 전쟁이라고 지적하였다. 조지아가 향후 어느 시점에 EU에 가입할지 전혀 예측할 수 없지만, 조지아가 유럽 권역권에 포함됨을 EU가 인정하고 있다는 것으로 해석되었다. 사카쉬빌리는 "나토 가입은 자신의 대통령 재임 동안에 이루어질 것"이라는 긍정적 입장을 밝혔다.[33]

조지아도 이 협정 체결 이후 국제 사회에 적극적으로 참여하였다. 2004년 말 조지아는 미국의 이라크 파병 요청에 미국과 협정을 맺고 850명의 자국 군인을 이라크에 파병했다. 조지아의 당시 전체 병력수가 14,000~15,000명 정도임을 감안한다면 이 규모는 적지 않은 수준이다. 무엇보다도 조지아가 맺은 이러한 협정은 조지아가 거의 2백 년간 자의든, 타의든 북방의 러시아에 경도되었던 지정학적 국가전략의 방향이 서방으로 선회하였다는 상징적 의미로 평가될 만하다. 이는 카스피해 유전과 코카서스의 지정학적 중요성에 대한 서방 국가들의 인식이 변화하고 나토의 동진 정책을 통한 대러시아 견제의 필요성이 국제 관계에서 복합적으로 작용하고 있기 때문이다.[34]

셋째, 조지아는 러시아의 과거 국가 지배와 유산으로부터 독립하고자 하는 경향을 보여주고 있다.

독립 이후 중앙아시아와 남코카서스에서 러시아에 대한 위협적 요소는 나토 동진 정책에 의한 안보의 불안정성이다. 러시아는 그 원인이 서방 국가가 헤게모니 장악을 위해 남코카서스에 대한 공격적 전략을 구사함으로써 발생하는 것이라고 강조하고 있다.

과거 조지아와의 역사적 관련성이 깊은 터키와 조지아의 국가 관계도 주목할 만하다. 독립 초기에는 서방뿐만 아니라 터키가 포스트소비에트 공간의 공백을 이용, 중앙아시아와 남코카서스에 문화적 동질감을 강조하면서 대외관계와 경제 분야에서 적극적인 진출을 시도하여 러시아에 잠재적 위협 요인이 되었다. 아제르바이잔은 터키와 유사한 투르크 문화권인 반면에 조지아는 종교적으로 터키와 동일 문화권은 아니며, 이 때문에 터키와 조지아의 관계는 주로 경제 분야에 집중되었다. 터키의 관점에서 이 지역은 매우 이상적이고 잠재적 시장의 가치가 충분히 있었다.[35] 특히 BTC 송유관의 개통으로 터키와 조지아는 경제적 유대 관계가 이루어졌다. 조지아는 터키, 아제르바이잔, GUAM과 새로운 양자 및 다자 관계를 이루면서 내적 동력을 유지하였다.

터키는 매우 신중하게 러시아와 관계 설정을 시도해왔다. 터키는 러시아의 주요한 경제파트너이다. 터키가 유라시아 공간에서의 공격적 외교 정책을 펼친다면 지역 강국인 러시아와의 관계가 소원해질 수 있다. 그래서 터키가 조지아에 경도된 대외정책을 펴기는 상당히 어려울 수밖에 없다.[36] 조지아의 지정학적 벡터에 있어 변수는 충분히 있다. 바로 북방의 세력, 러시아이다. 2백년 간 조지아는 러시아 지배 체제 下에 있었다. 조지아에 있어 러시아와의 국제 관계에 있어서 아킬레스건은 경제 분야였다. 조지아가 러시아로부터 천연가스 등 에너지 자원을 전적으로 공급받고 있어 매우 불안한 에너지 자원 수급 체계를 가지고 있다.

조지아의 주된 수출 산업 항목인 포도주와 생수의 대러시아 수출이 러시아에 의해 수출금지 품목으로 지정되는 등 조지아는 러시아 정부로부터 경제적 압박을 받았다. 러시아는 조지아의 약점인 경제 분야를 통해 조지아를 통제하면서 친서방 흐름을 봉쇄하고자 한다. 조지아 등 남 코카서스에 과거의 정치적 지배력을 유지하고자 하는 러시아의 국가전략이 조지아의 친서방 경향을 제어하고 있는 상황이다. 그러므로 이러한 대외정치 요인에 따라 조지아의 서방 일변도의 대외정책도 일정한 한계에 부닥칠 것으로 전망된다.

국내 민족 분쟁 영역에서도 유의할 것이 있다. 조지아 내 자치공화

조지아 국토 내의 코카서스 산맥(필자 촬영)

국인 아브하지아와 남오세티아와의 분쟁에 대한 문제 해결이다. 러시아는 두 자치공화국에 러시아인이 다수 거주한다는 이유로 조지아 정부의 핵심 정책인 국가 통합성, 혹은 영토 통합성에 반대하고 이들 공화국에 대한 정치적, 경제적 지원을 제공하고 있다. 2008년 러시아-조지아 전쟁 이후에 러시아는 자치공화국에 대한 독립을 승인하였다. 조지아의 최우선 해결 과제는 영토 통합성 문제이다. 이에 대한 적절한 해결 없이는 조지아의 미래 및 국가 발전 청사진은 한계에 부닥칠 수밖에 없다.

러시아는 소련 해체를 기점으로 러시아연방으로 정식 출범한 국가이다. 러시아는 제국 이미지를 가진 부정적 개념의 국가로 인식되는 경향이 있었다. 조지아에 있어 2백 년 이상 존재했던 북방 유산의 극복이라는 문제가 조지아 국가 건설의 핵심 과제이다. 이에 따라 이 지역에 대해 여전히 정치적, 경제적 영향력을 가지고 있는 러시아의 존재는 조지아의 민족적, 국가적 실험대가 될 것이다.

조지아 문화의 특징은 전체적으로 외래적, 민족적, 통합적이며 다민족, 다종교적 특성을 보였고, 단일한 조지아 민족의 형성기라기보다는 다양한 문화의 박물관처럼 외부적 요소의 영향력이 상대적으로 강하게 나타난 측면이 있다.[37] 그러므로 이러한 서방, 동방, 북방의 다문화적 요소를 잘 분석할 필요성이 있다.

2장 조지아 종교: 조지아 정교 및 조지아 이슬람

1. 조지아의 종교문화 개관

남코카서스 국가들의 종교 성향

남코카서스 3개 국가의 종교적 성향을 본다면, 아제르바이잔은 이슬람 국가이며, 아르메니아는 아르메니아 정교를 신봉하는 기독교 국가에 속한다. 아제르바이잔은 이란의 이슬람이 시아 전통을 따르고 있듯이, 시아파가 절대 다수를 차지하고 있다. 아르메니아에서는 18세기에 수도인 예레반에서 건축된 '블루 모스크' 이슬람 성전이 유명하였다. 그러나 이 모스크가 복원되었다고 하더라도 아르메니아에는 이슬람 인구가 거의 없다. 조지아의 경우 조지아 민족이 4세기에 기독교를 수용한 이후, 전통적으로 조지아 정교를 믿고 있고, 기독교가 결정적인 역할을 하고 있다. 상대적으로 본다면, 조지아에는 상당한 수의 무슬림이 분포하는 매우 독특한 지역 정체성을 가지고 있다. 종교적 관점에서 본다면, 조지아의 지정학적 특성은 매우 특이하다.

소련 해체 이후 유라시아 지역에는 급격한 변화 바람이 일었다. 무엇보다도 사회주의 체제와 이데올로기가 무너진 시점에 소련 국민은 이념적 혼란에 빠져들었는데, 유라시아 국가들에서는 종교 부흥이라는 외면적인 변화가 눈에 띄게 두드러졌다. 특정 지역에서 공산주의자들은 여전히 세속적 권력을 유지하고 있는 경우도 있지만, 대체적으로 소련 공산주의자들의 종교 탄압은 종식되었고 이에 따라 자유스러운 종교 부흥이 그 자리를 대신했다. 정교뿐만 아니라, 이슬람도 동시다발적으로 부흥의 분위기에 젖어있었던 것이 포스트소비에트 시기의 매우 특별한 현상이었다. 특히 러시아와 중앙아시아에서 이슬람 부흥은 매우 놀랄만하게 진척되었다. 그러나 이러한 경향과는 달리, 조지아에서는 정부가 의도적으로 조지아 정교를 국가의 공식 종교로 내세움으로써, 러시아와 중앙아시아 지역만큼 이슬람 부흥은 급격하게 일어나지 않았다.

19세기 전반기 러시아 제국의 통치하에 편입된 조지아 정교회와 조지아 사회의 역사적 상황은 러시아 제국주의의 속성을 이해하는 중요한 단초를 제공해주고 있다. 조지아 내에서는 다양한 민족 그룹이 존재하고 있기 때문에 단 하나의 종교성으로 이 국가를 이해할 수는 없을 것이다. 조지아인에게는, 혹은 민족적 조지아인에게 조지아 정교의 정체성은 조지아인의 신앙, 문화이다. 그래서 이슬람 제국의 지배 하에서 조지아인은 나름대로 조지아 정교의 문화적 인식의 단일성으로 자신들의 종교적 정체성을 유지해 왔다. 조지아라는 국가 정체성에 조지아 정교는 매우 중요한 사회문화적 인자로 수용되었다. 다민족, 다문화 사회에서 이러한 종교적 상황을 전체적으로 이해하는 것은 역사적, 문화적인 의미를 이해할 수 있는 관점을 제시해준다.

조지아 민족주의와 조지아 정교

조지아 민족주의자들은 '조지아성'과 기독교성은 유기적이라는 것에 동감하는 편이다. 조지아는 기독교성을 강조하고 이를 민족 정체성의 주요한 요소로 인정하는 국가 교육 정책을 펼쳤다. 소련 해체 이후 기독교성은 청년들 사이에서 매우 빠르게 성장하고 있는 추세이다. 종교, 정치 권력자들은 이슬람을 신봉하고 있는 자치공화국인 아자리아에서 기독교 전통을 확장하는 정책을 국가의 의무로 간주하고 있으며, 이 지역도 기독교 전통성을 가지고 있다고 강조하고 있다. 조지아 정교도로의 개종은 감사후르디아와 세바르드나제 대통령 등 1990년대 지도자들에 의해, 즉 세속 정부에 의해 장려되었다. 조지아성과 조지아 정교의 결합은 조지아 역사의 결과물이었고, 독립 이후 이러한 특성은 더욱 더 강력

조지아 음식 하차푸리(필자 촬영)

하다.

　실제적으로 조지아 정교와 이슬람은 역사적으로 형성된 종교 정체성이며, 종교 이데올로기로 작용해왔다는 것에 그 중요성이 존재한다. 오늘날 조지아 공화국 내에서 발생하고 있는 소수 민족 분쟁은 그 역사적 기원이 깊다. 2008년 러시아-조지아 전쟁뿐만 아니라, 아브하지아와 아자리아 공화국에서도 조지아-아브하지아, 조지아-아자르 민족그룹 간의 민족 분쟁도 종교적 측면에서도 관심을 가질 필요가 있다.

　특정 국가의 종교 정체성은 오랜 시기 동안의 역사적 집적물이다. 정교 세계와 이슬람 세계의 전통은 역사적으로 매우 깊은 연원을 가지고 있으며, 유라시아 국가에서 매우 특이한 종교적 체계를 가지고 있는 조지아에서도 여전히 이러한 종교적 특성, 이데올로기, 그리고 사회문화적 신념은 현재의 정치적 상황과 매우 깊은 연관성을 가지고 있는 것으로 파악된다.

　사카쉬빌리는 2004년 대통령이 되면서, 12세기 다비드 2세 국왕 시기의 국가 상징이던 5개의 십자가 문양을 새로운 국기로 채택했다. 조지아는 대내, 대외적으로 자신들의 기독교적 이상을 선포하였다. 이는 조지아의 친서방 입장을 보여주는 상징적인 행동이었다. 조지아 기독교는 매우 강력한 문화적 인자였다. 기독교는 국가 부흥에 직접적인 영향을 주었으며, 조지아 정교 담론은 역사, 국가, 사회 기능과 연결되어 있다. 역사적 과정을 통해 조지아 정교가 발전되었으며, 조지아 정교는 과거 조지아 공국이 받아들였던 종교적 신념이었다. 즉 국가 종교의 역할이었다. 조지아 정교 정체성은 동시에 조지아 국가 형성의 독특한 발전 과정과 연관되었다. 이는 조지아가 전통적으로 친서방 문화 정체성을 가지고 있다는 역사적 사실에 근거한다.

조지아는 고대 시기부터 흑해를 중심으로 지리적 경계가 명확하였고, 키이우(Київ, Kyiv, 키예프[Киев, Kiyev]) 루시 이전에 동방정교를 수용한 국가였다. 서방의 기독교 세계와 매우 일찍 교류하였다. 조지아의 기독교 전래는 매우 깊은 역사적 기원이 있다. 2000년대는 조지아로서는 매우 중요한 연도인데, 국가 건설이 시작된 지 3,000년이 되는 해였다. 조지아는 기독교적 이상을 추구하는 국가이다.[38] 조지아인에게 조지아 정교는 민족성, 국가성, 조국을 의미한다. 그들에게 조지아정교는 고향이다. 그리고 기독교인이라는 의미는 조지아인과 동일한 뜻으로 사용되었다. 조지아의 역사가들과 문화 전문가들은 이 사실을 정확히 인식하고 있다. 기독교는 민족 독립의 상징이었다.[39]

19세기 초반 조지아를 복속시킨 러시아 제국에 대항하는 저항 기제가 조지아 정교였으며, 민족의 수난 중에 국민은 조지아 정교의 정신적 가치를 중심으로 결속하였다. 포스트소비에트 시기 정부는 조지아 정교를 국민에게 강조할 수밖에 없었다. 새로운 국가 정체성을 정립해야 하는 이유 때문에라도 종교적 가치가 국민에게 새롭게 각인되었다. 조지아에는 약 10% 정도의 무슬림이 거주하지만, 국민 가치 정립에 있어 조지아 정교가 핵심적인 종교 정체성이다. 이는 친서방 지정학적 국가전략에 있어 조지아가 서유럽 문화와 더 가깝다는 것을 의미한다. 이러한 측면에서 조지아 정교의 부흥이 외면적으로 더 강하게 나타나고 있는 상황이다.

그러나 여전히 이러한 사회문화적 요소는 여러 가지의 쟁점이 있다. 특히 아자리아 공화국과 아브하지아 공화국에 거주하고 있는 아자르 민족과 아브하지아 민족은 전통적으로 터키로부터 이슬람을 수용하였다. 조지아공화국은 단일 민족인 조지아 민족으로만 형성되어 있지는 않다. 다민족, 다문화적 경향을 가지고 있는 국가이다. 외면적으로 조지아 정교 부흥이 일어난 것도 사실이지만, 아자르, 아브하지아, 아제르 민족 등 조지아 내 무슬림 민족 그룹에 의한 이슬람 부흥도 동시에 이루어지고 있는 실정이다. 독립 이후 중앙아시아와 러시아연방 내 코카서스 민족에게 이슬람 부흥이 일어난 것과 마찬가지로 조지아에도 사회주의 이념의 상실에 따른 이데올로기 공백을 채워주는 일환으로 다양한 종교적 부흥이 일어났다.

2008년 남오세티아 공화국이 조지아로부터 분리 독립하겠다는 강력한 의지를 보이자, 조지아 정부가 이에 강력히 반발하였다. 남오세티아는 러시아연방으로의 편입을 강력히 희망하였다. 그리고 조지아 공화국 내의 자치공화국인 아브하지아에서도 분리 운동이 강력히 제기되었다. 러시아 정부는 공식적으로 이 2개 공화국의 독립을 인정하였다. 이 2개 자치공화국의 독립을 인정하고 있는 국가는 베네수엘라와 남태평양의 일부 소국밖에 없다.

조지아 내의 민족 갈등은 현시점까지 매우 복잡하게 전개되고 있다. 국가 현안에 있어 조지아의 주체적 그룹인 조지아 민족과 기타 민족들 간에 역사적, 사회적, 문화적 간격은 쉽사리 좁혀지지 않고 있으며, 이러한 측면에서 조지아 종교와 문화를 연구하는 것은 현재의 조지아 사회를 이해하는 바로미터가 될 것이다. 조지아 내 무슬림 등 소수 민족의 종

조지아 정교회 내부(필자 촬영)

교 정체성이라는 사회 문화 인자를 규명하는 것은 오늘날, 국가적으로 조지아가 영토 통일성을 강력 추진하는 상황에서 매우 중요한 연구 주제가 될 수 있다. 조지아와 러시아의 국가적 관계는 과거부터의 국가성의 기원, 그리고 기독교화라는 공통된 종교 의식 등을 통해 분석될 수 있다. 러시아는 러시아 정교, 조지아는 조지아 정교가 종교 정체성으로 동방 정교 문화권에 양국은 속한다. 조지아의 저명 역사학자인 테이무라즈에 따르면, 조지아와 러시아는 동일한 정교 정체성을 가진 민족으로 이해되지만 동시에 러시아가 조지아를 제국주의로 복속했다는 역사적 사실도 고려되어야 한다고 강조하였다.[40]

조지아 무슬림은 아자리아, 아브하지아 공화국, 그리고 기타 지역에 분포한다. 독립 이후, 조지아 내 분쟁이 많았다. 그런데 이러한 분쟁 중에서 순수하게 종교적 갈등이 외면적으로 강하게 노출되지는 않았다. 그러나 영토 통일성, 즉 단일 국가 체제를 주장하는 조지아 정부는 조지아 정교의 이념적 가치를 매우 강력하게 주창하고 있다. 조지아인 이라는 의미는 조지아 정교의 신봉자라는 뜻으로 사용되었다. 그만큼 조지아 정교는 핵심적인 사회문화적 인자이다.

조지아 정교 인구는 약 83%를 상회하고 무슬림은 약 10%를 넘는 것으로 조사되었다. 러시아연방 내 북코카서스 지역, 5개 중앙아시아 공화국과 아제르바이잔에서는 강력한 이슬람 부흥이 일어났다. 그러나 이와는 변별적으로 조지아 내 이슬람은 독립 이후 강력히 부흥하지 못했다. 그 이유는 어디에 있을까? 단지 인구 구성 분포가 적어서 일어나고 있는 현상인가? 아니면, 조지아 정교도의 수가 절대 다수이기 때문인가? 어떤 측면에서든지, 정교를 신봉하는 국가에서 무슬림 인구가 10%라는 것은 독특한 현상이다. 러시아 연방 내 무슬림 인구도 공식적으로 약 1천 5백만 명 정도로 전체 인구의 약 10%를 상회한다. 적어도 10% 정도의 무슬림이 거주하는 국가에서의 이슬람 수용, 그 역사적 동학, 현재의 이슬람 상황은 이슬람 연구의 적절한 모델이 될 것으로 사료된다.

조지아 정부는 조지아 정교의 팽창과 확산에 노력하고 있는 모습이다. 그러나 상대적으로 자치공화국에서 분리 독립 운동이 일어난다는 것은 여전히 하나의 국가 체제에서 민족 문제와 더불어 종교적 성향은 매우 중요한 사회적 변인 요소가 될 수 있다는 것으로 해석될 수 있다. 소련으로부터 독립한 유라시아의 다양한 국가 중에서 매우 독특한 정치적 위치를 차지하고 있는 조지아의 종교 정체성이 전체적으로 파악되어야 한다는 것이 저자의 관점이다.

2. 조지아정교의 역사적 동학

조지아 정교의 전래

조지아는 서유럽 문화와 일찍이 접했다. 조지아와 로마와의 문화적 관련성이 있었다. 로마는 가톨릭 세력권이었으며, 서로마 멸망 이후에

조지아정교회 벽화(필자 촬영)

동로마 수도는 콘스탄티노플이었는데, 로마, 비잔틴 제국과 지속적인 유대 관계를 가졌다. 조지아는 기독교 중에서도 동로마와의 연대, 즉 동방정교를 수용하였다. 조지아 정교 정체성이 역사 속에 형성되었다. 조지아 정교는 민중을 위한 특별한 문화 요소였다. 기독교 수용으로 조지아는 서방 문화를 흡수하였다. 조지아의 성인인 그레고리(Gregory)와 성녀 니노의 노력으로 기독교가 공인되었다.[41]

    조지아 정교회의 공식 언어로 조지아어가 사용되었다. 성경 번역은 조지아어 원본으로 번역되고 음표 문자로 기록되었다. 성경 진본으로 된 원어 텍스트는 조지아의 단일한 문학적 언어 체계로 발전하였으며, 이는

단일한 민족의식이 형성되는데 결정적 요소였다. 조지아가 투르크계나 페르시아의 지배를 받았음에도 불구하고 국가가 존속되고 조지아인이라는 민족 인식이 강화된 데는 조지아 정교의 역할이 매우 중대하였다.[42]

조지아 내 종교의 일반적 상황

비 정교도는 조지아 전역에 다양하게 분포되어 있다. 자치공화국인 아자리아 공화국에는 115,160명의 순니파 무슬림 신자들이 있다. 이곳에서도 다수 인종은 조지아인이며, 240,550명이 조지아 정교도이고, 683명의 가톨릭 신자들이 있다. 이외에 3,160명의 아르메니아-그레고리우스 신자가 있고, 무신론자들은 15,330명으로 조사되었다.[43]

또 다른 자치공화국인 아브하지아 국민은 이슬람을 더 많이 믿고 있다. 그러나 이 자치공화국은 공식적으로는 이슬람을 민족 종교로 공표하는 입장은 아니고 외부적으로 기독교에 대해 반대 입장을 공표하고 있지 않다. 1989년 소련 시기 센서스에서 종교는 조사 자료에 언급되지 않았다. 당시에 조지아 학자들은 조지아 총 540만 명의 인구 중에서 무슬림을 64만 명, 즉 약 12% 정도로 추산하였다. 이는 무슬림 배경에 있는 민족의 특성을 고려하여 예측한 수치였다. 그런데 2020년 현재 조지아 정교는 조지아 내에서 약 83%, 이슬람은 약 10% 정도로 분포되어 있다.[44]

조지아에는 조지아 정교도뿐만 아니라 무슬림 숫자가 상당수 포함되어 있다. 조지아를 정교도 국가로 규정할 수 있지만, 이 지역의 종교 문화는 매우 독특하다. 역사적, 민족적으로 무슬림을 조지아인 범주에 포함하기가 애매한 측면이 있다. 소련 붕괴 이후 국가 종교의 핵심적 역할은 기독교에 있다. 그러나 이슬람을 절대로 경시할 수 없다.

1991년 독립 이후에 조지아 민족 그룹과 다른 자치공화국에서는 몇 번의 민족 분쟁 사건이 일어났다. 그러나 조지아 중앙정부 - 아브하지아, 조지아 - 남오세티아, 조지아 - 아자리아 공화국의 민족 분쟁에서 종교적 이념 주장은 공식적으로 제기되지는 않았다. 아브하지아와 아자리아 민족 그룹은 전통적으로 이슬람을 신봉하는데, 독립 이후 조지아로부터의 독립을 주장해왔다. 아브하지아는 2008년 러시아 - 조지아 전쟁 이후로 러시아로부터 독립국가로 승인을 받았다. 그러나 조지아 정부는 아자리아 자치공화국에 대해서는 확실한 통제권을 가지고 있다.

포스트소비에트 시기 조지아 사회 내에서 조지아 정교는 국민 종교의 역할을 하였다. 조지아 정교 포교가 아자리아 등 다른 민족 그룹에서도 매우 활발하게 이루어졌다.[45] 그러나 아브하지아와 남오세티아 공화국 지도자들은 통치권 범위 내에서의 조지아 정교 사제의 종교적 활동을 공식적으로 인정하지 않는다. 이런 이유로 이 지역에서 조지아 정교 사제들의 예배 집전이 이루어지지 않는 경우가 있었다. 대신에 러시아 정교 사제들이 예배를 인도한다. 이들에 의한 예배 행위는 조지아 정교회의 공식 인정 없이 이루어진다. 예배 장소도 조지아 정교회의 성당이다. 조지아 정교와 이슬람의 갈등 측면보다는 동일한 동방정교권에 속해 있는 조지아 정교회와 러시아 정교회의 갈등이 더 강하게 부각 된다는 점이 특이하다.[46]

러시아 정교 사제들은 러시아인들이 다수 거주하고 있는 자치공화국에서 조지아 정교회의 지배적 권리를 인정하지 않고 있으며, 동시에 조지아 정교회도 러시아 정교회의 활동을 승인하지 않는다. 이는 양국 관계의 위기와 무관하지 않다. 조지아가 강력한 영토 통일성이라는 국가 전략을 채택하고 있기 때문이다. 이러한 이유로 러시아정교 사제들의 예배 인도 자체는 공식적으로 인정되기 어렵다. 자치공화국의 분리 독립을 러시아 정부가 지원하고 있기 때문에 발생하는 현상이다. 조지아 정교와 이슬람의 충돌이라기보다는 러시아 정교회와 조지아 정교회의 갈등 현상은 아자리아와 아브하지아 민족 그룹이 이슬람을 신봉하고 있기에 근원적으로 배태된 종교 분열이라고 하겠다. 독립 이후, 조지아 사회 내의 종교 상황은 여전히 종교가 각 민족 그룹의 정신적 역할의 중요 요소로 기능하고 있다는 사실을 반증하고 있다.

조지아 정교의 역사적, 전통적 특성

조지아 정교는 역사적 전통성으로 현재까지 전승되는 조지아의 고유한 민족 정체성이다. 조지아의 역사적이고 정치적인 특수 상황에 따라 정교 정체성의 방향이 결정되었다. 즉 조지아 정교의 담론은 역사적, 국가적, 사회적 구성 체계였다. 조지아 정교는 조지아 지역 내에서 형성된

조지아 정교회 외형(필자 촬영)

조지아 공국들이 역사적으로 수용한 종교적 문화 인자였다.

소련 붕괴 직전인 1980년대 말, 조지아 정부는 19세기 유명 학자였던 '일리야 차브차바제'가 국가 이데올로기로 강조한 '언어, 종교, 그리고 조국'을 국가의 중요한 이념으로 선포하기 시작했는데, 특히 조지아 정교를 국가의 중요 이데올로기로 삼았다. 이러한 이유로 민족주의자들은 7세기와 8세기에 아랍 군사 원정대에 의한 조지아의 정복 시기부터 이슬람 기원이 있다는 사실을 무시하는 경향이 있었다. 민족주의자들은 8세기에서 12세기까지 조지아가 무슬림 왕정(Muslim Emirate) 국가였다는 사실을 부인해왔다. 이들의 주장에 의하면, 무슬림 왕정 집권자들은 조지아 전체를 통치하지 않고, 로컬 수준에서 통치권을 행사했다는 것이다.

조지아의 전성기인 12세기 다비드 국왕이 통치하던 1122년이 되어서야 조지아는 아랍-이슬람 통치를 종식시켰다. 다비드 왕은 트빌리시를 점령하였고, 수도로 정했다. 그는 조지아 정교를 국가 종교로 선포하였는데, 이후 조지아 정교가 국민성의 핵심 인자로 작용했다.[47] 다비드 4세는 교회를 세속 권력의 통제로부터 독립시켜 민주적인 절차 속에서 사제들이 선출되고 활동할 수 있도록 노력하는 등, 정교의 부흥에 진력했다. 역사적으로 조지아 사회의 중심에는 항상 조지아 정교회가 존재해 있었다. 조지아 정교가 역사적 기원이 있다고 하는 이유는 바로 국가와 조지아 정교회 간에 긴밀한 결속력이 있었기 때문이었다. 조지아 정교는 다비드 왕 시기 때부터 국가의 지속적인 발전과 더불어 강력한 세력권을 가지기 시작했는데, 귀족들이 조지아 정교를 지지하면서 기독교는 12세기 이래로 국가의 영적, 정신적 체계로 자리 잡게 되었다.

조지아 사회에서의 왕과 귀족 신분

조지아 사회에서는 왕과 귀족 계급이 연대를 이루면서 조지아 정교를 확립해 나갔다. 왕은 최상위의 지배층이었다. 군주의 권위가 약화될 때 하위 통치자들이 독립적 지위를 누리면서 통치권이 행사됐다. 왕 아래 계급은 '에리스타비'(eristavi)인데, 이는 세습이 가능한 지방 영주이다. 그 아래 계층이 '타바디'(tavadi) 계급인데, 상위층 귀족 신분이었다. 이들은 '아즈나우리' 계층으로부터 수행원을 거느릴 수 있었다. '아즈나우리' 신분은 독립적 권리를 누리지 못하고 상층 귀족에 속하는 가신 역할이었다. 보통 하층 귀족은 최상위 에리스타비 계급의 가신 그룹이 되거나 정교회의 성직자가 되었다.[48]

조지아의 봉건제도에서는 가신의 역할을 담당하는 아즈나우리 계급의 하위 계층이 농민이거나 일반 계급이었다. 이들은 자유농이나 농노 신분으로 주인에게 봉사의 의무를 지녔다. 계층별로는 장인(匠人), 상인, 하위 성직자, 농부 등으로 이어졌는데, 지역 영주에 속해 있었다. 조지아의 시(市)는 독립적 지구로 구분되지 않고 한 지역의 일부분이나 구획의 기능을 가졌다. 노예 계급은 2개로 분류되는데, 하나는 '므사쿠레비'(msakhurebi)로 주로 귀족의 집에 거주하는 농노이며, 또 다른 계급으로는 '글레케비'(glekhebi), 즉 소작인을 가리킨다.[49]

조지아 정교회의 구성과 신분 체계

조지아 정교회는 세속적 계급 질서와 비슷한 방식으로 계층화되어 있다는 것이 특징이다. 정교회의 성직(聖職) 조직은 봉건주의 체제와 유사하게 구성되어 세속적, 교회적 질서가 밀접한 관계를 가지는 체제였다. 정교회의 대주교는 종교 수장이다. 바흐탕(Vakhtang) 6세(18세기) 법전에 따르면, 왕과 대주교는 세속 권력과 종교적 질서에서 동일한 신분으로 부여되었다.[50] 즉 조지아 대주교의 신분은 조지아 사회에서 절대적 권한을 가지고 있었다. 대주교 하위의 주교 계층은 세속권의 에리스타비와 타바디와 동일한 직급에 속하므로 영주나 상위층 귀족 계급의 신분과 동급이다. 주교와 교구장은 대주교 권위 아래에 종속되지만, 매일 예배나 의식 집전에 독립적 역할과 지위를 가질 정도로 고위 신분을 유지했다. 각 교구장 아래의 모든 고·하위 성직자들은 주교에 절대적인 복종 의무를 가졌다. 이는 마치 아즈나우리 계급이 상위 귀족 계층에 봉사의 의무를 가진 것과 동일한 복종적 관계에 속한다.

　　조지아 주교들은 고위 귀족의 가족에서 임명되고, 이미 그들이 어린 나이일 때에 미래의 성직자로서 역할을 부여받았다. 세속 군주와 동일하게 지방의 주교들은 가신들과 농노를 소유했다. 전쟁 시에는 교회 주교들이 직접 이들을 데리고 전쟁터로 나가 애국적 행동을 모범적으로 수행하였다. 정교회 주교들은 영적, 세속적 기능을 동시에 맡았다. 이는 러시아 정교회의 주교들이 모든 주요 결정을 통치자의 허가를 받고 집행했던 것과는 매우 대조적이다. 즉 조지아 정교는 러시아 정교와도 매우 변별적인 특성을 보이면서 발전 단계를 거쳐 갔다. 조지아 정교회에 소속된 교구장이나 사제들은 조지아의 지배층, 귀족층, 그리고 일반 중인 계급에 이르기까지 모든 국민 계층과 역사적으로 긴밀한 관계를 맺어왔다.[51]

　　교회와 국가 간의 일체성이라는 조지아 정교회의 특징은 지방 교구에서도 두드러진다. 대부분 교구장 내의 주교나 성직자들은 귀족 계급에 속했다. 지방 주교들과 지역 통치자들은 같은 가문 출신이었다. 코카서스에 기독교가 전래된 이후 정교회는 왕조 가문과의 인적 교류와 소통에 노력했는데, 조지아 정교회도 지방 중심의 세력을 강화하고 이 지역의 왕족 혈통과 매우 긴밀한 유대 관계를 가졌다.

　　조지아는 유라시아의 강력한 이슬람 제국인 오스만 투르크와 페르시아의 이슬람 전파를 저지하였다는 역사적 해석이 있다. 그러나 조지아 영토 내에서 이루어졌던 종교 정체성은 전통적으로 다민족, 다종교였다. 고대로부터 종교적 교의가 자유스럽게 선포되던 곳이 조지아였다. 다민족, 다문화적 요소로 조지아에는 조지아 정교뿐만 아니라 이슬람도 사회

문화적 요소로 기능했다.[52] 이러한 견지에서 본다면, 조지아에서 조지아 정교와 이슬람은 매우 특이한 역사적 궤적을 이어갔다고 볼 수 있다. 16세기 페르시아의 사파비 왕조(1501~1732년), 오스만 술탄 제국(1300~1922년)의 통치시기에 페르시아와 오스만 술탄은 수 세기 동안 이 지역을 정복하였고 거의 모든 코카서스를 지배하였다. 조지아에서 이슬람 영향력은 전혀 무시할 수 없는 역사적 사실이었다. 무슬림 왕조가 이 지역을 통치하면서, 투르크어 사용 무슬림 그룹도 정착할 수 있는 계기가 마련되었다. 특히 사파비 왕조 시기에는 동부 조지아에 무슬림이 이주하였는데, 카르틀리 공국과 그 주위에 이슬람화가 이루어졌다. 조지아의 남-서부 지역인 아자리아에서는 오스만 투르크 인에 의해 이슬람화가 진전되었다.

근대 이후 조지아 정교의 역사적 특성

조지아가 친서방 전략을 구사하는 이유는 조지아가 그리스 로마 시대부터 유럽과의 정치적, 경제적 군사적 교류를 통하여 일찍이 서방과의 근접성을 유지해왔던 역사적 기원이 있기 때문이다. 또 조지아의 유럽적 경향은 로마에서 융성해진 기독교를 수용함으로써 유럽문화권 중심의 역사적 관계를 지속해 왔다는 것에서도 그 이유를 찾아볼 수 있다.[53] 로마에서 기독교를 받아들인 조지아는 이후 비잔틴으로부터 본격적으로 동방 정교를 수용함으로써, 조지아 정교가 국민 신앙으로 정착되었다. 19세기 무슬림 왕조가 약화됨에 따라, 이 지역에 러시아 제국의 팽창이 이루어졌다. 이후 이슬람 세력은 급격히 쇠퇴하기 시작했다. 이슬람 영향력이 완전히 사라진 것은 아니었다고 하더라도, 전체적으로 이슬람 영향력을 일정하게 보존하고 지탱해주는 통치 기구는 현저히 약화될 수밖에 없었다.

제정러시아는 19세기 초에 동부 조지아를 복속하고 제국주의 정책을 추진하면서 간혹 종교적 톨레랑스 정책도 시행하였지만, 러시아 정교도로의 강제적 개종을 요구하는 경우가 있었다. 조지아 정교회도 러시아의 신성종무원에 종속되었다. 1801년 러시아는 동부 조지아에 속한 카르틀리-카헤티 공국을 공식적으로 폐위하였다. 그 시기에 조지아 사회의 기본적인 계급 구조는 여전히 유지되었다. 귀족들의 권한은 유지되었지만, 그들 대부분은 러시아의 통치를 자연스럽게 받아들이면서 러시아에 봉사하는 통치 계급으로 변화하였다. 러시아는 조지아 귀족에 대한 주권을 행사하면서, 본격적으로 남코카서스의 동부로 제국 확장을 시도했다. 당시 아제르바이잔과 다게스탄은 페르시아의 지배하에 있었지만 점진적으로 러시아가 이 지역을 지배하였다.

조지아 헌법에서는 조지아 정교의 예외적 역할을 인정하는데, 조지아 정교에 '특별한 지위'를 부여하고 있다. 감사후르디아 전 대통령은 조지아 정교회를 국가 기관과 사회의 중심 역할로 인정했다. 터키가 조지아를 지배하던 시기에도 정교회에서 사용되던 조지아어를 보존하면서 민족주의 의식은 오랜 시간 동안 유지되었다. 소련 해체 이후 조지아가 정교의 가치를 강력히 주장하던 이유도 이 때문이다.[54]

정부는 또한 지정학적 관점에

조지아정교회 내부(필자 촬영)

서 정교의 필요성을 언급한다. 정교의 지정학적 관점은 조지아에 매우 중요하다. 전 동방 세계에 조지아는 정교 국가라는 가치를 강조하면서 조지아가 조화, 정의, 그리고 평화를 지향하는 국가임을 공표할 수 있기 때문이다. 조지아 정부는 공산주의 체제가 종식되었다는 사실을 인지하고 조지아가 자유와 민주적 가치의 국가임을 강조하였다.[55] 조지아는 과거 공산주의 맹주이던 러시아로부터 자유롭다는 점을 전세계 국가에 인식시키고 싶어 한다. 강력한 이데올로기 정체성은 종교를 통해 국민에게 부여되기 때문에 국민의 일체성을 위해서라도 정부는 조지아 정교의 가치를 대내적, 대외적으로 제기할 필요성을 가졌다.

3. 조지아 이슬람 및 자치공화국에서 무슬림의 역사적 정체성

조지아 이슬람의 일반적 상황과 그 동력, 그리고 함의

러시아혁명 이후 볼셰비키는 아르메니아, 아제르바이잔, 조지아 등 코카서스 3개 지역 통치권을 가지고 러시아 정교도뿐만 아니라 무슬림에 대한 종교 탄압 정책을 펼쳤다. 2차 세계대전 시기 스탈린은 러시아 정교도 및 무슬림의 지지를 얻기 위해 종교 세력과의 연대를 추진하면서 전쟁을 승리로 이끌 수 있었다. 1991년 독립 이후 구소련지역에서 모든 종교 세력들은 권리를 회복하였고 각 국가는 국가 정체성 및 민족 정체성의 향방에 따라 종교적 신념을 강조하기 시작했다. 조지아에서도 무슬림 그룹은 터키와 이란 등 이슬람 국가들과 일정한 종교적 유대 관계를 강화하였다.[56]

조지아 내 무슬림 인구가 어느 정도이든지, 무슬림 인구는 조지아 내에서 감소하는 추세로 보고되고 있는데, 특별히 무슬림 인구가 많은 아자리아 공화국의 아자르 민족 인구가 경제적 문제나 가족들의 특수한 상황으로 인해 러시아연방이나 이웃 아제르바이잔공화국으로 이주하기 때문이다. 특이한 것은 아자르인구 이주가 증가한다 하더라도, 높은 출생률로 여전히 무슬림 인구의 급감 추세는 나타나지 않고 있다.[57] 모든 무슬림 조직은 국가 종교의 지위에서 배제되어 있다. 그러므로 무슬림, 특히 소수 민족 그룹은 조지아 내에서 종교적 특성으로 인하여 소외나 불이익을 받는 경향이 있다. 조지아 소수 민족은 국민이 추구하는 가치와 목적에 부합될 수 없다는 인식이 사회에 퍼져있다. 예를 들면, 조지아의 아제리 민족 그룹은 독립 이후에 조지아 국가 건설에 방해가 되고 있다는 트라우마 식 자의식을 일정 부분 가지고 있다. 조지아의 주인이 아니라 손님이라고 스스로 규정하는 경향이 있다는 것이다.

아제리 민족이 아제르바이잔 국경 근처에 거주하고 있는 사실도 조지아의 디아스포라 아제리 민족에게 불리한 환경으로 작용하고 있는 측면이 있다. 아제리 민족은 국경 근처에서 주로 국경 무역을 통해 생활을 영위해왔다. 장미 혁명 이후에 조지아정부는 국경 세관을 엄격히 통제했고, 이로 인해 조지아 내 아제리 민족, 그리고 이들과 무역하던 아제르바이잔 상인들과 조지아 관리들 간에 매우 첨예한 대치 상황이 전개되었다.[58] 독립 이후 토지 사유화 과정에서도 아제리 민족은 많은 희생을 치르고 어렵사리 토지 사유화를 획득할 수 있었다. 그런데, 아제리 민족은 이슬람을 믿고 있고, 또한 소수 민족 지위로 말미암아 자신들이 소외되고 있다고 생각한다. 조지아 지도자들은 영토 통합성에 아제리 민족이 부정적 요소로 작용하고 있다고 판단하였다. 소비에트의 압박 속에서도 비공식적 이슬람이 아제르 인에게 살아남았다. 지금까지도 결혼식이나 장례식에 남아있는 전통적인 이슬람 의식은 보존되어있다. 아제리인 가운데서도 이란의 시아파 전통을 따르는 무슬림은 소련 정부에 좀 더 유연한 태도를 지니고 있었음에 반해, 순니파 무슬림은 저항적 의식을 보여주었다.

조지아 내에서 투르크어를 사용하는 그룹인 메스케티안(Meskhetian)은 민족적 분류로는 조지아인에 속했다. 그러나 이들은 원래 투르크 민족 그룹에 속한다. 그들은 스탈린 통치 시기 이전까지는 주요 무슬림 그룹으로 분류되었다. 그러나 2차 세계대전 도중에 이 민족 그룹은 나치 정부와 연관이 있다는 명목으로 10만 명 정도가 1944년에 조지아의 남서 지역, 즉 원래 거주지인 메스케타 지역으로부터 우즈베키스탄, 카자흐스탄, 키르기스스탄으로 강제 이주 당했다. 그들은 메스케티안으로 정체성을 가지고 있는데, 우즈벡 민족과 민족 분쟁이 일어난 1950년대 이후로는 조국으로 귀환하기를 희망하고 있다. 감사후르디아와 셰바르드나제는 이들의 청원을 받아들이지 않았는데, 이는 조지아 민족주의 경향과 사회적-경제적 실용주의 때문이었다.

조지아 내에서 이슬람은 제대로 조명 받고 있지 못하다는 것은 주지의 사실이다. 조지아 정교가 핵심적인 종교 정체성이기 때문이다. 국가건설 과정에서 기독교는 국가 종교의 핵심적 이념으로 등장했는데, 조지아 정교회가 일정한 역할을 맡아야 한다는 분위기가 성숙되어 있었다. 독립 이후 국가건설과 민족건설의 과정을 통해 이슬람의 정치적 역할은 특별히 드러나지 않았다. 유라시아 국가 중에서도 조지아는 아르메니아 다음으로 기독교를 빨리 수용한 국가였다. 그래서 그런지 일반적으로 조지아 이슬람을 언급할 때에 그것은 생경하고 국가와 밀접한 관련이 없거나, 혹은 공격적인 종교적 요소로 인식되는 경향이 있었다.[59]

소련 시기, 그리고 소련 해체 직전, 조지아 내에서 이슬람의 역할은 매우 한정적이었다. 소련의 반종교 정책이 결정적 이유였다. 이슬람 종단 조직체는 와해되었고, 비조직적인 모습을 보여주었으며, 세속적인 영역에서 이슬람은 거의 어떤 중요성을 가지고 있지 못했다. 제정러시아 시기의 이슬람 개혁주의자들이나 이슬람 학자들도 거의 사라져버렸다. 1991년 독립 초기에도 훈련되고 학식이 풍부하고 경험있는 이슬람 사제나 신학자들이 충분히 확보되지 못했다.

조지아 이슬람 종무청은 아제르바이잔 바쿠의 공인무슬림협회의 통제를 공식적으로 받게 되어있다. 소련 시기부터 공인무슬림협회가 구소련에 4개 존재했다. 남코카서스를 책임지는 곳이 바쿠의 공인무슬림협회이다. 그러나 반드시 모든 이슬람 조직체가 바쿠 무슬림협회에 공식적으로 등록되어 있지 않다. 공식 체제에서는 그렇지만, 사실상의 지역 무슬림협회는 해외 무슬림 단체들의 지원을 이끌 목적으로 바쿠의 공인무슬림협회의 통제를 따르지 않는 경향을 보였다. 특히 아자리아 공화국은 북서 지방에 위치, 바쿠와는 지역적으로 멀리 떨어져 있어 더욱 더 독립적인 경향을 보였다. 특히 순니파 무슬림이 대부분이어서 바쿠 종무청의 통제를 거의 받지 않고 있다.

다음은 개별 공화국이나 특정 지역의 무슬림 특성에 관한 내용이다.

아자리아(Adjaria) 공화국의 이슬람 정체성

조지아에는 민족적 조지아인이 있으며, 소수 민족 그룹이 있다. 조지아에는 민족 구분을 할 때 2개로 크게 분류할 수 있다. 조지아에서 아자르(Adjar) 민족과 아제리(Azeri) 민족은 가장 큰 두 개의 무슬림 그룹이다.

아지라아의 수도는 바투미이고 면적은 약 2,900km^{2}이다. 인구는 약 334,000명이다. 바투미는 조지아 최대의 항구 도시이다.[60] 아자리아에 거주하는 아자르인은 순니파 무슬림이다. 아자르 민족은 아제르바이잔의 아제리 민족과는 구별된다. 아자르는 순니파 이슬람을 신봉한다. 이에 반해 아제리 민족은 시아파에 속한다. 아자르는 근대 초기, 이슬람의 거대 세력이던 오스만 투르크로부터 이슬람을 받아들였다. 아제리는 이란의 영향을 받았다.[61]

아자르의 이슬람 수용은 오스만 투르크가 통치하던 16~19세기에 이루어졌다. 오스만 투르크 치하 많은 아자르인이 무슬림으로 개종했다.

이들은 터키에 거주하였으며, 일부는 러시아 제국에 포함되었다. 이후 조지아 공화국에 소속되었다. 조지아는 15세기에 매우 심각한 국가적 위기에 처했다. 비잔틴 제국과 트레비존(Trebizond) 제국의 붕괴로 전통적으로 친서방 전략을 추구하던 조지아는 서방으로 진출하는 기회를 상실할 위험한 순간을 맞이했기 때문이다. 1595년에 아자르 민족은 오스만 투르크의 지배 아래 들어갔고, 인종적, 종교적, 그리고 민족적 자립 측면에서 오스만 투르크에 대적할 만한 국가적 역량을 갖추지 못했다. 아자르 지도자는 조지아 국왕의 편에 서거나, 혹은 조지아에 접경하고 있는 기타 국가들로부터 각종 원조를 기대하는 입장을 가지고 있었다.[62]

오스만 제국의 지배 아래 아자르 민족 엘리트들은 무슬림으로 개종하면서 이 지역에 자연스럽게 이슬람 전파가 이루어졌다. 아자르 엘리트들은 이슬람을 수용하면서 경제 권한과 사회적 위치를 유지하였다. 그러나 아자리아 지역은 전형적인 숲 지대로 남아있었고, 중심에서 멀리 떨어진 주변부 특성으로 오스만 투르크 통치자의 관심에서 벗어나 있었다. 오스만 투르크의 술탄은 아자리아 내정에 간섭하지 않았다. 지역민들이 봉건 영주에 충성을 바치면, 오스만 투르크는 더 이상의 정치적 지배권을 강조하지 않았다. 아자르인이 이슬람을 신봉한 이유는 오스만 투르크가 조지아를 점령하였기 때문에 가능했다.

오스만 투르크 통치시기에 아자르 민족이 가장 중요하게 여긴 부분은 종교적 가치였다. 아자르의 영토가 전체적으로 조지아에 속해 있었다고 하더라도, 아자르인은 조지아인과 동질적인 민족의식을 강하게 지니고 있지 않았다. 아자르의 주된 정체성은 이슬람 문화였다. '아자르'라는 용어는 무슬림 용어와 같은 의미였다. 아자르는 한때 러시아가 모든 남코카서스의 투르크 민족 그룹의 무슬림을 총체적으로 불렀던 용어인 '타타르'라는 용어로 명명되었다.[63] 러시아는 1801년 조지아를 복속하면서 조지아 국경 내의 모든 민족에 대한 지배권을 강화하였다.

조지아 내 무슬림은 러시아의 정책에 반감을 가졌다. 아자르 무슬림은 이교도들이 통치하는 국가로부터 반드시 떠나야 한다는 종교적 신념이 강했다. 결국 이주를 단행하였다.64 1878년 러시아-오스만 투르크 전쟁 때, 아자리아 공화국은 오스만 투르크를 지원하였다. 오스만 투르크는 상당할 정도로 아자르인의 군사적 지원을 얻게 되었고, 그 전쟁이 러시아의 승리로 거의 확정적이던 순간에도 아자르인은 오스만 투르크를 지원하였다. 그러나 험난한 지형과 아자르인의 용맹함 등으로 러시아는 바투미를 완전히 점령하지 못하고 이곳에서 멀리 떨어진 고지대의 카르스(kars)와 에르주룸(Erzurum)에서 승리를 선언할 수밖에 없었다. 바투미는 1878년 베를린 협정 이후에야 러시아의 소유가 되었다. 오스만 투르크는 점령하고 있던 조지아의 남서 지역으로부터 물러났다.

아자르 민족의 오스만 투르크 이주

전쟁이 끝나고 아자르인들은 터키로 이주하기 시작하였다. 제정러시아는 조지아 무슬림의 터키로의 이주를 억제하는 정책을 펼쳤다. 러시아 정부는 이슬람의 전통적 가치를 보장해주고 무슬림이 코란과 샤리아법에 근거한 이슬람 재판을 받는 전통을 보장해주며, 오스만 제국이 조지아를 통치하던 때처럼 조세 감면을 약속했다. 또 지역 주민들은 군역의 의무에서 면제되며 수준이 높은 행정적 기능이 유지될 수 있도록 유연한 통치 체제를 도입하겠다고 아자르 민족에게 약속하였다. 19세기 말, 오스만 투르크로 이주한 아자르 무슬림들을 "구르치"(터키어로 조지아인을 의미)라고 하는데, 이 용어는 조지아에서 이주한 조지아 정교도를 부를 때에 사용한 단어였다.65

러시아의 통치권에 포함된 아자르인의 이주 과정은 매우 놀랄만한 일이었다. 아자르인은 왜 이주하였을까? 당시 한 저널리스트가 자신의 조국을 떠나는 이주자와 인터뷰를 하였는데, 이 내용은 매우 중요한 의

미를 부여해 준다.⁶⁶

> 모든 사람들, 모든 군인들은 한마디로 말하자면, 우리를 개와 같이 취급했다. 그들은 그러한 일을 자행했다. 왜냐하면 우리는 기독교도가 아니었고, 러시아인이 아니었기 때문이다. 만약 새로운 통치자들이 아자르인들을 살해한다면 심지어 아무런 처벌도 받지 않을 것이다.

상당수의 아자르인들이 터키로 이주한 사실은 아자르인은 조지아와 공통의 민족 정체성이 없었기 때문으로 해석될 수 있다. 조지아인 정체성은 조지아 정교도와 동일한 의미로 수용되었다. 아자르인에게는 조지아인이라는 국가 정체성보다 이슬람 정체성이 더 중요했다. 아자리아 지역성은 한계에 부닥쳤으며, 오스만 투르크가 코카서스에서 세력권을 상실하면서 이슬람이 부각될 수 있었던 기회도 동시에 상실되었다.⁶⁷ 20세기에 터키 공화국이 세속주의 이념을 제창하였음에도 불구하고, 터키의 종교적 영향력은 아자르인에게 남아있었다. 적어도 1차 세계대전 전까지 조지아 무슬림에게 오스만 투르크의 영향력은 강하게 남아있었다. 예를 들면, 오스만 제국에서 아자르인은 세속 학교보다는 이슬람 학교에 출석하였다. 그러나 아자르 민족의 이슬람은 20세기 근대주의의 성장과 소비에트의 반종교 정책에 의하여 점진적으로 약화되었다. 그런 배경에는 조지아 정교가 국가 종교로 성장한 이유도 컸다.

1917년 혁명 이후 아자르 이슬람 정체성은 새로운 국면을 맞이했다. 이 지역에서 정치권력을 가지고 개인적 성공을 거두기 위해서는 강력한 반터키 경향의 정치적 노선을 견지해야 하며, 반이슬람을 지향하는 조지아 정교의 전통과 부합되는 정책 노선을 지향해야 한다. 조지아 소비에트 사회주의 공화국 내의 자치공화국이던 아자리아 공화국의 정치적 엘리트들은 고유의 종교 정체성을 선택해야만 했다. 반종교 캠페인을 벌이던 소비에트 시민이라는 인식에 따라, 이슬람 영향력은 축소되었다. 많은 수의 모스크와 이슬람 신학교가 폐쇄되었다. 모든 종교 행위가 금지되었다. 이는 이슬람이 사적 영역으로 사라졌다는 것을 의미한다. 조지아 사회 내에서의 이슬람 요소는 무시되었다.

오스만 투르크가 아자르인을 정복하고 이슬람을 포교한 사건은 단지 일시적인 이민족의 정복으로 해석되었을 뿐이다. 아자르 민족은 민중들의 의지에 관계없이 무슬림이 되었다. 소련 시대에 아자르인이 조지아인이 된다는 사실은 조지아 정교도가 되었다는 것을 의미했다. 그러나 아자르 엘리트들이 민족적, 종교적으로 조지아인이 된다는 사실은 아자르 농촌 지역, 그리고 비교적 교육 정도가 약한 민중들에게는 수용될 수 없었다.[68]

이런 상황에서 본다면, 조지아 정부가 1991년 독립 이후 매우 강력한 정교 가치관을 주장하고 나서는 이유가 분석될 수 있을 것이다. 아자르 민족은 정교의 영향력이 지배적인 조지아에서 나름의 특이한 발전 과정을 겪어 왔다. 아자르인은 터키를 유럽으로 향하는 관문으로 간주하였다. 그러나 독립 이후 초반에 대두된 독립의 열망은 환멸로 바뀌었다. 조지아 민족주의자들은 터키로부터 이슬람이 확산되거나 무슬림 커넥션이 이루어져, 이슬람 세력이 확산해 나갈 수 있다는 가능성 때문에 아자르인들을 예의 주시하며 바라보고 있었다.

1991년 독립 이후 아자르 민족 이슬람 정체성

그렇다면 포스트소비에트 시기에 터키와 아자리아 공화국의 관계는 종교 부흥을 중심으로 어떤 방향성으로 전개되었을까? 터키의 무슬림 사제들은 바투미에 이슬람을 포교했다. 무슬림 선교사뿐만 아니라, 터키 사업가들도 이슬람 전파 활동을 벌였다. 그러자 조지아 민족주의자들은 바투미에서 발행되는 언론을 통해 이슬람 전파에 대한 경각심을 불러일으키는 반이슬람 활동을 펼쳤다. 이들은 조지아인이라면 이슬람 부흥에 대한 위험성을 인지하고 당국자들은 도리어 조지아 정교 부흥에 적극 나서야 한다고 촉구했다.[69] 민족적 조지아인의 반대 활동과 조지아 정교 정체성의 강조로 아자르 이슬람 부흥은 별다른 원동력을 가지지 못했다.

아자르 이슬람은 크게 2가지 방향으로 움직였다. 하나는 정교도화였다. 이는 조지아 정부가 국가 정체성 요소로 조지아 정교의 확장을 강력히 강조하였기 때문에 일어났던 현상이다. 도시를 중심으로 이러한 움직임이 일어났다. 다른 하나는 이슬람화였다. 주로 농촌이 중심이 되어 일어난 현상이었다. 소련 해체 이전에 조지아는 직접적으로 터키와의 관계가 많이 이루어지지 않았다. 다만 독립 이후 경제 분야에서 활발한 교류가 있었다. 원유 수송관인 BTC 라인은 바쿠 – 트빌리시 – 세이한을 연결하는데, 조지아, 아제르바이잔, 터키의 원유 수송로였다. 그런데 아자리아의 역사 기원에 있어서 터키는 매우 중요한 국가였기 때문에 터키와 아자리아 공화국의 관계는 이슬람 정체성 관점에서 중요한 의미를 지니고 있었다.

소련 해체 이후 터키의 영향력, 더 정확히 말한다면 터키의 종교 문화, 이슬람 영향력이 늘어나면서 아자르 지식인들은 조지아로 유입되는 극단적 이슬람을 예의주시하였다. 19세기 후반 조지아에서 터키로 이주한 무슬림 공동체가 아직도 터키에 존재하고 있다. 조지아 국경 근처 터키의 '아르트빈'과 '호파'에는 전통적으로 조지아어 계통의 카르트벨 언어를 사용하는 그룹이 있다. 터키로 이주한 아자르 후손들은 이스탄불이나 마르마라 지역에 거주하고 있다. 터키의 비즈니스맨과 선교사들이 아자리아에 와서 활동하면서 과거 강한 영향력을 가졌던 터키가 아자리아에 적극 진출을 시도하는 것은 아닌가 하는 해석이 있었다. 바투미 언론을 통해 터키 영향력이 증가되었다. 과거 오스만 투르크와 아자리아의 특수 관계 때문에 생겨난 현상인 것만은 분명하다.

전체적으로 조지아 정부는 민족적 조지아인의 정체성을 강조함으로써, 이슬람의 급속한 확산을 억제하고 있다. 이를 대변하듯, 아자르 지식인들은 친 조지아 노선을 천명하기도 하였다. 이들은 모든 조지아인들이 터키의 영향력에 조심해야 한다는 의견을 피력하였고, 심지어 정부 당국이 아자르인들의 기독교화 정책을 더 강력히 펼쳐야 한다고 주장하기에 이르렀다.

흥미로운 것은 아자리아 공화국 정치 엘리트들의 행동이었다. 이들은 이슬람을 기반으로 하고 조지아 시민권을 가지고 있으면서, 국가 종교가 기독교인 나라에 거주하는 무슬림 정치가들의 행동이 어떤 방식으로 이루어지는 것인가를 볼 수 있는 전형적인 사례가 될 수 있다. 과연 아자리아 무슬림 정치가들은 어떠한 행동을 전반적으로 취하고 있는 것인가? 일부 정치가들은 이러한 상황을 이용하였는데, 특히 무슬림 기반을 가지고 있던 정치 엘리트들은 자식들을 조지아 정교도로 세례 의식을 행함으로써, 중앙정부로부터 정치적 지원을 받고자 하는 일련의 행동을 보여주었다. 아자리아 이슬람과 북카프카스 이슬람은 근본적으로 다른 경향의 움직임을 보였다. 즉 체첸, 다게스탄 지역 등 북카프카스 이슬람 관련, 급진적인 경향의 무슬림 종단이 강력히 발전되어 있다. 일종의 비밀조직이 결성되기 때문이다.

이에 반해 아자르 이슬람은 훨씬 더 온건하고 개방적인 역할을 수행하였다. 소련시기 이슬람의 전통적인 중심지인 터키의 아자리아에 대한 종교적 영향력은 제한되어 있었고 고립되었다. 무슬림 엘리트들은 소련 정책에 저항하지 못했다. 소련 해체 이후에도 아자르 이슬람은 이슬람 종단 조직을 정비하는 것에 매우 큰 어려움을 겪었다.[70] 심지어 소련 시기 아자르 민족은 조지아인으로 분류되기까지 했다. 1979년 민족 센서스에서는 이 지역의 80 퍼센트가 민족적 조지아인으로 분류되었고,

러시아인이 10%였다. 그럼에도 불구하고, 이 공화국은 조지아 행정 단위에 편입되고, 지역 엘리트들은 자신들의 특별한 위치를 보존하기 위하여 투쟁하였다.[71]

아브하지아 공화국의 무슬림 그룹

조지아에서 매우 중요한 민족이 아브하지아 민족이다. 아브하지아 공화국의 수도는 수후미(Sukhumi)이다. 면적은 8,432km이다. 2016년 조사에 따르면 인구는 243.564명이었다. 2003년 조사에 의하면 종교 분포는 조지아 정교 62%, 이슬람 26%, 토착신앙 7%였다.[72] 아브하지아 공화국은 코카서스 산맥과 흑해 사이에 위치하고 있으며 동남쪽 인구리 강과 서북쪽 프수 강에 인접해 있다. 이 지역은 조지아의 서북에 위치하면서 각각 스바네티아와 민그렐리아 지역의 동쪽, 동 - 남 지역이다. 북쪽은 러시아와 국경으로 맞붙어있다. 20세기 볼셰비키 혁명 기간 아브하지아인은 소비에트 공화국의 지위를 얻었으며 조지아와 대등한 지위로 소연방의 일원이 되었다. 그 지위는 1925년 아브하지아 공화국 헌법에 성문화 되었다. 그러나 1936년에 아브하지아는 조지아 공화국에 정식으로 편입됨으로써, 독립, 행정적 지위는 무효화되었다. 아브하지아의 주요한 경제적 토대는 관광 산업, 농업 분야이다. 소련 시기 이 지역은 열대 기후와 흑해에 위치, 가장 방문해 볼 만한 관광지였다. 농업 생산물로는 감귤, 담배, 차, 와인이다. 수후미 항구는 국제 선적의 중요한 수송 지점이었으며 아브하지아 북쪽을 횡단하는 조지아와 러시아를 연결하는 선로가 있었다.

아브하지아는 인류학적으로, 사회문화적으로 조지아인과는 확연히 다른 민족 그룹이었다. 소련 해체 이전 마지막 1989년 인구조사에 의하면 아브하지아인구는 525,000명이었다. 당시 아브하지아 민족은 전체 인구의 약 18%이었던 93,000명에 불과한 소수 민족 그룹이었다. 이에 비해 조지아인이 46%를 차지했다. 1979년과 1989년 사이에 아브하지아인구는 9.2% 증가했으며 같은 기간에 조지아인은 13.6%까지 증가했다. 아브하지아인은 조지아 총인구의 2%이다. 조지아 공화국 내 아브하지아인이 소수로 전락하게 된 이유는 1866년과 1877년 아브하지아에서 소요 사건이 일어나 제정러시아가 이를 진압하는 과정에서 인구의 절반이 오스만 투르크로 이주했기 때문이다. 현재도 많은 아브하지아 디아스포라가 터키와 중동에 거주하고 있으며, 조지아 공화국 내에서는 아브하지아인이 10만 명에서 15만 명 정도가 살고 있다.[73]

아브하지아인은 조지아의 북-서 지역에 거주하고 있다. 아브하지아 민족과 오세틴 민족은 변별적 모습을 보여주는데, 원래 이들은 애니미즘을 신봉하였다. 이후 오세티아 인은 기독교, 아브하지아인은 이슬람을 신봉하였다. 아브하지아인은 오스만 투르크 통치 아래 17세기와 18세기에 무슬림이 되었고, 이슬람 정체성이 매우 강화되었다. 터키와 중동의 이슬람 영향력이 강했기 때문이었다. 1990년대 일부 체첸인과 북 카프카스 그룹은 아브하지아인과 연대, 조지아 중앙 정부와 투쟁하였다. 당시 아브하지아인은 독립에 대한 열망이 강했다.

아브하지아인은 공식적으로 무슬림과 조지아 정교도로 나누어져 있다. 그러나 2008년 러시아-조지아 전쟁으로 인해 러시아로부터 정식 독립국으로 인정받은 이후 종교 정체성은 차이점을 보여주고 있다. 즉 무슬림 비율이 월등히 높아졌다. 이 지역은 전(前) 기독교적 관습과 전 이슬람 관습이 혼합하여 종교 정체성이 형성되었다. 이슬람은 형식적으로 발전되어 돼지고기와 알코올 섭취는 관습상 전혀 문제가 아니다. 그러나 아브하지아 디아스포라에게 이슬람은 매우 중요한 종교 정체성이다. 그럼에도 불구하고 아브하지아 내부에서 이슬람 정체성은 매우 강력한 사회 문화 인자로 형성되어 있지는 못하다.

아브하지아에 이슬람 전파는 아자리아와 비슷한 경로로 이루어졌다. 조지아와 아브하지아는 역사적으로 논쟁거리가 있는데, 아브하지아 민족 그룹의 기원이 어디에 있는 것인가 하는 부분이다. 이는 19세기에 제정러시아가 아브하지아를 점령하고 난 이후의 역사적 관계에서 비롯된다. 러시아는 아브하지아를 식민지로 건설하면서 이슬람을 신봉하는 아브하지아인을 터키나 중동으로 강제 추방하였다. 그리고 그 지역으로 조지아인을 이주시키는 정책을 구사하였는데, 지금까지도 민족적 갈등으로 남아 있다. 아브하지아 지역 학자들은 조지아인은 아브하지아인이 원래부터 거주하고 있던 땅으로 이주한 사람들로 간주한다. 즉 아브하지아 원주민은 조지아인이 아니라는 입장이다. 지금도 이 지역 학자들이나 정치가들은 이러한 부분을 강조하면서 분리 독립을 요구해왔다.[74]

아브하지아인은 대체적으로 아브하지아 언어로 일반 대화를 한다. 이들은 서북코카서스 언어 그룹에 속하는데, 소련 시기 키릴 문자와 라틴문자로 언어 표기를 하다가 자치 공화국에 속할 때에는 조지아 문자 표기를 사용하였다. 급속한 조지아화 과정으로 아브하지아의 유일한 언어는 조지아어로 대체되었지만, 종교적, 민족적으로 독립에 대한 열망이 강했다. 1989년 인구조사에 따르면 아브하지아인의 94%가 아브하지아어를 제 1의 언어로 인식하고 있고, 79% 정도가 러시아어를 제 2의 언어로 인식하고 있다. 아브하지아인은 친러시아 경향을 가지고 있으며, 특히 조지아 민족과 언어적, 종교적, 문화적 동질성이 강하게 결속되어 있지 않다. 아브하지아인의 3%만이 러시아어 외에 다른 언어를 제 2의 언어로 주장하고 있다.

아브하지아 민족은 조지아인과는 매우 다른 문화적 본질을 주장하며, 이것이 분리 독립을 주장한 근거였다. 언어 분립으로 두 민족 간의 상호 교류가 매우 빈약하게 이루어졌다. 특이한 사실은 아브하지아 내 조지아인은 조지아어를 사용하지 않고 밍그렐리안 언어를 사용하고 있다는 점이다. 한 조사에 따르면 이 지역에 거주하는 25%의 아브하지아인과 44%의 조지아인이 의사 소통이 불가능하다.

크베트 카르틀리 무슬림 그룹

이외 조지아 무슬림 거주 지역은 일반적으로 '크베트 카르틀리' (Kveto Kartli) 무슬림 그룹으로 조지아 수도인 트빌리시에서 아르메니아 국경까지 넓은 지역에 분포되어 있다. 이 그룹에서 가장 무슬림이 많은 지역이 '보르차울루'(Borchalu)와 '마르네울리'(Marneuli) 이다. 그리고 '판키시'(Pankisi) 지역에도 무슬림이 분포한다. 북-동 지역의 일부 마을에는 무슬림인 아바르(Avar) 민족이 거주하고 있다. 이 지역에서는 아제르바이잔의 투르크 부족인 '보르차울루' 그룹이 거주한다. 이들은 17세기 페르시아의 압바스 1세에 의해 추방당한 조지아인들을 대신하여 이 지역에 다시 정착하였다. 이곳의 무슬림은 페르시아의 시아 종파의 영향을 받으면서 일찍부터 시아 이슬람의 전통이 강했다. 주산업은 농업이다. 크베트 카르틀리는 무슬림이 중심역할을 수행했던 지역이며, 1970년대에는 판키시 지역으로 이슬람이 전파되었다. 특히 체첸과 잉구시 민족이 속하는 바이나흐 민족 계열인 키스틴 민족이 체첸 전쟁을 통해 알려졌는데, 이들은 전통적으로 판키시 계곡에 거주하고 있다. 급진적 이슬람을 주장하던 체첸 전사들이 이 계곡으로 피신해 들어올 때에 키스틴 사람들은 체첸 반군을 도와주었다.

이 민족에게 이슬람 정체성은 매우 중요한 사회적 요소이고 보편적인 종교적 신념이었다. 그러나 제정러시아와 소련 시기 피정복자로서 키스틴 민족은 19~20세기에 러시아 정교도로 개종하였다. 그러나 그들은 원래의 종교 정체성을 유지하고자 하였는데, 1970년대에 크베토 카르틀리로부터 이곳으로 온 선교사들의 포교로 무슬림 신자들이 늘어났다. 크베트 카르틀리에서는 이슬람 정체성과 민족주의가 혼재하고 있다. 이슬람 정체성은 좀 더 보수적인 농촌 지역에 강하게 남아있다. 주요 민족 그룹으로는 산악지역에 살고 있는 스반스, 케브수르, 프하브 민족이 있는데, 매우 고립되어 살고 있다. 소련 시기에도 이 민족들은 전통적인 부족 관습에 의해 일반 생활이 영위되었다. 조지아의 공식적인 통치는 이 민족 그룹에 강력히 반영되지 못하였다. 즉 그것보다는 민족들의 실제적인 삶의 관습이 더 중요하게 작용하고 있다. 이들의 일반 관습은 구전 전통으로 이루어졌다.

2부 조지아 국내 정세

3장 조지아 국내 정치

1. 조지아 정치경제 현황

조지아 정치 상황 약술

2020년 기준 조지아의 인구는 약 372만 명이다. 수도는 트빌리시(Tbilisi)이며 인구는 약 116만 명이다. 조지아 국토 전체 면적은 69,700 km²인데, 이는 한반도의 약 30%에 해당한다. 조지아는 흑해 동부 연안, 터키, 러시아, 아제르바이잔, 아르메니아와 접경하고 있는 국가이다. 기후는 서부 지역에는 아열대 기후를, 동부에는 대륙성 기후를 보인다.[75] 언어는 조지아어를 사용하고 종교는 조지아 정교를 믿는 이는 83.4%, 이슬람은 약 10.7%이다.[76] 현재 정부 형태는 의원내각제이다. 의회는 4년 임기의 단원제이다. 대통령은 살로메 주라비쉬빌리(Salome Zurabishvili), 총리는 이라클리 가리바쉬빌리(Irakli Garibashvili), 외교장관은 다비드 잘라가니아(David Jalagania)이다. 현재 주요 정당은 '조지아의 꿈'(Georgian Dream), '국민통합운동'(ENM), 유럽조지아(Europian Georgia) 등이다.[77]

독립 이후 조지아의 다양한 정치적 사건이나 대외 관계 전략의 중심핵은 친서방 경향이다. 조지아의 이러한 역사적 경로의 동인은 유럽 문화에 대한 우호적인 국민 정서이며, 이는 역사적 변천 과정에서 축적된 대외적 요소였다. 소련이 해체되고 동유럽이 자유민주주의 시장경제를 지향하는 등, 국가 체제 이행이나 이념 실험이 진행되고 있는 상황을 감안한다면, 조지아의 친서방 경향의 안티테제는 러시아의 존재가 매우 중요하다. 그런데 조지아의 국내 정치의 많은 영역이 국제관계와 연동되어 있다. 그만큼 조지아는 영토 통합성 등 국제관계적 요소가 국내 정치에 투영되는 경우가 많다.

조지아 경제

주 조지아 대한민국 대사관 분원 자료에 따르면 2020년 기준 명목 GDP는 162억 달러이다. 1인당 GDP는 4,400달러이다. 경제성장률은 코로나19 영향으로 마이너스 6% 성장이었다. 2020년 총교역량은 136.25억 달러였다(수출: 49.44억 달러, 수입: 86.81억 달러). 대한민국과의 교역은 2020년, 3,900만 달러에 그쳤다. 수출이 3,400만 달러, 수입은 500만 달러였다. 2019년까지 누계로 대 조지아 투자액은 2억 5천5백만 달러이고 조지아의 대 한국 투자는 610만 달러였다. 조지아가 2020년 들어 2분기에 경제성장률이 급격히 둔화된 이유는 다른 국가처럼 코로나19의 영향으로 말미암은 것이다. 2015년부터 비교적 3~5% 정도의 GDP 성장률을 보이다가 급격히 침체에 빠졌다.

2015~2020년 2/4분기(주 조지아 대한민국대사관 트빌리시분관 자료)

경제지표	2015	2016	2017	2018	2019	2020	
						1/4	2/4
경제성장률(%)	3.0	2.9	4.8	4.8	5.1	2.2	-12.3
명목GDP(억불)	149	151	162	176	177	37.8	35.7
1인당GDP(불)	4,012.6	4,062.1	4,358.5	4,722.0	4,763.5	1,017.1	961.2
물가상승률(%)	4.0	2.1	6.0	2.6	4.8	6.3	6.5
실업률(%)	14.1	14.0	13.9	12.7	11.6	11.9	12.3
총 교역량(억불)	95.0	94.6	108.1	127.4	128.3	27.8	23.2
수출액(억불)	22.0	21.2	27.5	33.8	37.7	7.8	7.2
수입액(억불)	73.0	73.4	80.6	93.6	90.6	20.0	16.0
무역수지(억불)	-51.0	-52.2	-53.1	-59.8	-52.9	-12.2	-8.8
외환보유고(억불) *12월말 기준	25.2	27.5	30.3	32.8	35.0	33.9 *3월말	36.1 *6월말
환율(라리/달러)	2.52	2.61	2.83	2.99	3.15	2.92	3.14

출처: 조지아 통계청, 중앙은행, 경제지속성장부

조지아 경제와 EAEU 관계

조지아 경제에서 특이한 것은 조지아와 '유라시아경제연합'(EAEU)와의 관계이다. EAEU는 러시아 주도의 다자 경제 기구이다. 현재 EAEU 회원 가입국은 러시아, 벨라루스, 카자흐스탄, 아르메니아, 키르기스스탄 등이다. 현재 접경 국가인 아르메니아는 EAEU에 가입 중이다. 조지아와 EAEU와의 관계는 조지아가 향후 국제관계를 어떠한 전략으로 추진해 나갈 것인가에 달려있다고 할 수 있다. 조지아와 EU의 2014년 협력 협정 체결 이전, 러시아는 조지아가 협력 협정을 체결하지 않으면 경제적인 이익을 주겠다는 의지를 표명해왔다. EAEU 미가입국인 조지아와 아제르바이잔은 EAEU에 둘러싸여 있다고 해도 과언이 아니다.

러시아는 조지아에 EAEU에 가입하라는 압력을 행사했다. EU가 조지아와의 협력협정을 정식으로 발표함으로써 조지아의 EAEU 가입은 당분간 힘들 것으로 보인다. 그러나 그 결과로 조지아가 여전히 경제적인 어려움에 직면할 가능성은 남아있다. 조지아는 EAEU와 단일 공동 경제 공간의 일부이다. 그런데 상기 국가들이 조지아와 자유 무역을 거부할 가능성이 있고 이런 경우에 조지아 수출 산업은 타격이 될 것이다. 2016년을 기준으로 지난 10년간 조지아의 주요 수출국 중 CIS 국가가 차지하는 비율은 50%를 상회하지만, EU 국가와는 30%를 넘지 못한다. 조지아의 수입은 CIS 국가가 23% 이하, EU 국가에는 약 30%이지만, 러시아는 조지아에 지속적으로 경제적 압력을 가할 가능성이 있는 것으로 판단된다.

카자흐스탄은 2011년에 관세동맹에 가입했다. 조지아에 카자흐스탄은 매우 중요한 시장이다. 그러나 조지아는 카자흐스탄에 제대로 진출하지 못하고 있다. 조지아가 EU 가입을 적극 추진하기 때문에 EAEU 가입은 기대하기 힘들다. 조지아가 EAEU에 가입하지 않는다면, 통관 분야에서 경제적 타격을 받는다. 중앙아시아로부터 오는 화물이 조지아를 통과하지 않고 EAEU 회원국의 회랑으로 경유하는 경우 경제에 악영향을 끼친다. 그러나 조지아가 협력협정을 체결하고 FTA 협상에 향후 나섬으로써 자국의 상품 및 서비스를 EU에 제공할 수 있는 경제적 이득을 얻을 가능성도 있다.[78]

2014년 EU와 조지아 간에 체결한 협력협정은 조지아의 경제적 상황과 어떤 연관성을 가질 수 있을까? 조지아는 EU 및 나토 가입을 추진하면서 러시아와의 관계가 악화되었다. 러시아산 천연가스 수입이 러시아에 의해 거부되면서 조지아는 천연가스를 아제르바이잔에서 수입해왔다. 러시아는 조지아산 생수와 포도주 수입을 거부했고, 2013년에 재개하였다. 조지아 정부가 EU 가입을 추진하면서 일방적인 친서방 정책 기조를 일관할 수 없는 이유는 조지아-러시아의 경제 관계에 있다. 조지아는 전체 와인 수출의 60~70%를 러시아에 의존하고 있으며, 조지아의 3번째 무역 상대국이 러시아이다.

2012년 신정부 들어 조지아 정부가 친서방 정책으로 일관할 수 없는 매우 큰 이유 중의 하나가 조지아와 러시아의 경제 관계에 있다. 러시아는 조지아산 주류 수입을 때때로 금지하고 있으며, 이러한 방식으로 조지아에 대한 경제 압박 조치를 취해왔다. 조지아는 전체 와인 수출의 60~70%를 러시아에 하고 있으며, 러시아는 조지아의 3번째 무역 상대국이다. 아르메니아도 조지아 경제의 주요 파트너 국가이다. 조지아는 카자흐스탄이 2011년에 관세동맹에 가입했던 시기부터 카자흐스탄 시장에 제대로 진출하지 못했으며, 아르메니아 시장에도 잘 진출하지 못할 가능성이 있다. 조지아가 EAEU 가입을 하지 않음으로써 타격을 받는 부분은 통관 분야이다. 중앙아시아로부터 오는 화물이 조지아를 통과하지 않고 EAEU 회원국의 회랑으로 경유하는 경우 조지아 경제에 타격이 올 수 있다.[79]

조지아의 최대 현안은 러시아에서 수입하는 천연가스 등에 대한 러시아 정부의 압박 정책이다. 즉 러시아가 가스 가격을 대폭 인상하거나 천연 가스 공급을 중단한다든지 하는 에너지 정책에 따라 조지아의 국가 정책의 옵션이 좌우될 정도로 이는 매우 심각한 현실적인 문제이다. 이러한 지정학, 지경학적 현실과 친서방 국가 정책의 합의점을 모색하는 것이 통치 엘리트들의 현안 과제가 될 것이며, 이는 조지아 국가 정체성의 바로미터로 정치적, 경제적, 사회적 가늠자로서의 평가 기준이 될 것이다.

조지아 경제 미래 10년 계획

2021년 가리바시빌리 총리는 조지아의 미래 10개년 계획을 제시하였다. 그 내용은 다음과 같다. 첫째, 중소기업에서 10만 명을 고용하고, 생산성을 50%로 올린다. 둘째, 광업 분야 일자리 3만 개 창출이다. 셋째, 교역 상대국 11개국을 추가하는 계획이다. 넷째, 인프라 프로젝트에 310억 라리를 추가 투입한다. 이 규모는 한화 약 11조 1,870억 원이다. 다섯째, 신규 기업 1,300곳, 호텔 400곳에 60억 라리를 지원한다. 한화 약 약 2조 1,470억 원이다. 여섯째, 1인당 GDP를 1만 달러를 달성하는 일이다.

소련 해체 이후로 소련의 각 공화국이 독립국가가 되었는데, 조지아에서는 환금성이 높은 천연자원의 부재로 외국 자본에 의한 투자 여건도 마련되어 있지 않다. 이런 관계로 자본 확보가 매우 어렵다.[80] 조지아 해외직접투자(FDI)는 비교적 활발하지 못하다. 가장 큰 이유는 조지아의 지정학적 불안성이 높았기 때문이다. 경제 활성화가 이루어지지 않는 이유는 경상수지 적자 폭이 매우 크기 때문이다. 이럴 경우 IMF(국제통화기금)와 같은 해외투자기관으로부터 재정을 확보하기가 매우 어려워진다. 러시아가 국제사회로부터 제재 조치를 당하면서 러시아 경제가 침체에 빠지는 상황에서는 조지아 '라리' 환율의 가치 하락을 불러일으킬 가능성이 크다. 외환 안정성은 금융 확대에 일정한 역할을 하지만, 조지아 경제에 주는 효과는 미미하다. 게다가 통화정책 파급 과정은 시장에서 효과적으로 작동하지 못하고 있는 실정이다. 저금리 정책에서 파생되는 시장 환율, 차입 수요, 신용거래 성장 등은 조지아의 경제에서 제한적으로 발동하고 있는 편이다.

조지아의 서부 지역은 습한 아열대 기후이다. 동부는 건조한 스텝 지대에 속한다. 이러한 자연 환경으로 조지아의 1차 산업은 기후를 반영, 아열대 지역에서는 차, 귤, 레몬, 담배, 올리브 재배가 이루어진다. 동부 지역에서는 목축업이 발달해있다. 망간과 석탄 등 지하자원과 수력자원이 상대적으로 풍부한 편이다. 그러나 석유, 천연가스 등 에너지 자원 생산은 없다. 과거 소련의 경제 분업 구조에 따라 조지아는 주로 포도주와 농업을 담당하였다. 농산물 의존도가 높다.

조지아 와인 산업 특징

2018년 기준으로 조지아, 스페인, 이탈리아는 러시아의 3대 와인 수출국이었다. 조지아는 2018년 전세계에 8,620만 병의 와인을 수출하였으며 이 중 5,368만 2,000병이 러시아로 수출되었다. 조지아가 러시아로 수출하는 와인과 미네랄 워터 수출량은 매년 증가하였다. 2018년 조지아산 와인의 러시아 수출액은 전년에 비해 1.6배 증가한 1억 6,600만 달러를 기록했으며 미네랄 워터 수출액은 7.7% 증가한 5,060만 달러로 집계되었다. 러시아 시장은 조지아 수출업자들에게 매우 중요한 시장으로, 와인 수요처의 84%, 미네랄 워터 수요처의 46%를 차지하고 있다. 러시아 정부가 조지아산 와인에 대해 공식적으로 수입 규제 조치를 하지 않고 있다. 송금의 경우, 조지아 가계 재정에 상당한 부분을 차지하고 있다. 조지아 중앙은행의 통계에 따르면, 러시아와 조지아 간 2018년 송금액이 6억 3,100만 달러로 집계되었다. 따라서 양국 간 송금이 금지된다면 조지아 국민의 일상생활이 피해를 입는다.[81]

2019년 조지아산 포도주 수출은 품질 개선과 가격 경쟁력 확보 노력, 중국 등 신규 시장 진출로 지난 30년 이래로 최고치를 기록하였다. 기본적으로 포도주 수출은 지나치게 러시아 시장에 높은 의존성을 보여 취약한 상황도 있다. 조지아 농업부 발표에 따르면, 2019년 1~11월간 53개국에 8,600만 병을 수출하였는데, 총 수출액은 2억 2,000만 달러에 달했다. 최대 수출시장은 러시아이다. 이 기간 중 2018년 대비 11% 증가한 5,396만 병을 수출하였는데, 이는 전체 와인 수출의 약 62% 정도이다. 우크라이나 958만 병, 중국이 632만 병 등이다. 2018년도 와인 수출은 총 8,620만 병, 수출액은 2억 200만 달러였다.

러시아가 2006년 조지아산 와인에 대해 수출 금지 조치를 취하기 전까지는 러시아 시장의 점유율은 약 80%였다. 2013년 금수 조치 해제 후에도 60% 이상의 큰 비중을 차지하고 있다. 2019년 6월에 조지아에서 반 러시아 시위가 격화되던 당시에 러시아 소비자 보호청은 조지아산 와인에 대한 품질 검사를 강화하겠다고 발표하면서 와인 금수 조치가 시행될 것이라는 예상도 있었지만, 실제 시행되지는 않았다. 그러나 향후 양국 관계 경색에 따른 수입 금지 조치가 내려질 가능성을 배제할 수 없으므로 여전히 위험 요소가 상존한다고 하겠다.

2. 조지아 국내 정치 전개 과정

감사후르디아 대통령 시기: 혼란과 내전

1991년 소련 해체 이후에 조지아에는 영토 통합성 문제가 불거졌다. 아브하지아 공화국과 남오세티아 공화국이 분리 독립을 강력히 원했기 때문이다. 1989년 9월, 조지아가 주권을 선언하였다. 남오세티아와 아브하지아는 자민족 생존을 우려하는 위기감에 휩싸였다. 1990년 10월에 치러진 조지아 역사상 최초의 다당제 총선에서 지역기반의 정당 선거 참가가 금지된 탓에 아브하지아와 남오세티아는 중앙 의회에 진출하는 기회가 차단되었다. 1990년 12월, 소련 해체 이전 조지아 공화국 최고 소비에트가 남오세티아 자치주를 폐기하기로 결정했다. 유혈 충돌이 일어났고 1992년이 되어서야 조지아와 남오세티아는 정전 협정을 체결하였다. 아브하지아에서도 조지아 중앙 정부와 분쟁이 발생했다. 당시는 감사후르디아 대통령이 실각한 이후였는데, 1992년 8월에 시작된 분쟁은 1993년까지 지속되었다.

즈바이드 감사후르디아는 1991년 5월 대통령에 당선되었다. 그러나 그는 국가를 하나로 통합하는 데 실패했다. 1991년 8월 모스크바에서 고르바초프의 정책에 반대하는 쿠데타가 벌어졌을 때에 조지아에서도 감사후르디아의 반민주적, 권위주의적 통치에 불만을 품은 야당들이 반정부 시위를 벌였다. 그는 언론을 통제하고 정치적 반대파를 탄압했는데, 내전이 일어났다. 감사후르디아는 내전 초기에 강력한 파벌인 므헤드리오니(Mkhedrioni)를 제거하는 등 승기를 잡았지만, 자신이 만든 친위대가 반대파로 돌아서면서 1992년 1월 대통령직에서 축출되었다.[82] 길지 않았던 통치 시기 동안 감사후르디아는 조지아의 민족·영토 통합성을 주장하면서 급진적 민족주의 경향을 보였다.[83] 조지아 내 소수 민족 정책을 제대로 시행하지 못하고 이상주의와 민족주의 형태의 정책을 보이면서 조지아 내정 혼란이 극심해졌다.[84]

셰바르드나제 대통령 시기: 장미혁명으로 물러나

에두아르드 셰바르드나제가 조지아의 두 번째 대통령직을 수행했다. 그의 임기는 1995년 11월 23일부터 2003년 11월 23일까지였다. 그는 전임 대통령의 실패한 정책을 이어받았다. 그의 앞에는 혼란한 정치 유산이 있었다. 1990년 이후에 2개 자치공화국과 중앙정부 간에 내전이 발생하였다. 내전은 1993년까지 지속되었다.[85]

그의 통치시기에 정부와 대통령 일가는 부정부패와 연루되었다. 러시아의 지원을 받는 남오세티아와 아브하지아 자치공화국은 중앙정부의 영향력 밖에 있었다. 아자리아 공화국에서는 반 분리주의 지도자인 아슬란 아바시제(Aslan Abashidze)가 통치하고 있었다. 낭시 대통령이 이끌던 정치 연합체인 "새로운 조지아를 위하여"(For a New Georgia)와 아바시제의 "조지아 민주주의 부흥 연합"(Union of Democratic Revival of Georgia)과 대립되는 대중 정당이 사카쉬빌리가 이끌고 있었던 "국민운동연합"(UNM: United National Movement; 향후 '국민운동연합'으로 표기)이었다.

조지아에서 경제가 낙후되고 경제 성장이 더디게 진행되면서 정부에 대한 국민의 불만이 증폭되었다. 2003년 11월 2일 총선을 앞두고 정치 및 사회 경제적 위기가 폭발했다. 총선 결과를 받아들이지 않았던 시민들의 시위가 끊이지 않았다. 2003년 11월 22일 셰바르드나제는 새로운 의회 개막을 선언하면서 사임 요구를 일축하였다. 그러자 반정부 시위대 약 3만~10만 여 명이 국회 의사당 앞에서 대통령 사임과 과도 정부의 구성을 요구하는 시위를 벌였다. 조지아에 비상사태가 선포되었으며, 시위대가 대통령궁까지 몰려들면서 대통령은 러시아 외무장관 이바노프가 참석한 가운데 야당 지도자들과 회담을 하고 결국 사임을 했다.[86] 이를 장미 혁명이라고 불렀다.

셰바르드나제는 미국으로부터 정치, 경제 발전, 안보 역량 강

셰바르드나제 전 대통령(출처: 위키백과)[87]

화를 위해 군사 원조를 비롯, 대규모 경제지원을 받았다. 미국의 영향력이 증대되었다. 2003년 3월 미국과 조지아 간 군사 협약이 비준되었다. 조지아에 진출한 미국 군사 고문단에 광범위한 권한이 부여되었다. 21세기 러시아 푸틴 정부가 들어선 이후 코카서스의 지정학적 중요성이 부각되었다. 러시아도 조지아 국내 문제에 개입하기 시작했다. 셰바르드나제는 친미 노선을 취했다. 그는 러시아의 아킬레스건인 체첸 반군을 옹호하기도 했다. 그러나 그는 국민들로부터 신뢰를 상실하기 시작했다. 당시 미국이 시민혁명에 개입했다는 의혹이 제기되었다.[88]

장미혁명으로 미하일 사카쉬빌리 대통령 집권: 국내 정치 상황 급변

조지아 정치 지형도에서 가장 큰 사건은 2003년 장미 혁명이었다. 이 혁명은 조지아의 국내 정치 상황을 급변시킨 대사건이었다. 사카쉬빌리가 장미 혁명 이후 2004년 1월 대통령으로 당선되면서 조지아 정계의 핵심 인물이 되었다.

사카쉬빌리가 2003년 국민운동연합을 창당했다. 사카쉬빌리는 친서방 대외정책을 선언하였고 재임 내내 친서방 기조를 유지했다. 조지아 대외정책의 새로운 개념이었다. 그 배경은 '아랍의 봄'에서 시작된 유라시아의 색깔 혁명이었다. 2003년 조지아에서 장미 혁명, 2004년 우크라이나에서 오렌지 혁명이 발생했다. 색깔 혁명은 유라시아에 민주주의가 도입되고 정착되기를 원한 서방에도 긍정적으로 다가왔다. 소련 해체 이후 과거 구소련권 신생 독립국의 민주화 과정으로 인식되었다. 2000년 푸틴 정부 시기 러시아에 소련 공간은 '사활적 이익' 지대였다. 색깔 혁명은 러시아 국경에 대한 위협이 되었다.[89]

사카쉬빌리 정부는 통치 기간 "새로운 조지아"를 건설한다는 목표를 내걸었다. 각종 제도를 포함한 많은 영역에서 혁명적인 변화를 선도하였으며, 절대주의 통치의 과거와 결별하고 새로운 메시지를 국민에 전하기 시작했다. 신제도가 실행되고 구 정책이 재편되면서, 새로운 국가 시스템이 작동되었다. 장미 혁명 이전의 국가 시스템이 변화되었다. 그러나 혁명 정책의 실시로 내정은 복잡해졌다. 이러한 과정은 국가 민족주의(state nationalism)의 방향으로 조지아가 변화하고 있다는 인상을 주었다.[90] 그는 2013년까지 대통령으로 집권하였지만 2012년 총선에서 '조지아의 꿈'(Georgian Dream)에 패배하고 급격히 정치권력을 상실하였다.

사카쉬빌리는 정치적 반대파들에 대러시아 관계에 대한 입장이 무엇인지 분명하게 표명하라고 요구하였다. 그는 반러시아 정책의 강력한 선봉장이었다. 그는 이 기조를 줄곧 유지했다. 사카쉬빌리에게 영토 통합성은 매우 중요한 국가적 의제였다. 그런데 독립 이후 남오세티아 공화국, 아브하지아 공화국이 독립을 강력히 요구했다.

사카쉬빌리는 2012년 2월 25일 남오세티아 공화국 경계에 인접한 군대를 시찰한 자리에서, 자신은 나토와 EU와의 관계를 공고히 하는데

조지아 지도

헌신하고 있다는 점을 강조했다. 그의 발언은 당시 총선을 앞두고 억만장자인 비드지나 이바니쉬빌리(Bidzina Ivanishvili)를 겨냥해서 했던 발언으로 여겨졌다. 이바니쉬빌리는 2012년 10월의 총선에 참여할 것이라고 공언하였다. 이바니쉬빌리의 정치적 입장은 러시아, 서방 모두와 우호적 관계를 가져야한다는 것이었다. 그는 러시아와의 무역을 통하여 거부가 된 사업가이다. 사카쉬빌리는 조지아 국민은 러시아와 좋은 관계를 희망할 권리를 합법적으로 가지고 있다는 것을 인정하면서도 다른 사람들에게 이러한 정치적 관점을 요구할 수도, 숨길 수도 없다는 입장을 가졌다.

사카쉬빌리는 조지아 국민은 2개의 의자에 동시에 앉을 수 없다는 표현을 통해 이바니쉬빌리를 비판했다. 사카쉬빌리는 러시아 지도자들은 이웃을 필요로 하고 있지 않으며, 단지 자신들에게 맹종하는 충복들만 원하고 있다고 비난하면서, 어떤 사람이라도 러시아와 연대한다면, 대가를 치를 수 있다는 점을 경고했다. 사카쉬빌리는 2012년 3월에 거행된 러시아 대선을 앞두고도 국민이 푸틴 후보를 지지하는 것은 합법적이고 허용이 된다고 하더라도, 이는 선하지도 도덕적이지도 않다고 지적했다. 조지아와 러시아의 관계는 2008년 전쟁 이후로 악화되었다.[91]

2012년 총선 '조지아의 꿈' 승리로 집권당 교체: 정치 지형도 급변

2012년 총선을 통해 조지아의 집권당으로 부상한 정당은 '조지아의 꿈'(Georgian Dream; 이후 '조지아의 꿈'으로 표기)이었다. 당 대표인 이바니쉬빌리 주도 하에 신정부가 탄생하였다. 이바니쉬빌리는 친러시아 경향의 인물이었다. 그럼에도 불구하고 조지아의 꿈 정부도 기본적으로 사카쉬빌리의 대외정책 기조를 유지하였다. 신정부도 EU와 나토 가입 목표를 정했으며, 그러한 입장은 총리와 외무장관의 발언을 통해 피력되었다. 이바니쉬빌리는 총선 직전에 조지아의 꿈을 창당했다. 조지아의 꿈은 56.67%, 국민연합운동은 43.33% 득표율이었다. 총선에는 2개 정당만 선거에 참여했다. 총 의석수 150석 중에서 조지아의 꿈은 85석을 차지하고 다수당이 되었다.

선거 승리 이후 이바니쉬빌리는 총리가 되었으며, 조지아 역사상 처음으로 권력이 평화적으로 이양되었다는 평가가 뒤따랐다. 조지아 민주주의는 새로운 단계에 들어섰다. 현승수는 사카쉬빌리로 대표되는 정치적 형태를 초대통령제의 실현으로 해석하였다. 즉 장미 혁명으로 집권한 사카쉬빌리의 카리스마가 강력했기 때문에 혁명적 국민주의의 특성을 보였다는 것이다. 그는 자신의 측근을 권력의 요직에 등용하였는데, 권력 부패가 뒤따를 수밖에 없었다.[92] 국민은 정치를 불신하였으며, 기존 정부의 정치인들을 1990년대의 부패한 정치인들과 동일시 여겼다. 이것이 국민연합운동의 선거 패배로 이어졌다. 이바니쉬빌리는 약 1년 정도 조지아 정국을 이끌다가 공식적으로 2013년에 총리직에서 물러났다. 그러나 그는 정치 일선에서 물러났지만, 지금까지도 정부 정책에 결정적인 영향력을 미치고 있다.

총선 이후 사카쉬빌리 대통령의 즉각 사임을 요구하는 시위가 벌어졌다. 사카쉬빌리는 당시까지 대통령에 재직하고 있었다. 시위는 2013년 1월 17일 조지아의 서부 도시인 주구디디에서 벌어졌으며, 시위대는 사카쉬빌리의 가짜 장례식을 여는 퍼포먼스를 보여주었으며, 대통령의 두 번째 임기는 "정치적으로 사망한" 상태라고 강조했다. 시위대는 대통령의 임기는 헌법에서 5년으로 제한하고 있으며, 이에 따라 대통령의 공식 재임 기간은 2013년 1월 17일로 종료되어야 한다고 주장했다. 사카쉬빌리는 2008년 1월에 대선에서 재선하면서 두 번째 임기를 시작하였다.

2012년에 사카쉬빌리가 이끄는 집권 여당은 헌법을 수정하였다. 수정된 내용은 대통령의 임기는 차기 대통령이 선출되는 날까지 유효하다는 조항을 새로 넣었다. 조지아의 차기 대통령 선거는 2013년 10월이었기 때문에 2013년 1월이면 여전히 사카쉬빌리가 합법적으로 대통령을 수행할 수 있는 시기였다. 당시 반사카쉬빌리 연대 그룹에서는 1백만 명 이상이 대통령의 즉각 사임을 요구하는 서명을 했다. 이바니쉬빌리는 총선 승리 직후에 대통령의 즉각적인 사임을 요구했다. 그는 대통령궁을 유지하는 데 과도한 비용이 지불 된다는 이유로 대통령의 집무실을 다른 장소로 이전해야 한다고 주장했다.[93]

2012년 총선 이후 정치 지형도

신정부는 2013년 벽두부터 약 3,000명에 달하는 대규모 특별사면 조치를 내렸다. 조지아의 꿈이 대통령의 비토(거부권)에도 관계없이 대사면 조치를 내렸다. 먼저 조지아의 꿈 소속인 의회 의장인 다비트 우수파쉬빌리(Davit Usupashvili)는 2013년 1월 13일, 190명의 정치범을 전격 석방했다. 이들은 2012년 마지막 회기 때에 의회로부터 정치범 인정을 받았다. 대통령은 석방된 정치범들에 한해 2012년 12월 27일 거부권을 행사했지만, 조지아 의회는 그 다음날인 12월 28일에 이를 뒤엎는 결정을 내렸다. 의회 결정에 대해 최종적으로 2013년 1월 11일까지 대통령의 승인이 있어야 하지만, 사카쉬빌리는 이날까지 최종 승인을 하지 않았으며, 이에 따라 의회 의장이 승인하고 정치범들이 전격 석방되었다.[94]

조지아의 변화된 정치적 상황으로 사카쉬빌리는 2013년 1월 21일 유럽의회 연설에서 러시아 정부와 이바니쉬빌리 총리를 강하게 비판했다. 그는 러시아가 아브하지아와 남오세티아 처리 방안에 대한 국제 규범을 준수하지 않으며, 그곳에 주둔 중인 러시아군인의 수가 증가하고 있다고 비난했다. 사카쉬빌리는 이바니쉬빌리를 정점으로 하는 신정부가 독립 미디어를 훼손하며, 사법권을 침해하고 있으며, 자신의 정치적 동반자들을 선별적으로 탄압하고 있다는 점을 지적했다. 사카쉬빌리는 총선 패배 이후 조지아의 나토 가입 열망이 사라지고 있다고 신정부의

대외 정책에 강한 우려를 표시해왔다.[95]

총선 이후 친 사카쉬빌리 정치적 인사들 정치적 압박받아

총선 이후 사카쉬빌리 대통령의 입지는 현격히 약화되었다. 특히 조지아의 꿈이 적극적으로 대통령의 권한을 약화시키는 조치를 내렸다. 2013년 3월 25일, 조지아 의회는 임시의회를 개최하고 대통령 권한을 축소하는 내용을 골자로 하는 헌법 수정안을 만장일치로 가결했다. 이 수정안은 의회의 동의 없이 총리와 내각을 임명하거나 경질할 수 있는 대통령 권한을 전격 철폐하는 내용을 담고 있다. 의회 결정으로 총선 이후 고조된 사카쉬빌리 대통령과 이바니쉬빌리 총리 간의 대결은 이바니쉬빌리 총리의 승리로 귀결되었다. 대통령과 총리는 대통령의 임기가 만료되는 2013년 10월까지 정치적 권력을 분점하고 있었다.

조지아의 정치적 상황은 매우 악화되었다. 사카쉬빌리가 대통령 직에서 물러난 이후 사카쉬빌리의 집권 시기 재직한 장관과 관리들이 직무 남용으로 체포되거나 수천 명의 대통령 지지자들이 수개월 동안 범법 행위로 조사받았다. 대통령 지지자들에 대한 전격 조사가 실시되면서 유럽 외교관들은 이바니쉬빌리 정부가 정치적 반대파들을 정당하고 신중하게 처리해줄 것을 촉구했다.[96]

미국무부는 2012년도 '인권보고서(Country Reports on Human Rights Practices)'를 발간하였다. 이는 연례적으로 발간되는데, 이 보고서는 36번째였다. 존 케리 미 국무장관이 2013년 4월 19일 언론에 인권보고서를 발표하였다. 보고서의 '조지아' 평가서에는 수감자들에 대한 핍박과 권력 남용, 그리고 사법당국에 의한 강제 구금 등이 조지아의 인권 문제에서 가장 첨예한 부분이라고 적시했다. 인권 위협 요소로는 "교도소 환경이 평균 이하의 위험한 수준"이며 사법부 독립이 보장되어있지 않아 법률 규정이 잘 지켜지지 않는다는 점이다. 보고서에는 2012년 총선 시기 정보가 자주 오용되어 정부의 부조리한 보고서가 양산되었다는 사실이 지적되었다. 보고서는 이 밖에도 총선을 앞두고 정부가 선거 부정 사례들을 눈감아주거나 들추지 않아 관리들이 권한을 남용하였다고 적시되었다. 이 인권보고서에는 조지아가 총선 이후에는 25명 이상 이전 정부의 고위 관리들이 권력 남용과 부패 혐의로 체포되거나 억류되었다고 전하고 있다.[97]

그런데, 유럽위원회의 조지아에 대한 평가는 미국무부의 인권보고서에 비교해서 더 우호적이다. 유럽위원회가 발표한 동유럽 6개국에 대한 2012년 연례국가평가서에서 조지아는 우수한 국가 평가를 받았다. 연례평가 대상 국가는 우크라이나, 조지아, 몰도바, 아제르바이잔, 아르메니아, 벨라루스 등이었다. 이 평가서에는 해당 국가의 정치 및 경제 발전 항목 등을 다루고 있고, 2013년 초에 결정되는 EU의 지원금 규모의 주요한 평가지수로 활용되었다. EU는 조지아와 몰도바에 가장 높은 평가를 내리고 있고, 그 뒤의 높은 평가 순위는 아르메니아였다. 조지아는 언론자유 및 부패와의 전쟁, 사법개혁, 일반 생활 개선 등 EU가 권고한 모든 사항 등에서 진일보한 발전을 이루었다고 평가되었다. EU는 총선으로 조지아 역사상 처음으로 권력의 민주적 이양이 성취되었다고 높게 평가했다. 평가서에는 총선 이후 대통령과 총리가 정치적 투쟁을 벌였으며, 이러한 역할들에 대해서는 존중해줄 필요성이 있다고 언급되었다. EU는 조지아에서 여전히 사법부 독립과 노동자들에 대한 인권이 신장되어 있지 않으며, 이로 인해 국민이 고통 받았다고 지적하고 개선책이 필요하다고 밝혔다.

사카쉬빌리 전 대통령 법정 기소

총리와 대통령 간의 신경전도 총선 이후 조지아 정치계의 주목 대상이 되었다. 이바니쉬빌리는 대통령도 검찰에서 필요하다고 판단된다면, 수사 대상에서 면제될 수 없다는 입장을 가졌다. 총리의 발언은 대통령의 측근이던 이바네 메라쉬빌리(Ivane Merabishvili) 전 총리가 2013년 5월 21일 전격적으로 체포된 이후 나왔는데, 정국 혼란 상황이 초래되었다. 이바니쉬빌리는 상세한 내용은 밝히지 않았지만, 어떠한 민주주의 국가에서도 대통령은 재직 중에 일어난 모든 일에 대해 책임이 있으며, 대통령도 예외가 아니라고 강조했다.

    총선 이후 사카쉬빌리 대통령의 측근들이 체포되거나 기소되었는데, 메라쉬빌리 이외 주라브 치아베라쉬빌리 전 보건부 장관도 같이 체포되었다. 치아베라쉬빌리는 보석금을 지불하고 풀려났지만, 메라쉬빌리는 2개월간 미결 구금에 처해졌다가 횡령 및 직위 남용 등의 혐의로 법정 심리에 들어갔다. 서방 관리들은 총선 이후 급증하는 조지아 정부의 의도된 정치적 행위를 중지할 것을 요청했다.[98]

    조지아 검찰총장실에서도 사카쉬빌리 대통령이 2009년과 2011년에 뉴욕에서 보톡스 성형 수술을 하였는데, 11,000달러 이상에 달하는 국가 예산을 전용하였으며, 이에 대한 조사가 시작되었다고 언급했다. 총장실 대변인은 대통령이 미국 여배우의 그림을 구입하는 데 6,000파운드의 국가 기금을 사용하였으며 헌법은 대통령에 대한 조사를 합법적으로 허용하고 있다고 강조했다. 그러나 미국, EU, 나토 등은 조지아의 꿈이 "선택적 정의"를 실시하고 있다고 비난하였다.[99]

    그리고 이어 전 트빌리시 시장과 전 국방장관에 대한 재판이 트빌리시에서 재개되었다. '기기 우굴라바' 전 시장은 국가 재정 남용과 돈세탁 혐의 등으로 고발되었다. 우굴라바는 자신이 받은 자금은 정치적 이유로 사용되었다면서 혐의를 부인하였다. 다비트 케제라쉬빌리 전 국방부 장관은 2013년 10월 프랑스에서 무기 밀매 혐의(weapons-trafficking charge)로 체포되었다. 조지아 수사당국은 케제라쉬빌리가 주류 밀수를 제공한 대가로 1,200만 달러의 뇌물을 받았다고 주장하였다. 그는 궐석

재판을 받았다. 조지아는 프랑스 측과 범죄인 인도에 관련된 협상을 진행하였다. 이들은 사카쉬빌리의 측근이었다. 총선 이후 사카쉬빌리의 측근들에 대한 일련의 심리가 진행되었다.[100]

조지아의 정치적 탄압에 대한 미국의 입장

사카쉬빌리가 대통령직을 마친 이후 정부는 사카쉬빌리에 대한 압박 조치를 행했다. 대검찰청은 2014년 3월 22일 재임 중 범죄 사건의 증인 심문을 위해 사카쉬빌리를 소환했다. 이 조치는 2005년에 있었던 조지아 전 총리와 그의 측근 사망 사건을 포함한 총 10건의 사건과 관련된 것이다. 정부는 사카쉬빌리가 2014년 3월 27일에 대검찰청에 출두해야 한다고 밝혔다. 당시 사카쉬빌리는 조지아를 떠난 상태였다. 즉 2013년 11월 대통령직에서 물러난 이후 바로 미국 대학 강사 자격으로 미국에 머물고 있었다.[101] 소환 조치가 있던 때는 아내의 고국이던 네덜란드에 가 있었다.

사카쉬빌리는 소환 조치에 대해 3월 23일 네덜란드에서 조지아의 '루스타비 2' TV와 인터뷰를 가지고 소환 조치를 따를 수 없다고 거부 의사를 밝혔다. 정부는 사카쉬빌리가 출두하지 않는다면, 지명수배자 명단에 오를 것이라고 경고하였다. 당시 미 국무부는 조지아의 정치적 상황에 우려를 표했다. 미국 정부는 그러한 조치는 정치적 보복 행위로 간주될 수 있다고 성명을 발표했다.[102]

미국무부는 조지아의 전 고위 관료에 대한 법정 구속이 정치적 탄압으로 이어지지 않기를 바라는 입장문을 발표했다. 2014년 10월 23일 국무부 정례 브리핑에서 젠 사키 미 국무부 대변인은 재임 시의 권력 남용, 고문, 살해에 관여된 혐의로 기오르기 마르미쉬빌리 전 내무장관이 징역 11년, 바초 아크할라이아 전 국방장관이 7년 6개월의 징역형에 처해진 사태에 대한 브리핑에서 이 사건이 더 이상 비화되지 않기를 바란다고 언급했다. 사키 대변인은 미국은 조지아 정부가 지속적으로 법률의 정당한 집행과 규칙을 준수하기를 바라며, 사법 시스템이 정치적 박해에 사용된다는 것을 피하기 위해 투명하게 작동되기를 바란다고 강조했다.[103]

그리고 정부 차원에서 사카쉬빌리에 대한 정치적 압박 조치가 잇따랐다. 마르그벨라쉬빌리 대통령은 2015년 12월 4일, 사카쉬빌리의 조지아 국적을 취소시켰다. 조지아는 이중 국적을 허락하지 않는 국가이다. 그런데 '페트로 포로셴코'(Petro Poroshenko) 우크라이나 대통령이 사카쉬빌리를 오데사 주지사직으로 임명할 움직임을 보이면서, 사카쉬빌리는 2015년 초에 우크라이나 시민권을 획득했다. 조지아 정부의 시민권 박탈에 사카쉬빌리는 이는 정치적 동기로 행해진 결정이라면서 강력히 반발했다. 사카쉬빌리는 2015년 5월에 오데사 주지사로 임명되었다. 그는 조지아에 대한 무한한 사랑을 그 누구도 빼앗을 수 없으며 자신은 다시 조지아로 돌아갈 것이고, 종국적으로 승리할 것이라고 언급했다. 조지아 정부의 이 같은 조치는 2016년 총선에서 사카쉬빌리의 참여를 봉쇄하기 위해서 취한 조치로 해석되었다 야당인 국민운동연합은 시민권이 취소되더라도 사카쉬빌리는 당의 실질적인 지도자임을 천명하였다.[104]

2013년 조지아 대선과 정치적 상황

2010년대에 2차례의 대선이 거행되었다. 이바니쉬빌리 총리가 지원하던 후보가 대선에서 승리, 2010년대 조지아의 정치를 조지아의 꿈이 주도하였다. 2013년 가을에 벌어진 대선에서 기오르기 마르그벨라쉬빌리(Giorgi Margvelashvili) 제1부총리가 62%의 득표로 선출되었다. 사카쉬빌리가 지원하던 국민운동연합의 다비트 바크라줴후보는 22%의 득표율에 그쳤다. 전 의회 의장이며 장미 혁명에서 주도적인 역할을 담당한 니노 부리아나쉐는 10%의 득표율에 그쳐 3위가 되었다. 2012년 총선 결과가 대선에 직접적으로 반영되었다.[105]

서방의 선거 옵서버단은 2013년 대선은 조지아 미래의 투명한 발전을 의미하는 것이라고 선거 결과에 찬사를 보냈다. 선거 전문가들은 대선 이후 총리를 비롯한 집권당이 더욱 결속력 있는 정치적 행보를 보일 것이라고 전망하였다. 마르그벨라쉬빌리 당선자는 "우리는 이번 선거에 특별한 방식으로 임했으며, 조지아가 직면하고 있는 모순된 상황들을 극복하는 매우 중요한 결과를 얻었다"는 입장을 표명했다. 그는 대선이 유럽 스타일의 선거 캠페인으로 행해졌음을 평가했다. 당선자 자신도 선거가 유럽식 스탠더드로 이루어졌기 때문에 조지아는 실제적인 유럽식 국가로 발전할 것이라는 소회를 밝혔다.

선거 자체에 관심이 지대하게 높았던 것은 아니다. 전체 투표율은 46.6%였다. 유럽안보협력기구(OSCE)는 선거는 "긍정적이며 공정하였다"고 평가했다. OSCE는 "조지아 국민은 이번 선거를 긍정적이고 공정하게 마침으로써 작년의 역사적이고 독특한 평화적인 권력 이양을 재확인시켰다"고 강조했다. 선거 옵서버단의 수석 책임자인 조아오 소아레스는 "2012년 총선 이후 조지아에서는 동거 정부가 시작되었으며, 국민이 매우 공정한 대선을 실시하였으며, 이는 조지아의 민주주의가 성숙해졌다는 것을 의미한다"고 말했다. EU의 캐더린 아쉬톤 대외정책 국장의 미첼 만 대변인은 "EU는 대통령 당선자를 진심으로 축하하며, 선거 결과가 공정하게 이루어진 점을 축하하며, 2012년 총선은 조지아의 민주주의가 지속적으로 제도화한다는 것을 의미하는 것"이라는 성명을 발표했다.[106]

신정부의 국가 정책 방향성

사카쉬빌리는 자신의 가장 중요한 대외정책인 EU와 나토 가입을 국가 정책의 최우선 정책으로 삼았다. 그러나 이바니쉬빌리 총리는 친러시아 입장을 가졌다. 그는 러시아와 무역 거래를 하면서 갑부가 되었던 인물이다. 신임 대통령도 이바니쉬빌리 전 총리와 정치적 입장을 공유하는 인물이었다. 그러나 신정부 하에서도 EU와 나토 가입은 가장 기본적인 정책이었다. 이와 동시에 러시아와의 갈등 관계를 적극 해결하기 위한 입장을 표명하였다. 신정부는 러시아와의 관계 개선이 현안 과제임을 자주 강조하였다. 조지아는 국제적으로 인정된 국경선 보호와 영토 통합 및 주권을 강력히 지키는 대외 정책을 내세웠다. 조지아의 영토 통합성 의지는 굳건하다. 신임 대통령도 아브하지아와 남오세티아에 화해의 메시지를 전했지만, 조지아의 기본적인 입장은 영토 통합성이었다.[107]

그런데, 국내 정치에도 불안한 요소가 많이 있었다. 대외정책의 방향성을 놓고 정당간 이견이 나타나곤 했다. 특히 강력한 친서방 정책을 추진하고자 했던 사카쉬빌리의 노선을 놓고 신정부 내에서 갈등이 많이 일어났다. 정부가 대외 정책을 결정하는 데 난제가 있음을 보여주었다. 2014년 11월 5일, 여성 외무장관인 마야 판지키제가 전격적으로 사임했는데, 전날인 11월 4일 이라클리 알라사니아 국방장관이 해임된 것에 반발했기 때문이었다. 집권당인 조지아의 꿈과 연정을 구성하고 있던 6개 정파 중 알라사니아 장관이 이끌던 자유민주당은 연정에서 탈퇴를 선언했다. 조지아 정정이 매우 불안한 상황이 되었다. 알라사니아는 친서방 전략을 추진한 인물이었다. 판지키제는 조지아의 친서방 전략이 위협에 처해있다고 밝혔다. 그러나 당시 가리바쉬빌리 총리는 이러한 입장에 반대했다. 총리 자신이 서방과 매우 우호적인 관계를 가지고 있다는 것이다. 총리가 국방장관을 해임한 이유는 국방 부패 관련 때문이었다. 그런데 이 결정으로 페트리아쉬빌리 조지아 유럽통합 장관도 반발하면서 동시에 사임했다.

조지아는 핵심적인 무역 파트너인 러시아와의 관계를 개선하고자 노력했다. 그런데 줄곧 친서방 전략을 추진해 온 정부로서는 서방과 러시아 사이에서 균형 있는 국제관계를 유지할 수밖에 없는 상황이었다. 조지아 의회 의석은 150석인데 2014년에 조지아의 꿈을 비롯한 6개 정파의 연정이 진행되었다. 연정에 83석의 의원이 참여하였다. 그런데 자유민주당의 탈퇴로 10석을 상실하여 의석수가 73개가 되며 과반수 확보에 실패하였다. EU와 나토 가입에 대한 이견으로 연정 사이에서도 정치적 긴장이 매우 높았다. 해임된 알라사니아 장관은 국방부 일부 관리들이 검찰에 체포된 것은 정치적 동기로써 이루어진 것이며, 이 행위는 서방과 우호적인 관계를 유지해오던 관리들을 정치적으로 매장하는 행위라고 비난했다.[108]

2016년 총선: 조지아의 꿈 압승

2016년 10월 총선에서도 조지아의 꿈은 전체 150석 중 115석을 획득, 이전 총선보다 더 큰 압승을 거두었다. 총선 1차 투표에서 조지아의 꿈은 비례대표 선거에서 48.65% 득표율로 1위가 되었는데, 국민운동연합은 27.11%의 득표율에 그쳤다. 조지아의 꿈은 비례대표 77석 중 44석을 차지했다. 국민운동연합은 비례대표 선거에서 27석을 얻었다. 선거는 10월 8일에 진행되었고, 이어 10월 30일에 결선투표가 있었다. 소선거구에서 해당 후보자가 50% 이상의 지지를 받지 못하는 경우 결선투표를 하는 조지아의 특수한 선거법에 따라 일부 선거구에서 결선투표가 행해졌다. 조지아의 꿈이 1차 투표는 물론, 결선투표에서도 압승을 거두었다. 1차 총선 투표율은 51%를 약간 상회했다. 친러시아 당인 애국연합당은 비례대표로 의석수를 얻을 수 있는 최소한의 득표인 5% 지지율로 6석을 차지했다. 150개 의석수에서 77석은 비례 투표로 선출하며, 73석이 소선구제에서 선출되었다. 비례대표제 선거에서 5% 이상을 받지 못해 의석수를 가지지 못한 정당들도 있었다. 친서방 정당인 '자유 민주당'(Free Democrats), '공화당'(Republican Party)은 5% 이상의 득표에 실패했다. 자유민주당은 4.62%, 공화당은 1.55%를 얻었다. 국가 포럼(National Forum)은 0.73% 획득에 그쳤다.

결선투표 이후 총 의석수는 조지아의 꿈은 115석, 국민운동연합은 27석, 애국연합당은 6석, 기타 무소속 2석으로 총 150석이었다. 총선을 모니터링한 국제참관인단은 비교적 총선이 경쟁적이고, 행정적으로 잘 조직되었으며, 자유선거가 이루어졌다는 평가를 내렸다. 그러나 선거 캠페인 분위기가 일련의 폭력적 사건과 비합법적인 선거 운동으로 인해 일부 영향을 받았다고 언급하였다. 유럽안보협력기구는 선거 자체는 매우 경쟁력이 높았고 투표자들에게 선택을 위한 정보를 제공했지만, 양극화된 미디어 환경에 대해 부정적인 평가를 내렸다. 나토 대표단은 선거 과정은 유럽-대서양의 일원으로 참여하기를 원하는 모든 이들에게 큰 용기를 부여하였다고 총평하였다. 선거 결과가 발표되면서 국민운동연합은 정부가 "선거를 훔치기 위해 획책했다"고 비난했다. 일부 야당도 국민운동연합의 주장에 동조하고 부정선거가 행해졌다는 성명서를 발표했다. 전 의회 의장이며 '조지아 민주당'의 리더인 니노 부르야나쒜는 "선거는 자유스럽지도, 공정하지도 않았다"고 말하고 조지아의 꿈에 유리하도록 이중 투표(multiple voting) 등의 투표 전자 개표 사기가 있었다는 점을 지적하였다.[109]

2016년 총선 조지아의 꿈 승리 이유

2016년 총선 결과로 친서방 경향의 국가 노선보다는 친서방 및 친러시아 노선을 병렬적으로 추진한다는 것을 국민이 동의한 것으로 해석이 가능하다. 조지아의 꿈은 집권한 2012년 이래로 일방적인 친유럽 경향보다는 친러시아 노선을 동시에 추진한 정당이었다. 2016년 총선 직전까지만 해도 350만 명의 유권자 중에서 1/3이 어떤 정당을 선택할 것인지를 결정하지 못했다. 이 숫자는 적지 않은 유권자가 지지 정당을 결정하지 못했다는 것을 의미한다. 총선에서는 매우 많은 정당 및 선거 블록이 참여했다. 27개의 정당 및 6개 선거 블록이 선거에 참여했다. 조지아의 꿈은 '민주 조지아'(Democratic Georgia)와 연대하여 총선에서 승리하였다.

조지아의 꿈이 국민의 전폭적인 지지를 받는 이유는 EU로부터 조지아의 EU 가입에 대한 확실한 약속을 받지 못한 것도 하나의 원인이 되었다. 조지아는 나토 측으로부터도 나토 가입을 확실히 보장받지 못하고 있다. 국민운동연합이 강력한 친서방 노선을 지니고 있더라도 국민의 지지를 받지 못하고 있다. 국민은 친유럽 경향의 국민운동연합에 대한 지지를 2012년부터 철회하였다. 장미 혁명을 통해 사카쉬빌리는 국민운동연합을 창당하였고 이 정당은 친서방 국가전략을 채택하고 EU 가입을 강력히 주장했다.

그런데 2012년 총선에서 국민운동연합이 패배한 이후 사카쉬빌리 전 대통령의 측근이 지속적으로 소환되거나 기소되었다. 이 당에 소속된 인사들의 정치 세력이 급속도로 상실되면서 2016년 총선에서 패배 요인이 되었다. 사카쉬빌리는 우크라이나 오데사 지사로 활동하였는데, 친유럽 정치 노선을 지속적으로 천명하였다. 조지아의 꿈 소속 총리들이 2012년 총선 이후 친러시아 입장을 표명하면서, 친서방 경향의 각료들이 잇따라 사임하였다. 당시 정부 내에서 친서방 및 친러시아 경향이 대립하고 있다는 점을 반증하는 하나의 예였다. 국민은 현 집권당에 대한 지지를 지속적으로 천명하였다.

조지아의 꿈은 2012년 이후의 정당 정책을 기본적으로 고수해왔다. 친유럽 노선과 친러시아 노선을 적절히 국가 정책에 반영하고 있다. 이바니쉬빌리 전 총리는 2016년 선거 승리 이후에도 대선 후보를 지원하는 등 자신의 권력을 강력히 행사하고 있다. 이를 '비쥐노크라쉬'(bidzinocracy)라고 언급하기도 한다.[110] 사카쉬빌리는 이바니쉬빌리에 대해 '러시아 올리가르히' 혹은 '푸틴의 심부름 소년'으로 명명하고 비판하였다. 그는 조지아의 꿈의 총선 승리를 부정적으로 바라보았다. 즉 선거 결과로 조지아는 러시아의 지정학적 위성에 만유인력 현상으로 빨려 들어간 운명을 맞이했다는 것이다. 정치 지형도를 본다면, 조지아의 꿈, 국민운동연합 등 강력한 정당이 단일한 정책을 결정하고 동일한 국가 정책의 목표를 가질 수 없는 상황이다. 그러나 전체적으로 대외 정책에 있어서 EU와 나토 가입에 대해서는 초당적인 입장을 가지고 있다.[111]

국민운동연합 정당 분열

2016년 총선으로 조지아 야당 세력은 결정적으로 분열되었다. 총선 이후 가장 큰 변수는 국민운동연합이 총선 이후 어떤 행보를 밟아갈 것인가에 대한 것이었다. 10월 8일 실시된 1차 선거 이후 사카쉬빌리는 결선 투표를 거부하는 것과 동시에 2016년에 출범하는 새로운 의회 자체를 인정하지 않는다는 주장을 제기했다. 즉 의회 내에서 의원 활동을 이어가는 것은 무의미한 일이라고 간주했다. 사카쉬빌리는 총선 직전에 국민운동연합 정당의 승리를 강력히 원하는 마음에 10월 9일 조지아를 방문하겠다고 밝혔으나, 결국 총선 패배로 방문을 철회하였다. 대통령직에서 물러난 이후 그는 줄곧 해외에 머물고 있었다. 당시 2차 선거 참여를 놓고 국민운동연합 지도자들이 표결했는데, 찬성 33, 반대 9, 기권 7로 2차 총선에는 참여했다. 다양한 의견이 개진되었는데, 일부는 국민운동연합이 정치적 저항을 포함한 모든 필요하고 합법적인 정치적 수단을 강구하고 국외 파트너들과 협력 관계를 구축하는 것이 더 효과적이라는 주장이 제기되었다.

그런데 국민운동연합의 주요 정치 엘리트들은 총선 패배 이후 2017년 1월 12일 전격 당 탈퇴를 선언하였다. 분당 사태였다. 총선에서 선출된 의원 중 21명과 지방의회 및 지역지도자 38명 등, 전체 59명이 탈당했다. 탈당 이유는 총선 이후 새로운 지도자 선출에 모든 정파가 합의하지 못한 것이 가장 컸다. 2016년 총선으로 국민운동연합 소속 27명의 의원이 선출되었는데, 이중 절대 인원이 탈당하였다.[112] 탈당 당시 지방 의회 및 지역 지도자 38명을 포함, 전체 59명이 탈당하는 분당 사태가 발생했다. 2016년 총선에서 선출된 소장파 다수 의원이 유럽 조지아(European Georgia) 당에 합류하면서 국민운동연합에서 탈퇴했다. 이 당은 2010년 국민운동연합 선거 블록 중의 하나였다. 분당의 원인은 야권 참패 이후 새로운 지도자 선출에 모든 정파가 합의하지 못한 것이 가장 큰 이유였다. 총선 이후 반사카쉬빌리 인사들은 사카쉬빌리의 영향력 배제를 요구해왔다. 국민운동연합 탈당 인사들은 유럽 조지아 당에 합류하였는데, 이 당은 2010년 10월 국민운동연합 선거 블록의 하나였다.

총선 이후 사카쉬빌리 지지자들도 사카쉬빌리의 의견을 받아들여 총선 결선 투표와 새로운 의회를 거부하자는 주장에 동조하였다. 의회 내에서 의원 활동을 이어가는 것은 무의미한 일이라는 것이다. 그런데 당시 반대파들은 의회에서 유일하게 민주적이고 효과적인 정책을 추진하는 친서방 정당인 국민운동연합을 선택한 유권자들의 의견을 존중하여 의회 내에서 의정 활동을 적극 나서야 한다는 입장이었다. 사카쉬빌리에 반대하는 당 인사들이 지속적으로 사카쉬빌리의 영향력 배제를 요구해왔다.

이들의 탈당 발표는 약 7,000명이 모이는 1월 20일 전국당대회를 앞두고 2017년 1월 12일, 당사 앞에서 전격적으로 이루어졌다. 탈당 중심세력은 다비트 바크라쟤 전 의회 의장, 기기 우굴라바(Gigi Ugulava) 전

트빌리시 시장 등이다. 이외에 기가 보케리아(Giga Bokeria), 세르고 라티아니(Sergo Ratiani), 엘레네 호쉬타리아(Elene Khoshtaria) 등이다. 반사카쉬빌리 정파에는 국민운동연합의 최고 정치 엘리트들을 포함하고 있었는데, 이들은 사카쉬빌리 지지자들로 구성된 위원회가 개최하는 1월 20일 당 대회는 불법이라고 주장했다.

국민운동연합 분당의 원인

당시 분당의 원인은 무엇일까? 새로운 리더 선출을 둘러싸고 정치적 대립이 당내에서 지속되었기 때문이다. 사카쉬빌리 반대파 정파의 일원인 라티아니는 분당 발표 이전인 1월 9일에 새로운 지도자인 니카 멜리아(Nika Melia)에게 사임을 요구했지만, 멜리아는 그 요구를 수용하지 않았다. 멜리아는 의원 20명을 이끈 정파 지도자였고 친 사카쉬빌리 정파를 이끌고 있었다. 멜리아는 반대파인 보케리아, 바크라제, 라티아니 등이 이바니쉬빌리와 정치적인 뒷거래를 하고 있다고 비난하였다. 사카쉬빌리 지지자들은 새로운 지도자 선출은 국민운동연합을 파괴하는 해당행위라고 주장했다. 분당 사태의 핵심은 사카쉬빌리 전 대통령이 국민운동연합의 실질적인 지도자로 계속 남아있어야 하는 건지, 아닌지를 놓고 벌어진 일이었다.[113] 당내에서 영향력 있는 인사인 보케리아 전 국가안보위원회 의장은 사카쉬빌리를 불신하며 바크라제 전 의장을 새로운 당 대표로 선출하자고 주장했다. 그는 결국 사카쉬빌리를 비난하고 탈당 대열에 합류했다.

우굴라바는 총선 패배의 책임이 사카쉬빌리 1인 때문이며, 그가 당을 해체한 책임자라고 규정하고 강하게 비난했다. 그는 사카쉬빌리가 더 이상의 리더십을 가지지 못하며, 정당을 세운 이가 정당을 파괴했다는 표현을 사용했다. 사카쉬빌리의 역할은 끝났다는 입장이었다. 국민운동연합이 더 이상 1인 정당은 아니라는 사실을 강조한 것으로 보인다. 우굴라바는 총선 실패를 사카쉬빌리 때문으로 규정하였다. 만약에 국민운동연합이 총선에서 승리하면, 사카쉬빌리가 총리로 복귀할 수도 있기 때문에 국민운동연합이 지지를 받지 못했을 것이라는 입장이었다. 우굴라바는 사카쉬빌리의 측근이었는데, 2012년 총선 때 공금 유용 혐의로 감옥에 수감되었다. 이후 분당 직전인 1월 6일에 출소했다. 그는 장기간 감옥에 수감되어 있었다.

우굴라바는 국민운동연합이 새로운 당으로 탄생해야 하며, 새로운 리더를 선출해야 한다고 주장해왔다. 석방된 직후 그는 국민운동연합 내에 있는 "부끄럽고 우스꽝스러운 광경"을 종식하기 위해 할 수 있는 모든 일을 하겠다고 공언하여 당내 분열이 가속되었다.

분당 사태에도 사카쉬빌리는 여전히 국민운동연합의 지도자로 남아있기를 희망하였다. 그는 2016년 말까지 우크라이나의 오데사 주지사로 재직하였는데, 조지아 내에서 정치적 세력으로 활동하지 않으면서, 국민운동연합의 실제적인 당수 역할을 해왔다. 사카쉬빌리는 총선 48시간 이전에 페이스북에 올린 글을 통해 국민운동연합의 예정된 총선 승리를 축하하기 위해 총선 이후 조지아로 돌아갈 것이라는 글을 남겼다. 사카쉬빌리 지지자들은 1월 20일 전당대회를 앞두고 그가 실제적인 지도자로 남아야 한다고 강조했다.

국민운동연합은 분당에도 불구하고 기존의 정치적 노선을 유지했다. 새로운 리더인 니카 멜리아는 국민운동연합은 견고한 정치적 세력을 구축할 것이라고 강조했다. 멜리아는 독립적으로 의회 정파를 구성하였으며, 8명의 의원이 참여하였으나 분당으로 세력이 매우 약화되었다. 외부적으로 국민운동연합은 사카쉬빌리나 그 어떤 개인에게 속하지 않는다는 입장을 천명하였다. 사카쉬빌리도 분당 사태에 대해 언급했다. 페이스북 글을 통해 "실패자들의 통치는 종식되었다"고 강조하고 국민운동연합은 향후 아주 단결될 것이고 향후 더 강력한 정당으로 발전할 것이라고 언급했다. 그러나 저명하고 엘리트 그룹인 인사들이 국민운동연합을 떠남으로써, 당내에는 그 어떤 정치적 인텔리도 없다는 주장이 제기되었다.

이런 와중에 집권당인 '조지아의 꿈'은 2017년 9월 대통령과 야당이 반대했음에도 불구하고 헌법개정안을 의회에서 통과시켰다. 의원 150명 중 119명이 참석하고 찬성 117표, 반대 2표로 채택되었다. 이 개정안은 여당의 독주로 이루어졌으며, 기존에 대통령과 총리가 행정권을 양분한데에서 총리 중심 체제로 전환되었다. 개정된 조지아 헌법의 주요 내용은 다음과 같다. 2024년 총선은 완전 비례대표제로 투표가 이루어지며 2024년에는 대통령 직선제도 폐지되고 그 대신에 대통령선거인단을 구성하여 대통령을 선출한다는 내용이다. 그리고 기존에 대통령 산하에 있었던 국가안보위원회는 폐지된다. 총리의 권한이 강화되면서 총리가 계엄령을 발동할 수 있는 국방위원회가 신설된다. 그리고 대통령 역할로는 국가원수, 군통수권자로 국가를 대표하는 역할을 가지며 기타 헌법상 부여된 권한을 행사하지 못한다는 것이 주요 골자이다.

2017년 지방선거: 조지아의 꿈 승리

2017년 10월 21일 치러진 지방선거에서도 조지아의 꿈은 승리하였다. 총 2,058명의 지방 의원이 선출되었다. 전체 22개 정당, 5개 정치 블록이 선거에 참여했다. 1차 선거에서 조지아의 꿈 연정은 트빌리시를 포함, 64개 지방의회 선거구 중 63지역에서 승리했다. 주요 도시인 트빌리시, 바투미, 포티, 루스타비 시에서 50% 이상의 득표율을 보여 당선이 되었는데, 선거법에 따르면 지방의회의 시장 선거에서는 50% 이상의 득표를 한 후보가 없으면 2차 결선 투표를 실시해야 한다. 1차 선거에서 조지아의 꿈은 득표율 56%를 획득하였으며, 국민운동연합은 17% 득표에 그쳤다. 11월 12일 거행된 2차 결선 투표에서도 조지아의 꿈은 6개

시장 선거에서 5개에서 승리하였다.[114]

이번 선거에서 쿠타이시, 보르조미, 카즈베키, 카쉬우리, 마트빌리시에서 조지아의 꿈이 승리했다. 오주게티시 선거에서는 무소속 후보가 당선되었는데, 조지아의 꿈이 유일하게 패배한 선거구이다. 2차 선거 총 투표율은 33.2%였다. 2차 선거는 비정부 기구에서 18,150명의 옵저버가 참관하고 650개 이상의 국제기구의 모니터링이 있었다. 전 이탈리아 AC 밀란 축구선수인 카하 칼라제(Kakha Kaladze)가 수도인 트빌리시 시장으로 선출되었다. 칼라제는 조지아의 꿈 소속이다. 이바니시쉬빌리가 칼라제의 후견인이다. 그는 51.1% 득표율로 1차 선거에서 당선이 확정되었다.

유럽안보협력기구(OSCE)는 지방선거에서 선거의 공정성 및 긴장감이 동시에 있었다고 총평하였다. "후보들의 자유 유세가 있었으며, 자유 선거가 원칙적으로 존중되었으며, 역동적이고 자유적인 분위기 속에서 정치적 논쟁을 더 한층 가열시켰다"고 논평하였다. 그러나 유럽안보협력기구는 미디어의 편파적인 여권 지지를 비판하였다. 선거 기간 중 1,200명에 달하는 소수 그룹의 후보와 여성 후보자들에 대한 정치적 위협이 가해졌다는 평가가 내려졌다. 지방선거는 2018년 대선의 전초전 성격을 가졌다. 대선에서도 조지아의 꿈에서 후원하는 후보가 당선되었다. 국민운동연합의 일방적인 친유럽 경향보다는 친러시아 노선을 동시에 추구하는 조지아의 꿈에 대한 국민 선호도가 더 높다는 증거를 보여주었다. 조지아 국민은 여전히 친유럽 국가 노선을 찬성하지만, 친러시아 노선에 대해서도 지지를 표명하고 있다는 것으로 해석된다.[115]

조지아의 꿈 승리 배경에는 정치 자금이 다른 정파보다 압도적으로 많은 것에도 기인하였다. 2018년 10월 1~15일 동안 정치 후원금은 5,227만 2천 달러로 집계되었는데, 재정의 90%가 조지아의 꿈 후원 자금이다. 같은 기간 이 정당은 약 280만 달러를 지출하였다. 이에 반해 야당인 유럽 조지아는 24만 1천 달러를 지출하였다. 선거 기간 중 옥외 광고 게시판, 포스터 등 옥외 광고비용 내역은 조지아의 꿈이 643,350달러, 유럽 조지아는 32,569달러를 지출했다. 이바니쉬빌리가 정치 일선에서 은퇴하였지만 여전히 조지아의 꿈에 대한 후견인 역할을 하면서 그의 정치적 영향력이 높다는 것을 반영하였다.

지방선거는 비례선거(proportional)와 다수결 원칙이라는 2가지 큰 시스템으로 진행되었다. 각 정당별 득표수가 4%를 초과해야 의석수를 차지할 수 있는 제도이다. 시장 선거 경우 1차 선거에서 50% 이상의 득표를 해야만 결정된다. 유권자는 3개의 투표용지를 수령하는데, 첫째, 시장 선출용, 둘째, 비례대표제 정당명부 용지, 셋째, 다수결로 선출되는 지역 시의원용 투표용지이다. 트빌리시 시를 제외한 모든 선거구에서 후보들은 시장과 시의원 모두 입후보할 수 있도록 허가되어있다. 이러한 제도는 정치 정당의 지도자들이 시장 선거에서 패배했을 시에 지역 시의원으로도 선출되는 기회를 가질 수 있도록 하는 조치이다. 후보자들의 다수가 남성이며, 다수결 선출로 입후보한 후보자들의 84%가 남성이었다. 비례 선거의 남성 후보자는 63%로 여성보다 압도적으로 많았다.

후보들의 트빌리시 시 선거 공약

2017년 지방선거에서 가장 핵심적인 선거는 트빌리시 시장 선출이었다. 13명의 후보자가 난립하였다. 칼라제는 트빌리시 경제를 여행업을 중심으로 호전시키겠다는 공약을 하였는데, 정부와 관료를 단순화하고 새로운 운송 네트워크를 구축하겠다는 공약을 제시하였다. 선거 이전인 7월경, 칼라제 후보는 2,261명 대상의 여론 조사에서 만약 내일 선거가 치러진다면, 누구에게 투표를 할 것인가에 대한 지지율 조사에서 30%를 획득하여 1위를 차지했다. 무소속의 '알레코 엘리사뷔빌리'가 2위로 19% 득표, 국민운동연합의 우두마쉬빌리 후보는 18%를 차지하였는데,

실제적으로 선거 결과 야권의 두 후보는 비슷한 득표율을 보였으나 칼라제 후보는 예상보다 훨씬 높은 지지를 받았다. 그의 공약은 "트빌리시의 밤 재건"이었다. 그는 낮은 가격과 5층짜리 건물로 대변되던 러시아의 비공식 용어인 '흐루숍카'(Khrushchyovka(러시아어 хрущё вка)를 대체하는 일을 벌이겠다고 강조하였다. '흐루숍카'는 흐루쇼프 시대에 일반 주민들의 생활 개선을 위해 많은 아파트를 건축했는데, 5층짜리 건물이었다.

칼라제 후보는 흐루쇼프 시기 건축물 해체 계획에 대해서는 공표하지 않아 야권으로부터 강한 비판을 받았다. 우두바쉬빌리 후보는 주요 TV 채널인 '루스타비 2'(Rustavi 2) 인기 앵커 출신이었는데, 트빌리시 도시 발전에 세심한 주의를 기울여 온 인물이었다. 그러나 그는 이미 완성되거나 진행 중인 프로젝트에 대해서는 관여하지 않는다는 입장을 보여 결정적 우위를 확보하지 못했다. 엘리사뷔빌리 후보는 반체제 활동가였으며, 도시 정책 전문가로 활동했다. 그런데 지방선거에서도 조지아의 꿈은 선거에서 관료와 행정 조직을 활용했다는 비판을 받았다. 즉 관료주의 조직과 국가 미디어의 호의적인 보도, 투표자들에 대한 위협과 협박을 구사했다는 강한 비판을 받았다.

트빌리시 시장 선거에서는 환경 및 교통과 관련된 이슈가 핵심 쟁점이었다. 공기 오염은 특히 트빌리시의 난제였는데, 건설 붐으로 환경문제가 부각되었다. 10월 11일, 야권 행동주의자들은 트빌리시 시의회에 대한 시위를 감행하였다. 이바니쉬빌리 전 총리와 연계되어있고, 칼라제 후보와 관련된 건설 회사에 시의회가 공유지를 부여하기로 결정하자 시의회에 대한 반발로 시위가 발생하였다. 트빌리시의 자유 광장 내 새로운 호텔과 주차장으로 계획되어 있는 땅이 칼라제 후보에게 공여되었다.

2017년 6월에 조사된 바에 따르면, 국민 중에서 조지아의 꿈이 자신과 가장 가까운 정당이라고 응답한 이는 23%, 국민운동연합은 9%, 유럽 조지아가 4%였다. 13%는 자신이 가장 가깝게 간주하는 정당이 어떤 정당인지 모른다고 응답하였으며, 37%는 지지하는 정당이 없다고 밝혔다. 지방선거와 2010년대 들어 거행된 모든 선거에서 여당이 승리한 배경에는 국민들이 다른 정당보다는 조지아의 꿈에 대한 기본적인 정치적 신뢰가 있었기 때문이다.

2018년 조지아 대선:
여권 지지 받은 무소속 후보 살로메 주라비쉬빌리 당선

2018년 11월 28일 대선 결선 투표가 열렸다. 여당을 실질적으로 이끌던 이바니쉬빌리가 지원한 무소속 후보인 살로메 주라비쉬빌리(Salome Zurabishvili)가 승리, 당선되었다. 그녀는 59.52%의 지지를 받았다. 국민운동연합의 지원을 받은 그리골 바샤드제(Grigol Vashadze) 후보는 40.48% 득표에 그쳤다. 총 3,705개 투표소의 투표수를 집계한 결과 1,147,627명의 유권자가 주라비쉬빌리 후보를 지지했고, 780,633명의 유권자가 바샤드제 후보를 지지하였다. 전체 투표율은 56%였으며, 이는 1차 대선 투표보다 약 9% 정도 증가한 수치이다. 1차 대선에서는 과반수 득표자가 없어서 결선 투표가 있었다.

10월 28일 1차 투표에서는 주라비쉬빌리가 38.64%, 바샤드제 후보가 37.74%의 지지율을 보여, 아주 근소한 차이로 이 2명의 후보가 결선 투표에 나섰다. 1차 투표율은 46.7%였다. 이는 2013년 대선과 거의 유사한 비율이었다. 전 의회 의장이던 다비트 바크라드제는 10.9% 득표율로 3위를 차지, 결선 투표에는 나가지 못했다. 1차 대선에 나섰던 후보는 총 25명이었다. 그런데 바크라드제 후보는 패배 직후 그가 속한 유럽 조지아는 결선 투표에서 2위에 그친 바샤드제 후보를 지원할 것이라고 천

명했다.¹¹⁶

결선 투표 선거 결과를 놓고 바샤드제 후보측은 강력한 반발을 보였다. 바샤드제는 2차 투표에서 40%를 약간 상회하는 득표율을 얻었는데, 1차 투표에서 받은 38%의 득표율과 비교해서 거의 차이가 없었다. 그는 대선 결과에 승복하지 않고 국민에게 대규모 평화적 시위를 요구하는 등 강력 반발했다. 12월 2일 중앙광장에서 벌어진 시위에 참가한 이들은 의회의 조기 총선을 요구하고 선거법 수정을 촉구했다.

결선 선거 과정은 예외적으로 매우 치열하게 전개되었다. 선거 캠페인 기간 중에도 비밀로 녹음이 된 녹취록과 살해 음모가 일부 발생하는 등, 조지아의 경제 및 사회적인 난맥상을 보여주는 현상이 발생했다. 국제기구 참관단은 비교적 경쟁적 분위기에서 결선 투표가 이루어졌지만, 곳곳에서 선거 부정의 요소가 있었다는 입장을 전했다. 투표는 경쟁적으로 치러졌지만, 여당 지원 후보가 공정하지 않은 이익을 얻었다는 총평이 내려졌다. 유럽안보협력기구, 휴먼 라이트(Human Rights), 유럽안보협력기구 유럽위원회 의회 공동 참관단은 양 진영의 후보 유세 과정 중에 부정적인 현상들이 발생하여 투표 과정이 손상되었다는 입장을 발표하였다. 조지아 내 의회 모니터들도 결선 투표 과정 중에 "거친 수사적 언사와 외진 곳에서 폭력적 현상"이 발생했고, "국가 재원의 남용이 증가되었다"고 선거 과정을 비판했다. 전체적으로 유럽안보협력기구는 조지아인들이 투표 과정에서 적극적으로 선거에 참여, 민주주의를 향한 헌신을 재차 보여주었다는 평가를 내렸다. 대통령이던 기오르기 마그벨라쉬빌리는 2018년 대선에 도전하지 않았다. 그는 새로운 대통령의 당선을 축하하면서도 결선 투표 캠페인 기간 중에 민주적인 규범이 무너진 것은 유감이라는 입장을 보였다.

EU와 미국은 주라비쉬빌리의 당선을 축하했다. EU는 정치적 갈등을 신임 대통령이 해소해주기를 요청하였다. 11월 30일 EU 이사회의 도날드 투스크(Donald Tusk) 의장과 유럽위원회 장클로드 융커(Jean-Claude Juncker) 위원장은 선거 결과의 발표 이후 조지아의 민주적 기관들과 연대를 공고히 하고, 정치적, 경제적 협력을 발전시켜나가겠다고 강조했다. EU는 국제적으로 인정된 국경 내에서의 조지아의 지역 통합성을 전적으로 보장한다는 입장을 재차 천명했다. 미국도 국무성 브리핑을 통해 당선 축하와 더불어 조지아를 지속적으로 지원할 것이라고 강조했다. 헤더 노어트(Heather Nauert) 대변인은 "미국은 국제적으로 인정된 국경 내에서 조지아의 영토 통합성과 민주적이고 경제적 발전을 지원할 것이며 민주적 선거 개혁 속에서 조지아와 지속적으로 협력해 나갈 것"이라는 브리핑을 발표했다.

이 선거 결과는 무엇을 말하고 있을까? 여전히 국민은 조지아의 꿈에 대한 신뢰가 있으며, 그 결과가 이어진 것으로 평가되었다. 국민연합운동은 2012년 총선 패배 이후 사카쉬빌리 전 대통령의 측근들이 지속적으로 소환되거나 기소되면서 사카쉬빌리와 국민운동연합의 정치적 세력은 급속도로 상실되었고 이후 국민들의 신임을 받고 있지 못하는 형편이다. 국민의 광범위한 지지가 현 집권 여당에 있다는 것으로 풀이된다. 국민은 여전히 친유럽 국가노선을 찬성하지만, 기본적으로 친러시아 노선에 대해서도 긍정적 입장을 보인 것으로 해석된다.

야권에서는 2018년 대선에 다양한 선거 부정이 있었다고 비판적 입장을 지녔다. 사카쉬빌리는 대규모 선거 부정이 있었다고 선거를 비판하고 조지아인이 자유, 민주주의, 법을 수호하기를 원한다는 입장을 보였다. 2018년 1월에 사카쉬빌리 궐석재판에서 3년 형의 징역이 선고되었다. 그의 죄목은 2006년에 있었던 은행가인 산드로 기르그블라니에 대한 살인 사건에 연루된 혐의이다.

조지아의 꿈은 대선을 후원 테스트의 장으로 이끌었다는 평가를 받고 있다. 결선 선거 운동 기간 중인 2018년 11월 12~18일 민간TV인 '루스타비-2'(Rustavi-2) 여론 조사에서는 주라바쉬빌리가 4% 포인트 차이로 근소하게 앞서 있었다. 그러나 선거 결과는 압승이었다. 이번 대선에서 주요한 2명의 후보는 외무장관 출신이었다. 그들이 추구한 외교 정책은 미국과 유럽과의 연대였다. 친나토 및 친EU 노선을 보여 왔다. 2008년 러시아-조지아 전쟁 이후 양국 관계는 경색 국면이다. 주라비쉬빌리는 외무 장관으로 1년을 약간 상회하는 기간 동안 재직했다. 2005년에 의회와의 충돌로 사임했다. 2명의 후보는 모두 나토와 EU와의 연대를 확대하는 친유럽 대외정책을 정강으로 내세웠다.

조지아 대통령은 헌법에 따라 주로 대외 정책에만 깊게 관여할 수 있다. 대통령은 대사와 외교 관련 대표 등을 임명하는 권한을 가진다. 2018년 선거는 직선으로는 마지막 선거이며, 이후 간접 선거 시스템으로 대통령을 선출한다. 2017년 수정 헌법에 따르면, 300명의 간접 선거인단이 대통령을 선출하도록 규정되어있다. 이들은 주로 의원들과 지방의 정치적 대표자들로 구성된다. 향후 아브하지아와 남오세티아 자치공화국에 대한 국가 내부 문제를 어떻게 풀어나갈 것인지가 매우 중요한 대통령의 직무 상황이다. 주라비쉬빌리는 대선에 당선되고 이번 선거 결과는 우리가 과거를 명확히 거부했다는 것을 보여주었고 향후 조지아 사회는 향후 개선될 것이라는 소감을 밝혔다.[117]

조지아의 꿈이 집권당이 된 이후 러시아-조지아 관계는 긍정적인 변화도 있었지만, 러시아에 관련된 아젠다는 최우선 순위가 아니었다. 정치 지도자들은 조지아의 EU 및 나토 가입을 우선 순위로 상정하고 있다. 특히 나토는 지도자들에게 안보 보증의 유일한 국제기구로 인식되었다.[118] 신정부 하에서도 조지아와 나토의 연대는 눈에 띄게 증가하고 있으며, 남코카서스 국가 중에서도 가장 앞서 있다.

조지아의 꿈의 대 서방관계를 더 정확히 이해하기 위해서는 무엇보다도 사카쉬빌리와 국민운동연합의 친서방 정책의 특성을 분석하는 것

카카오톡 채널 추가하세요

카카오톡 채널 추가하는 방법
① 카톡 상단 검색창 클릭
② 스캐너로 QR코드 스캔
③ 홈에서 채널추가

진인진

고고미술사학 관련 도서
신간정보를 가장 빨리 알려드립니다.

도서출판 진인진 / 고미사북

kakaotalk

이 필요하다. 사카쉬빌리는 재임 시에 EU 및 나토 가입을 추진하였다. 이 와중에 러시아와 심각한 갈등을 빚었다. 양국은 2008년에 5일 전쟁을 벌였다. 이 전쟁은 2008년 8월 베이징 올림픽 기간에 조지아와 남오세티아 공화국의 친러 성향의 분리주의자들 간의 무력 충돌에 러시아가 개입해서 일어났다. 러시아는 당시 남오세티야 소재 평화 유지군 및 러시아 인을 보호한다는 명목 하에 국경을 넘어 참전하였다.[119]

2019년 6월 조지아의 反 러시아 시위

2020년 총선을 앞두고 조지아 내 정치 지형도가 복잡해졌으며, 야권은 선거법 개정을 강력히 요구했다. 이러한 분위기에서 2019년 시위로 조지아 정치권에서는 선거법 개정에 나섰다.

2019년 조지아 내에서 벌어진 시위에 대해 알아볼 필요가 있다.

2019년 6월 러시아 하원 의원의 의회 연설 사태로 인해 조지아와 러시아 관계는 어려움을 겪게 되었다. 러시아 의원이 행한 조지아 의회에서의 연설에 반발한 시민들이 트빌리시에서 격렬한 시위를 벌였다. 시위대는 의회 진입을 시도했으며 그 과정에서 대치하던 경찰과 충돌했다. 경찰 80명을 포함해 240명이 부상당했다. 이 시위는 조지아 내부에서 반러시아 정서가 매우 강하다는 것을 보여준 사건이었다. 러시아 하원 의원의 조지아 의회 연설이 이러한 정서에 불을 당겼다. 즉 조지아 출신이지만 지금은 러시아 의회 의원인 세르게이 가브릴로프(Sergey Gavrilov)의 연설로 불러일으켰기 때문이다. 정교회 국가 의회 간 모임인 '정교회 의회 간 회의(IAO)' 의장을 맡고 있는 가브릴로프는 6월 20일 조지아 의회 의장석에서 러시아어로 연설을 했고, 이것이 조지아 국민의 반 러시아 정서를 자극했다. 가브릴로프가 연설을 마치고 착석한 후 야당 의원 한 명이 강력 항의했으며 결국 가브릴로프와 러시아 대표단은 의회에서 강제로 쫓겨났다.[120]

이 사건 이후 반 러시아 시위가 2019년 6월 20일 이래로 지속되면서 한 달가량 시위가 이어졌다. 6월 20일 약 1만 명으로 추산되는 시위대가 의회 진입을 시도하였고, 경찰이 고무탄, 최루탄과 물대포를 발사하면서 약 200여 명의 부상자들이 발생했다. 고무탄에 맞고 실명한 시민도 있었다. 시위대는 시위 중 실명한 사람에 대한 연대 의사 표시를 위해 안대를 착용하기도 했다.

시위가 직접적으로 촉발된 이유는 가브릴로프가 "러시아와 조지아는 동방정교회로 형제로 통합돼 있다"는 취지의 연설을 하였는데, 이것이 반 러시아 감정을 촉발했다. 그는 조지아 출신이면서도 2008년 전쟁이 벌어지던 당시에 러시아군에 가담했다는 의혹을 받았던 인물이다. 이 시위의 특징은 반 러시아 시위이면서 이것이 반정부 시위로 이어졌다는 점이다. 6월 20일 당일 조지아 검찰은 국민운동연합 대표인 니카 멜리아를 대규모 폭력 주도 혐의로 체포하고 전격 기소했다. 검찰은 멜리아 의원의 면책 특권을 박탈할 것을 의회에 요청했다. 야권은 이에 강하게 반발했다. 20여 개 야당도 의원 체포는 정치적 박해이며 야권에 대한 박해의 시발점이라고 정부를 강력히 비판했다. 시위대는 내무부 장관의 사임을 요구하였고, 수백 명에 이르는 체포자 석방과 2020년에 예정된 총선의 조기 실시를 요구했다. 특히 시위대는 이라클리 카자히제 의회 의장의 사퇴를 요구했는데, 해외 순방 중이던 카자히제 의장은 결국 6월 21일에 사퇴 의사를 밝혔다. 이바니쉬빌리는 조지아 선거제도 개편을 추진하겠다고 발표했다.

그렇다면 반러시아 시위가 이렇게 장기적으로 지속된 이유는 어디에 있으며 왜 시위가 촉발되었을까? 러시아 하원 의원의 연설로 시위가 일어난 것은 사실이지만, 전체적으로 3가지 상황을 이해할 필요성이 있다.

첫째, 야권이 이번 시위를 주도했다는 점이다.

조지아 정치계는 현재 복잡한 상황에 처해 있다. 집권당인 조지아의 꿈은 야당인 국민운동연합에 비해 러시아에 우호적인 태도를 가지고 있다. 이것이 야권 인사들과 야권지지 국민들에 의해 시위가 촉발된 원인으로 작용하였다. 시위에는 집권당인 조지아의 꿈보다 야권인 국민운동연합과 유럽 조지아 정당 등이 적극적으로 가세했다. 시위대는 2020년 총선의 조기 실시와 선거 방식 변화를 주장했다. 즉 반러시아 시위이면서도 동시에 일종의 반정부 시위 특성을 보였다. 야권은 총선에서 집권당에 연이어 패배하였지만, 친러시아 경향을 보인 현정부에 대한 비난의 수위가 매우 높은 편이다. 국민운동연합은 매우 강력한 친서방 정당이기 때문이다. 조지아의 꿈도 국민들의 친서방 경향과 대외관계에 있어서 그동안 지속된 친서방 위주의 국가전략 때문에 대놓고 친러시아적 스탠스를 가지기도 어려운 상황에 있다. 조지아 정정은 여전히 매우 불안한 상황이다.

둘째, 조지아 국민들의 러시아에 대한 반감이 매우 크다.

가장 큰 이유는 2008년 러시아-조지아 전쟁 때문이다. 매우 단기간에 끝난 전쟁이지만, 강대국과 전쟁을 벌인 조지아로서는 자국을 침공한 러시아에 대한 감정이 극도로 악화되었다. 전쟁 이후에 러시아 연방이 조지아의 자치공화국인 아브하지아와 남오세티아의 독립을 승인함으로써 조지아 국민은 러시아가 조지아의 영토 통합성을 방해한 가장 강력한 훼방꾼으로 간주하였다.

셋째, 조지아 국제관계의 방향성을 시위와 관련, 주시할 필요성이 있다.

조지아는 친서방 전략을 가지고 있다. 국민은 EU 가입에 약 70% 전후의 지지를 보냈다. 시위 사건 이후 도날드 투르크 유럽이사회 의장도 7월 10일 "EU와 조지아의 관계는 굳건하며 EU는 조지아의 주권과 영토 통합성을 전적으로 지지한다"고 강조함으로써 이 시위를 바라보는 유럽 지도자들의 시각을 대변했다. 조지아 국민의 반러시아와 친EU 분위기가 작동해서 촉발된 것이라고 해석될 여지가 높은 이유이다.

시위가 격화되면서 러시아 정부의 대응이 이어졌다. 2019년 6월 21일 푸틴 대통령은 러시아와 조지아를 잇는 직항 노선 운항을 중단할 것이라고 예고했으며 이후 7월 8일 공식적으로 중단시켰다. 푸틴 대통령이 국가 안보와 자국민 보호 등을 내세워 러시아와 조지아를 잇는 직항 항공편을 중단한다는 칙령을 발표했다. 이에는 항공 운항 금지가 일시적인 것이라고 기재되었지만 언제 해제될지는 언급되어 있지 않았다. 러시아 정부는 조지아에 여행 등 목적으로 일시 체류 중이던 자국인들을 송환하였다. 당시 여행 목적으로 약 5,000~7,000명 정도의 러시아인이 있었다. 투스크는 러시아가 조지아에 대한 항공 운항을 금지한 행위는 불공정하며 불균형적인 일이라며 비판하였다.

직접 운항은 금지되었지만, 러시아 국민들은 아르메니아, 벨라루스, 터키, 그리고 아제르바이잔을 우회해서 조지아 입국은 가능하다. 그리고 북카프카스에 속하는 북오세티아 공화국의 수도인 '블라디카프카스'까지 항공기로 이동하고 그곳에서 그 유명한 '조지아 군사 도로'(Georgian Military Road)를 거쳐 갈 수 있다. 블라디카프카스에서 트빌리시까지는 약 200km이다. 예레반, 바쿠, 트라브존에서 여행자들이 조지아로 입국하는 방안도 논의되었다.

러시아가 이러한 조치를 내리면서 조지아 관광업계는 큰 타격을 받았다. 조지아 관광 당국에 따르면, 2018년에 조지아를 방문한 러시아 여행자들은 160만 명에 이른다. 2018년 러시아 여행자 1인이 조지아에서 소비한 금액은 평균 465달러이며 이는 조지아 경제에 7억2천만 달러 이상의 이익이 되었다. 이 수치는 조지아 여행 분야의 전체 수입액의 약 10% 정도였다.[121] 조지아를 방문하는 관광객은 연간 480만 명이다. 이

중 러시아 관광객이 1/3 정도를 차지한다.

2020년 조지아 선거법 개정

조지아의 꿈은 2016년 총선에서는 의석수 150석 중에서 115석을 획득하는 등 국민운동연합에 압승하였다. 2016년 총선에서 국민운동연합이 얻은 의석수는 27석이었다. 조지아의 꿈의 의석수가 4배 이상에 이른다. 의회 선거법에 따르면, 77석은 비례대표제에서, 73석은 지역구에서 선출한다. 그런데 이 선거법이 여당에 유리하다는 여론이 줄곧 제기되어 선거법 개정안에 대한 필요성이 부각되어왔다.[122]

2020년 총선을 앞두고 2019년 정치권에서는 선거법 개정안이 마련되기 시작했다. 선거법 개정을 촉발한 사건은 2019년 6월부터 1개월 동안 이어진 야권 주도의 시위가 그 단초를 제공했다. 시위대가 가장 강력히 요구한 것은 선거법 개정이었고, 조기 총선을 요구했다. 그해 6월, 집권당인 조지아의 꿈은 선거 시스템 개정안을 마련했다. 주요 골자는 선거 기준 없이 등록 정당의 완전한 비례대표 선거를 통해서만 의원을 선출한다는 내용이다. 조지아 정파는 이에 대한 협상을 벌였지만, 합의에 이르지 못했다. 이 개정안은 전체 의원 150명 중 101명의 찬성으로 부결되었다. 조지아 의회에서 선거법 개정을 위해서는 전체 의원의 3/4의 찬성, 즉 75%인 113명이 찬성해야 하는데, 이에 미달 되었다. 여권이 115석을 가진 거대정당인데도 부결되었다. 여권 내에서도 의견이 통일되지 않았다.

이후 2020년 들어 조지아 내 미국 및 EU 국가의 대사관이 중재에 나서 선거법 개정안이 마련되었다. 선거법 중재안의 핵심 사항 중의 하나는 선거 시스템에 초점을 맞추고 있다. 새로운 선거법의 핵심은 120석은 비례대표제로 선출하며, 나머지 30석은 지역구 선거를 통해 선출한다는 것이다. 기존의 선거 방식은 조지아의 꿈에 매우 유리한 선거 시스템이었다. 2016년 총선에서 조지아의 꿈은 전체 유권자의 절반인 50%의 득표를 얻지 못했지만, 의석수는 76%를 획득했다. 야권은 이러한 선거 제도가 불합리하다고 꾸준히 이의를 제기해왔었다. 새로운 개정안에서는 유권자로부터 최소 40%의 득표를 받지 못하면, 그 어떤 정당이라도 의석수 150석의 과반을 확보하지 못한다.

새로운 지역 선거구는 베니스 위원회(Venice Commission)와 조지아 사법부가 제공한 지침에 따라 결정된다. 비례대표로 선출되는 의석수의 경우, 기준은 득표율 1%로 정했다. 기존 선거법에서는 5% 이상의 득표를 해야만 의석수를 받을 수 있었다. 지역구의 경우, 후보는 1차 선거에서 50% 득표인 경우 선출되는데, 50%의 득표를 받지 못하는 경우에는 1~2위 간에 결선 투표를 통해 다수 득표자를 선출한다. 지역구 선거의 경우는 기존과 대동소이했다. 지역구 선거제는 기존 총선에서도 시행된 바 있다. 조지아 내 모든 정파는 2020년 3월 8일에 양해각서를 체결하고 새로운 선거법에 기본적으로 합의했다. 트빌리시 주재 해외 국가 대사관에서는 2020년 10월로 예정된 총선이 자유롭고 투명한 선거가 되기를 바라는 입장을 가지고 이를 환영했다.[123]

야권, 정치범 석방을 여권에 강력히 요구

그러나 여당과 야권은 정치범 석방 문제를 놓고 날카롭게 대립하였다. 당시 2020년 10월 총선이 새로운 선거법으로 잘 치를 수 있을지 불투명한 상황으로 치달았다. 선거법 중재안을 마련한 미국과 EU 대사 등은 집권당과 야당에 양해각서에 따라 이미 결정된 선거 시스템을 수용하고 실행하라고 촉구하였다. 야권은 2020년 5월 13일 연합성명을 통해 정치범들이 석방되지 않으면 중재국이 마련한 선거법 개정안을 포기할 것이라고 반발했다. 집권당과 야당은 조기 총선에는 합의를 이루지 못했다. 야당은 성명에서 조지아의 꿈이 정치범을 석방한다고 합의한 약속을 반드시 이행해야 한다고 강조했다. 야권은 자신들의 요구가 수용되지 못한다면, 의회 회기를 포기하겠다는 입장을 보였다. 이들은 야권 정치인들이 수감된 이유는 정치적인 동기에서 비롯되었다고 주장하였다. 야권에서는 5월 8일 선거법에 공식 서명하면서 정치범 석방은 정치권의 합의 조건이었다고 주장하고 있는데, 여권은 이를 부인하였다.

2020년 6월 21일 선거법 개정안에 대한 첫 청문회가 열렸다. 참석한 의원 136명이 개정안에 찬성했고, 5명의 의원이 반대했다. 두 번째 청문회에서는 115명이 찬성했고, 3명이 반대했고 1명이 기권했다. 국민운동연합과 유럽 조지아 당은 야권 인사인 기오르기 루루아(Giorgi Rurua)의 석방을 요구하며 투표에 참여하지 않았다.

당시 징역형을 받거나 기소 중인 주요 야권 인사는 3명이었다. 루루아는 2019년 11월 18일에 체포되었는데, 불법적인 총기 구매, 소유, 소지 혐의를 받고 기소되었다. 그는 트빌리시에서 재판이 재개된 2020년 6월 24일, 권총이 자신의 차량에 자기도 모르게 놓여져 있었다고 법원에서 주장하고 무죄를 주장했다. 야당 정치인들은 이 재판을 강력히 비난했는데, 혐의 자체가 가짜이며 이는 정치적 동기에서 비롯된 것이라고 강력 비판하였다. 루루아는 친 야권 방송사인 므타바리 아르키히(Mtavari Arkhi) TV 설립자이며 주주이다.

기기 우굴라바는 2019년 6월 반정부 시위를 조직하고 지원한 인물이었는데, 2020년 초에 공공기금 유용 혐의로 3년 2개월의 형을 선고받았다. 이라클리 오쿠라쉬빌리는 전 국방부 장관이며 '조지아 승리당'(Victorious Georgia party)의 의장이었다. 그는 2019년 6월 시위에서 폭력을 조장하거나 폭력 행위에 참여한 혐의로 5년 형을 선고받았다.

주라바쉬빌리 대통령은 2020년 5월 15일, 2명의 야당 정치인을 용서한다는 성명서를 발표했다. 대통령은 우굴라바와 오쿠라쉬빌리에게 한때 가증한 인물이라고 비판한 적이 있었다. 주라바쉬빌리는 조지아에는 그 어떤 정치범들도 존재하지 않는다고 언급했다. 대통령은 남코카서스 지역에서 민주적이고 유럽적인 미래를 위협하는 정치적 위기가 자행되고 있다고 야권을 날카롭게 비판했었다.

그렇다면 선거법 개정안을 가지고 조지아의 정치권이 왜 이러한 복잡한 내홍을 겪었던 것일까? 이는 2020년 총선에서 어떤 정당이 집권당이 될 것인지를 놓고 치열한 정쟁을 펼치고 있기 때문이다. 이바니쉬빌리는 사카쉬빌리보다도 정치적인 영향력이 더 강하다. 야권은 2020년 총선에서 기존 선거법으로 선거가 진행된다면 조지아의 꿈이 다수당이 될 가능성이 높기 때문에 강력한 정치적 투쟁을 벌이면서 중재안을 이끌어냈다. 동시에 정치범 석방을 주장하면서 여권에 대한 공격적인 정치적 투쟁을 벌였다.[124]

2020년 조지아 총선: 조지아의 꿈, 3번째 승리

2020년 10월 31일에 치러진 조지아 총선에서 조지아의 꿈이 48.15%의 득표율로 1위를 차지했다. 야당 블록인 국민운동연합이 27.14%, 유럽 조지아 당은 3.78%의 지지를 받았다. 투표율은 56%였다. 3개 정당 이외 5개의 정당이 의석수를 가지는 1% 이상의 득표율을 보였다. 이로써 조지아의 꿈은 3번째 연속 총선 승리를 거두었다. 48.15%의 득표율은 비례 대표 선거 결과이다. 조지아의 꿈은 지역구 투표에서도 큰 승리를 거두었다. 150개 의석 가운데 과반인 75개 이상 의석을 확보하면서 다수당이 되어 단독 정부를 구성하였다. 새로운 선거법 중에서 특이한 사항은 비례 대표 선거에서 개별 정당이 최소 40% 이상 득표를 해야만 의회에서 제 1정당이 될 수 있다. 조지아의 꿈은 48% 이상 득표를 하면서 제 1정당이 되었다. 과거에는 비례 대표 선거에서 5% 이상의 득표를 해야만 의석수를 받았지만, 새로운 선거법에서는 1%의 지지를 받아도 의석수를 배정받을 수 있다.[125]

야권, 선거 결과 거부하고 재선거 요구하고 매일 시위

그러나 총선 결과가 알려지면서 트빌리시의회 건물 주변에 일부 야권 지지자들이 모여서 시위를 벌이는 등 선거 후유증이 심각하게 나타났다. 2020년 11월 1일부터 수천 명의 시위대가 국기를 흔들며 연일 시위에 나섰으며 재선거를 강력히 요구하였다. 이바니쉬빌리 저택 앞에서도 시위를 벌였다. 야권은 투표 결과를 거부하였으며 정부가 재선거를 공표할 때까지 매일 시위를 벌일 것이라고 예고했다. 경찰은 시위 군중을 해산시키기 위해 물대포를 여러 번 사용하였다. 인권 감시단은 경찰에 무력을 사용하지 말 것을 촉구했지만, 여당인 조지아의 꿈은 시위대가 중앙선거 관리위원회의 건물을 점령하려했기 때문에 물대포는 정당하게 사용되었다는 점을 강조했다.

국민운동연합은 11월 8일, 선거 결과를 공식 거부하였다. 11월 2일, 야당인 유럽 조지아의 지도자인 다비트 바클라제가 선거 결과를 수용하지 않는다고 결정했다. 그는 총선이 "자유스럽지도 않고 공정하지 않았다"며 반발했다. 유럽 조지아는 결선 투표를 보이콧하였다. 새로운 의회는 12월 20일 최소 76명의 의원이 소집되면 합법성을 가지게 되는 것으로 간주된다. 유럽 조지아는 국민운동연합에서 분리된 정당이다. 선거 기간 동안 사카쉬빌리는 우크라이나에 머물면서 국민운동연합을 지원했다. 그는 선거전에 자신이 총선에 영향력을 끼칠 것이라고 공언해왔다. 조지아의 꿈과 국민운동연합은 총선에서 치열한 경쟁을 펼쳤다. 사카쉬빌리는 총선 패배 이후 선거 결과는 조작되었다고 반발했다.

총선에 참가한 국제 옵저버들은 선거 과정이 "경쟁적"이었지만, "완벽하지는 않았다"는 견해를 대체적으로 보였다. 유럽안보협력기구 옵저버단은 선거는 경쟁적이었고, 전반적으로 기본적인 자유가 존중되었다고 밝혔다. 그러나 유럽안보협력기구는 선거 과정 중에서 대중의 신뢰를 떨어뜨린 요인이 있었다는 점을 적시했다. 유럽안보협력기구 참관단의 일부인 나토 PA 대표단의 터키 대표 오스만 박은 이번 총선의 절차는 "건전한 선거 프레임" 내에서 이루어졌으며, "경쟁적인 선거"라고 총평했지만, 완벽하지는 않았다는 입장을 보였다. 나토 참관단은 선거 과정 중 일부 위반 사례가 있었으나 자유와 경쟁 원칙이 기본적으로 준수되었다는 입장을 밝혔다.[126]

야권의 총선 결과 불복 이유

야권은 총선 결과에 불복하고 있는데, 조지아 내정은 현재 복잡한 상황에 처해 있다. 국내 정정이 매우 불안했다. 이바니쉬빌리는 정치계의 막후 실력자로 군림하고 있으며 내정에 결정적인 영향력을 가지고 있다. 2008년 러시아-조지아 전쟁으로 외교관계가 단절된 이후 이바니쉬빌리는 러시아와의 관계 개선에 나섰지만, 별 소득을 얻지 못했다. 그가 친러시아 계 인물이지만, 조지아는 여전히 친서방 전략을 추진하고 있으며 EU 가입과 나토 가입을 외교정책의 레드라인으로 설정하고 있다. 사카쉬빌리는 우크라이나에서 정치 투쟁을 벌이다가 폴란드로 추방된 이후 네덜란드로 갔다. 이후 그는 우크라이나로 돌아와 2020 총선 때 국민운동연합을 지원하였다. 이바니쉬빌리와 사카쉬빌리는 정치적 앙숙 관계이며, 이런 이유로 총선 때마다 강력히 대립하고 있다. 조지아 여야는 2020년 선거법 개정안에 합의했었다. 그러나 이 합의 이후에도 정치범 석방 문제를 놓고 집권당과 야권은 날카롭게 대립하는 등 국내 정정은 매우 불안한 상황이었다. 야권은 정치범 3명의 석방이 없으면 선거법 개정안을 포기한다는 강경한 입장을 천명했었다.

2021년 선거법 개정안

가장 최근에 이루어진 선거법 개정안은 2021년 6월 28일이었다. 2021년 4월 19일, EU의 여야 중재안에 따라 선거법 개정안이 재차 마련되었다. 이 규정에는 선거 체제, 사전 선거 운동, 선거위원회 선정에 관한 새로운 규정이 제정되었다. 2020년 총선 이후 정치인들의 갈등이 심해지면서 야권 의원의 의회 등원이 거부되었는데, EU가 중재에 나섰다. 4월 19일 중재안을 여야가 받아들였다. 선거법 개정으로 중앙선거위원회장과 위원의 새로운 선출 방식이 정립되었다. 즉 중앙선거위원회장은 대통령이 추천한 후보를 의원 3분의 2가 동의하면 임명할 수 있다. 중앙선거위원의 의원 수도 기존의 12명에서 17명으로 구성된다. 8명은 전문가 집단에서, 9명은 정당이 선정하는 방식이다. 선거법 개정안에서 주요 사항은 비례대표의 비중이 늘어난다는 점이다. 지방선거에서 비례대표의 비중이 늘어나고 다수대표로 선출되는 의원의 수는 40% 이하로 제한된다.[127] 조지아 정치권에서는 국민운동연합 지도자인 니카 멜리아의 구속에 대한 견해 차이로 기오르기 가하리아(Giorgi Gakharia) 총리가 사임하고 이전에 총리를 역임한바 있는 이라클리 가리바쉬빌리 총리가 2021년 2월 22일에 취임하였다. 그가 총리를 재차 맡으면서 선거법 개정안이 제정되었다. 가리바쉬빌리는 코로나로 인해 경제 상황이 나빠졌지만, 빠른 대응으로 인프라 프로젝트를 추진하였으며, 국제금융기관에서 21억 달러 규모의 자금을 확보하였다고 밝혔다.

3. 조지아의 주요 정치적 인물

미하일 사카쉬빌리: 2003년 장미혁명으로 집권

조지아의 정치적 인물에서 가장 중요한 인물은 미하일 사카쉬빌리이다. 그는 2004년 대통령이 되었으며, 2번 연임하고 2013년 대통령직에서 물러났는데, 재임 중에 강력한 친서방 정책을 핵심 전략으로 선택했다. 조지아의 유럽 지향성은 사카쉬빌리 정부의 유산으로만 해석할 수 없다. 이미 셰바르드나제 대통령 집권 하에 친서방 정책이 대외정책의 근간을 이루었다. 조지아는 원유 및 가스 파이프라인의 건설을 포함하여 다양한 지역 경제 프로젝트에 참여해왔다. 그때부터 이미 유럽과 대서양으로의 통합을 국가 목표로 선포하면서 그에 따르는 지정학적 이익을 쟁취하기 위한 각종 정책을 추진해왔다.[128]

대통령 재직 시기 사카쉬빌리

2003년 장미혁명 이후 정치적 핵심 인물은 사카쉬빌리였다. 2012년 이후 현재까지 정치의 핵심은 이바니쉬빌리이다. 이들은 조지아 현대 정치사의 핵심 키워드이다. 사카쉬빌리는 장미 혁명으로 정치 세력의 가장 핵심적인 인물로 부상했다. 그는 2001년 11월 법무부 장관직을 사임하면서 반 셰바르드나제 편에 서게 되었으며, 국민운동연합을 결성했다. 그가 장미 혁명을 주도하였다. 2004년 1월 대선에서 96%라는 압도적 지지를 받고 당선되었으며, 급진적 정책을 실행하였다.[129]

장미 혁명 시위로 국가 통치 구조가 제대로 작동하지 않았는데, 사카쉬빌리는 자신을 국가 건설자로 간주하였다. 스스로 사회적 계약으로 대중의 위임을 받고 정치 행동에 나서고 있다고 자부하였다.[130] 한때 국민들의 신임은 높았다. 사카쉬빌리는 의회와 사법 기관에 소요되는 여러 비용을 지불하면서 권력을 강화시켰으며, 의회를 통해 헌법을 개정했다.[131] 그는 분쟁이 잦았던 아브하지아와 남오세티아 공화국과 인접한 지역에서 거래되던 밀수품을 단호하게 단속하였다. 아자리아 공화국에 대한 통제권을 확실하게 가졌다. 그는 아제르바이잔과 아르메니아로 국경을 확장시킨다는 명목으로 남쪽으로 사람들을 이주시켰다. 또한 인종-민족주의 원칙을 거부하고 시민 민족주의의 틀 내에서 소수 민족 통합 노력을 지속했다. 초기의 인상적인 정책 추진으로 사소한 부패는 제거되었으며, 일부 부패 기업들도 퇴출되었다.[132]

사카쉬빌리는 국민운동연합을 창당하고 당 시스템을 이끌었다. 국민운동연합은 여러 야당 그룹의 연합으로부터 탄생하였다. 이 정당은 2000년대에 대중적인 지지를 공고히 해왔으며, 장미 혁명 시에 셰바르드나제를 사임하도록 하는 데 결정적 역할을 담당했다. 이 당을 중심으로 2003년 총선 이후 시민들의 평화적인 시위가 정권 붕괴로 이어졌다. 국민운동연합은 9년 정도 야권의 저항을 거의 받지 않았으며, 지방 의회뿐만 아니라 총선에서도 결정적인 우위를 확보하였다. 과거 정부와의 결별을 위해 신정부는 지하 시장을 폐쇄하고 정부 조직 재편, 경찰력의 복원, 부패 척결을 단행하였다. 사카쉬빌리가 집권한 이후 1년 성과를 두고 "이전 10년 동안 이룬 일보다 1년 사이에 더 많은 업적이 성취되었다"는 평가도 있었다.[133]

조지아는 유럽식 체제를 채택하였지만, 민주주의 제도 자체는 산발적으로 진행되었다. 일부 비판가들은 비정부 기관들이 허약한 상태에 있으며, 독립 미디어와 텔레비전 프로그램이 방영 취소되거나 변경되는 일이 발생하였다고 지적한다. 콤파넨은 조지아의 민주주의 정착과 관련, "장미 혁명 이전에 조지아는 민주주의자들이 부재한 혼합형 민주주의였지만, 혁명 이후 민주주의가 없는 민주주의자들만 있다"고 언급하면서 비판적 입장을 취했다.[134] 사카쉬빌리는 소련의 정치적 유산에서 벗어난다는 일환으로 서유럽 모델을 채택하고 EU 및 나토 가입을 국가전략으로 채택하였다.[135]

사카쉬빌리, 신정부에 의해 정치적 압박 줄곧 받아

사카쉬빌리는 2013년 대통령직에서 물러난 이후 이바니쉬빌리를 정점으로 하는 정부로부터 정치적 압박을 줄곧 받았다. 결국 유라시아 색깔 혁명의 핵심 주체였던 사카쉬빌리는 정부에 의해 전격 기소되었다. 2014년 7월 28일 검찰은 사카쉬빌리에 대한 형사 기소를 전격 결정했다. 검찰이 내린 결정의 배경은 2007년 11월의 사건이었다. 정부는 반정부 시위를 탄압하면서, 민간 TV 회사인 '이메디'를 불법적으로 점거했다. 신정부는 당시 사건을 대통령에 의한 직권 남용 혐의로 간주하였다. 검찰은 사카쉬빌리에 대해 부재중 미결 구금 명령을 내렸다.

정부는 이후 새로운 범죄 목록을 추가하였다. 검찰은 사카쉬빌리 전 대통령이 2009년 9월과 2013년 2월 사이, 약 500만 달러의 공금을 횡령했다는 죄목을 추가시켰다. 대통령, 가족, 측근들이 요트 비용 등 사적 용도로 공금을 횡령했다는 혐의였다. 검찰청은 사카쉬빌리의 정적이었던 법률가인 발레리 게라쉬빌리에게 행한 2005년 폭행 사건도 죄목으로 추가하였다. 혐의가 인정된다면, 최장 11년 정도의 수감이 가능하다. 2014년 3월 27일, 검찰청은 사카쉬빌리를 공식 소환했다. 당시 검찰청은 2005년에 있었던 조지아 전 총리와 그의 측근인 주라브 쥐바니아의 사망 사건을 포함한 총 10건의 사건과 관련된 조사를 위해 소환 결정을 내렸다.[136]

사카쉬빌리는 퇴임 이후 해외에서 거주해왔기 때문에 그에 대한 기소가 중단된 상태였다. 2018년 1월, 사카쉬빌리가 출석하지 않은 궐석 재판에서 3년 형의 징역이 선고되었다. 그의 죄목은 2006년에 은행가인 '산드로 기르그블라니'에 대한 살인 사건에 연루된 혐의였다. 사카쉬빌리는 줄곧 자신의 혐의는 정치적인 동기로 부과되었다며, 모든 혐의를 전면 부인해왔다. 그런데 흥미로운 사실은 그가 오데사 주지사직 해임 이후 우크라이나와 조지아 관계가 전략적 동반자관계로 격상되었다는 점이다.

사카쉬빌리는 검찰의 기소 방침에 강력히 반발하였다. 정부가 자신의 다양한 정치적 자유 활동을 제한하기 위해 이러한 조치를 내렸다고 간주하였다. 그는 국제 사회의 쟁점이 되었던 우크라이나 반군을 지원하는 러시아의 행태를 반대하고 우크라이나를 지지하는 발언을 자주 하였기 때문에 자신의 정치적 활동을 극도로 싫어하는 세력이 있다고 주장하였다. 그는 조지아와 러시아 간에 밀약 거래로 자신이 소환되었으며, 자신이 우크라이나의 자유를 위한 행동을 지지했다는 이유로 러시아 정부가 조지아를 조종하고 있다고 말했다. 사카쉬빌리는 우크라이나에서 비공식적인 정부 고문으로 활동했으며, 언론에서 우크라이나에 대한 러시아 정부의 정책을 자주 경고하였다. 그는 재임 중에 어떠한 범죄를 범한 적이 없다고 주장하였다.

미국을 비롯한 서방국가에서도 조지아 정부의 기소 조치에 매우 우려하였다. 미국무부는 조지아 정부의 조치는 누구에게나 정치적 보복 행위로 간주될 수 있는 행동이라고 대변인 명의의 성명을 발표했다. 특히 미 국무성과 의회는 이를 전직 정치가들에 대한 탄압으로 간주하였다. 미 상원의원 고 존 맥케인(공화당, 아리조나), 마르코 루비오(공화당, 플로리다), 진 섀힌(민주당, 뉴햄프셔), 제임스 리시(공화당, 아이다호) 등 4인은 기소 결정은 사법부 정책이 아니라 정치적인 선택이며 매우 잘못되었다는 입장을 표명하였다. 2014년 기소 당시 총리였던 가리바쉬빌리는 "객관적이고 공정한" 자세로 사카쉬빌리 전 대통령에 대한 심리가 이루어질 것이며, 고위 관리들의 범법 행위를 눈감아주어서는 안 되며 그러한 정치적 관행은 종식되어야 한다는 강경한 입장을 보였다.[137]

사카쉬빌리는 정부의 결정을 하나의 익살스런 코미디로 평가절하하면서, 정부 지도자들은 국민연합운동이 성취한 '개혁의 유산'들을 파괴하고 있다고 비난했다. 그는 조지아의 꿈이 온 힘을 기울여 국민연합운동과 자신을 박해하고 있다고 반발하고, 그러한 행위를 중단하고 국가를 강력하게 발전시키는 데 초점을 맞추어야 한다고 덧붙였다. 특이한 것은 사카쉬빌리에 대한 기소를 발표하기 이전에 3명의 서방 법률가가 조지아를 방문하고 법률적 자문을 했다는 사실이다. 특히 이 중 제프리 나이스 변호사는 세르비아의 슬로보단 밀로세비치 대통령을 헤이그 국제재판소에서 기소 심리를 한 바 있고, 전 이스라엘 검사였던 모쉬 라도르는 모쉬 카타즈브 전 이스라엘 대통령과 예후드 올메르트 총리를 기소한 인물이다. 이들은 고위 관리의 법률적 공정성과 규범 행동 등에 대한 자문을 한 것으로 알려졌다. 정치전문가들은 정부가 서방 법률가들을 통해 사카쉬빌리에 대한 기소 확신을 가진 것으로 해석하였다.

우크라이나 정부의 사카쉬빌리에 대한 정치적 압박 조치:
폴란드로 강제 추방

사카쉬빌리는 재임 때에도 그랬지만, 퇴임 이후에도 대형 사건의 핵심 인물로 등장했다. 그는 퇴임 이후 우크라이나가 유로마이단의 불안정한 정정일 때 그곳으로 전격 이주하였다. 그리고 우크라이나 시민권을 획득하였다. 2015년 5월 포로셴코 대통령이 남부의 대표적인 부패 지역인 오데사 주지사로 사카쉬빌리를 임명하였다. 그는 약 1년 5개월간 주지사직을 수행하였다. 그러나 2016년 11월, 포로셴코 대통령에 의해 해임되었고, 2017년 7월, 방미 중에 시민권을 박탈당하면서 여권이 무효화되었다가 11월에 우크라이나로 재입국하였다. 그는 재입국한 이후 反우크라이나 정치 활동을 벌이다가 우크라이나 정부에 의해 2017년 12월 5일과 8일에 2번이나 체포당했다. 이후 폴란드로 강제 추방되었다가 아내의 고향인 네덜란드로 갔다.

우크라이나에서 체포된 경위와 그 이후의 상황은 다음과 같다.

사카쉬빌리는 2017년 12월 3일, 키이우(키예프) 시내에서 야권지지자들과 함께 포로셴코 대통령의 탄핵을 요구하는 대규모 시위를 벌였다. 집회 연설에서 그는 대통령 탄핵, 부패 관료 및 의원 처벌을 위한 반(反)부패 재판소 창설, 의원 면책 특권 폐지, 선거법 개정 등을 요구하였다. 그러나 12월 5일, 검찰청은 사카쉬빌리를 범죄 행위로 기소하기로 하고 그의 집을 압수 수색하는 과정에 사카쉬빌리를 전격 체포하였다. 사카쉬빌리는 체포를 피해 8층 건물 지붕으로 대피해 자신을 체포하려 시도하면 투신할 결심까지 밝혔다. 검찰이 표면적으로 내세운 체포 이유는 야누코비치 전 대통령이 이끌고 러시아가 지원하는 범죄 단체를 사카쉬빌리가 지원하고 있다는 혐의 때문이다.[138] 정부 주장으로는 사카쉬빌리가 러시아와 공모하여 우크라이나 내정을 불안하게 만든 장본인이었다. 평소 반 러시아 입장을 강하게 보였던 사카쉬빌리는 이를 전격 부인했다.[139] 그런데 지지자들이 검찰 호송 차량을 둘러싸고 연행에 항의하고 차 문을 부순 뒤 그를 구출하였다. 1차 체포는 어수선하게 끝났다.

사카쉬빌리는 이후 대통령 탄핵을 요구하기 위해 의회로 가자고 촉구한 뒤 지지자들과 함께 의회 방향으로 행진하고 의회 앞 집회에서 연설하며 우크라이나와 조지아에서 자신에 대한 탄압과 수사의 배후는 푸틴 대통령이라고 주장하였다. 그는 지지자들과 함께 부패와 싸우겠다고 선언하고 범죄 집단을 권력으로부터 축출하고 기소할 것을 요구했다. 그는 우크라이나의 반역자인 포로셴코와 우크라이나 정부가 러시아와 부패한 공모를 하고 있다고 강조하고 대통령 사임을 요구하였다. 우크라이나 검찰은 12월 8일 사카쉬빌리를 재차 체포하였다.[140]

검찰은 수배 중인 사카쉬빌리를 체포해 구치소에 수감 중이라고 발표했다. 12월 9일, 사카쉬빌리는 체포에 대한 항의로 단식을 선언했다. 검찰청은 사카쉬빌리를 전자식 모니터링이 가능한 가택연금 조치를 법원에 요청하겠다고 언급하였다. 12월 10일, 수천 명의 시민들이 석방을 요구하고 대통령의 탄핵 혹은 사임을 요구했다. 12월 11일 청문회 때 사카쉬빌리는 자신을 구금자로 간주하지 않으며, 전쟁수감자라고 주장했다. 12월 11일, 검찰청은 사카쉬빌리에 대한 가택 연금을 신청했으나 법원이 거부했고 사카쉬빌리는 석방되었다.

우크라이나에서는 사카쉬빌리가 주도하는 야당인 "새로운 힘의 운동"(Movement of New Forces)이 출범하였다. 대선과 의회 선거가 2019년까지 열리지는 않았지만, 사카쉬빌리는 우크라이나 대통령 선거와 의회 선거 운동에 관심을 보였다. 사카쉬빌리는 반정부, 반 포로셴코 입장을 보였다. 일부 정치 분석가들은 부패한 우크라이나 관료들이 범죄 사실을 감추기 위해 사카쉬빌리를 희생양으로 삼고 있다는 입장을 내놓았다. 사카쉬빌리는 정치적 반대파가 정치적 동기로 자신을 체포하였다고 주장하였다. 그는 우크라이나의 부패가 러시아가 우크라이나에 끼치는 악한 영향보다도 더 큰 피해를 야기한다는 입장을 견지하였다. 심지어 사카쉬빌리는 우크라이나의 올리가르히에 의해 수감 되었다는 견해를 밝혔다. 사카쉬빌리는 우크라이나 당국이 자신을 러시아의 하수인이라고 러시아와 연계하고 있지만, 국민은 그러한 주장에 현혹되지 않을 것이라고 주장했다.

사카쉬빌리는 주지사직을 수행하며 내정에 깊이 관여하였다. 포로셴코 대통령과 사카쉬빌리는 소련 시기 키이우(키예프) 대학을 다녔다. 포로셴코는 2016년 11월에 사카쉬빌리를 해임했다. 사카쉬빌리는 포로셴코가 그의 개혁 노력을 방해하였다고 공공연히 대통령을 비난해왔다. 이후 한동안 해외에서 머물다가 2017년 11월 재입국하여 반정부 운동을 주동했다. 정부는 귀국을 강행한다면 체포할 것이라고 경고하였다. 사카쉬빌리 체포 사건이 벌어지면서 우크라이나 야권 지도자인 율리야 티모셴코는 사카쉬빌리를 지원했다. 그녀는 의회 연설을 통해 이를 "정치적 테러"로 규정했으며, 야누코비치 전 대통령과 포로셴코 대통령을 비난했다. 티모셴코는 야누코비치처럼 포로셴코 대통령도 국민을 교도소에 수감하고 있다고 언급했다.[141] 사카쉬빌리는 자신이 우크라이나 대통령직 야망이 없으며, 대통령 직무는 우크라이나 국적을 가진 사람만이 맡을 수 있다는 견해를 밝혔다. 사카쉬빌리는 우크라이나의 부패와 권력 장악을 비난하면서 헌법적이고 평온하면서도 필요한 권력 이양을 목표로 정치 활동을 지속할 계획이라고 강조했다.

그런데 이 사건으로 흥미로운 것은 조지아와 우크라이나의 국가 관계이다. 사카쉬빌리가 오데사 주지사직에서 해임당한 이듬해 우크라이나와 조지아의 국가 관계는 전략적 동반자관계로 격상되었다. 2017년 7월 18일, 포로셴코 대통령과 마르그벨라쉬빌리 대통령의 정상회담이후 양국 관계는 '전략적 동반자관계'로 격상되었다. 양국은 외교 분야에서의 상호 협력 관계에 합의했다. UN 총회와 UN 안보리 이슈에 관해 논의하고 UN에서의 협력 관계 강화에 상호 노력하기로 했다. 우크라이나 정부는 사카쉬빌리를 조지아에 인도할 것을 고려하였으나 실행하지는 않았다.

사카쉬빌리는 체포되고 석방된 다음에 우크라이나에서 전격 추방되었다. 2018년 2월 12일, 10여 명 이상의 복면을 한 사람들이 키이우(키예프) 술루구니 레스토랑에서 사카쉬빌리를 체포하고 공항으로 강제 이송하고 폴란드로 추방하였다. 추방되기 이전 주에 키이우(키예프) 법원은 사카쉬빌리가 요청한 정치적 망명을 거절하였는데, 이 결정 이후 우크라이나 정부가 강제 추방을 결정하였다. 법원이 사카쉬빌리 추방에 대한 법적인 길을 마련한 셈이 되었다.[142]

사카쉬빌리, 아내의 고향인 네덜란드로 입국

사카쉬빌리는 2017년 9월 10일, 폴란드 국경을 통해 우크라이나로 입국한 바 있다. 우크라이나 국경수비대는 사카쉬빌리 추방 시점부터 3년경과 되는 시점인 2021년 2월 13일까지 그의 입국을 금지한다고 발표했다. 국경수비대는 법적 절차에 따라 조치를 취했다는 점을 강조했다. 우크라이나 법원은 사카쉬빌리가 폴란드 국경을 통과해서 입국한 사실 자체가 현행법 위반으로 규정한 바 있다. 사카쉬빌리는 추방 이후 폴란드에서 언론인들과 만나 폴란드 정부가 우크라이나 정부를 지원하여 자신을 폴란드로 추방했다고 불만을 제기하였다. 사카쉬빌리는 추방 이후 2018년 2월 14일, 네덜란드로 입국했다. 그는 2017년 12월, 가족과의 재회 목적으로 네덜란드로부터 비자를 취득한 상황이었다. 부인인 산드라 엘리사베스(Sandra Elisabeth)는 네덜란드 국적자이다. 네덜란드 외무장관은 2017년 12월에 사카쉬빌리의 요청이 있을 시에 그가 네덜란드 여권을 취득할 수 있도록 조치하겠다고 언급한 바 있다.

사카쉬빌리는 이후 유럽 여행을 계획하고 있으며, 이는 포로셴코 대통령을 전복하기 위한 정치적 운동을 지원하기 위해서라고 밝혔다. 네덜란드로 입국하면서 사카쉬빌리는 EU에서 거주하고 일할 수 있는 합법적인 ID 카드를 수령하였다. 사카쉬빌리는 우크라이나 시민권 획득에 강한 의지를 보였다. 자신이 우크라이나로 반드시 돌아가서 포로셴코 대통령을 교도소로 보내겠다고 확언하기도 했다. 네덜란드에 입국하면서 그는 포로셴코 전복 투쟁을 지속할 것이라고 선언했다. 사카쉬빌리는 포로셴코 권력이 끝에 이르렀다고 언급하면서, 가장 빠른 시간 내에 우크라이나로 돌아올 것이라고 천명하였다.

사카쉬빌리 추방 원인

사카쉬빌리의 체포에 대한 검찰의 주장은 다음과 같다. 검찰은 사카쉬빌리 측근이 빅토르 야누코비치 전(前) 우크라이나 대통령 측으로부터 자금 지원을 받고 야권 시위 등 범죄조직을 지원했다는 혐의를 적용했다. 검찰은 50만 달러 수령 사실을 증명하는 문서를 확보했다고 주장했다. 사카쉬빌리가 러시아에 거주하는 음모가들과 네트워크를 가지고 있다는 것이다. 포로셴코는 사카쉬빌리가 전쟁으로 파괴된 국가 상황을 더욱 더 불안정하게 만드는 것이 목표라고 그를 강력히 비난했다. 검찰 총장은 야누코비치 전 대통령이 이끌고 러시아가 지원하는 범죄 단체를 위해 사카쉬빌리가 꼭두각시 역할을 하고 있다고 비판하였다. 그런데 사카쉬빌리는 체포 근거로 주장하는 야누코비치의 측근인 백만장자 세르히 쿠르첸코와 자신 간의 도청을 포함한 그 어떤 증거도 거짓(fake)이라고 밝혔다. 사카쉬빌리 변호사는 검찰총장이 무죄 추정 원칙을 위반하고 형사 사건에 대한 수사 비밀 원칙을 위반했다고 주장했다.[143] 2014년 야누코비치가 축출된 이후 러시아는 크름(Крим[크림, Крым])반도를 점령하고 동부 우크라이나의 친러시아 반군을 지원하면서 우크라이나 내전에 개입했다. 1만 명 이상이 내전에서 사망하고 100만 명 이상의 난민이 발생했다.

정치 분석가들은 우크라이나 정부가 사카쉬빌리의 정치적 투쟁에 곤혹스런 입장에 빠지면서 이에 적극 대처하는 과정에서 체포와 추방 사건이 벌어진 것으로 보고 있다. 사카쉬빌리는 조지아 내에서도 난감한 정치적 상황에 처해있다. 대통령 재직 중인 2006년에 은행 간부의 살인 사건과 연관되어 조지아 정부로부터 기소되어있고 궐석재판으로 3년형을 선고받았다. 조지아는 우크라이나에 사카쉬빌리의 신병을 인도해 달라고 요구해왔다. 이런 특수한 상황으로 사카쉬빌리가 폴란드로 추방된다면, 그가 폴란드에 일정한 기간 반드시 거주해야 한다는 주장이 제기되었다. 조지아 정부가 사카쉬빌리에 대한 신병 인도 요구를 폴란드에 요청할 수도 있다는 점 때문이었다. 그러나 사카쉬빌리가 네덜란드로 이주함으로써 그러한 가능성은 사라졌다.

폴란드 정부는 사카쉬빌리가 폴란드로 추방된 직후 사카쉬빌리에게 망명 요청 여부를 우선 물어본 것으로 알려졌다. 그러나 사카쉬빌리는 어떠한 정치적 구원도 요청하지 않을 것이라고 답했다. 사카쉬빌리는 우크라이나이든, 조지아이든, 입국하면 구금될 가능성이 높다. 그는 EU에서 정치적 망명을 시도하지 않았으며, 네덜란드 등 EU 국가에서 영주 거주할 가능성도 높지 않다. 사카쉬빌리는 유럽 정치가, 유럽 의회, 미국 정치가들과 더불어 적극적인 활동을 진행 중이다. 사카쉬빌리는 EU 국가로부터의 지원을 요청해왔으며, 특히 메르켈 독일 총리의 역할에 기대해왔다. 메르켈은 우크라이나 정부와 반군의 갈등을 그동안 조정해왔다. 사카쉬빌리는 EU, 특히 메르켈 총리가 나서지 않는다면 우크라이나는 붕괴될 수도 있다는 입장을 보였다. 가장 확실한 것은 사카쉬빌리가 우크라이나 시민권을 회복하기 위해 총력을 펼칠 것으로 예상된다. 그러나 이는 쉽지 않은 일이 될 것으로 보인다.

이 사태에 대한 EU 등 서방의 입장은 어떻게 될 것인가?

EU는 사카쉬빌리 사건에 관련된 상황을 지속적으로 예의 주시할 것이라고 언급했다. 그리고 사카쉬빌리의 인권과 더불어 우크라이나 내에서 법률 규정이 준수되기를 바라는 입장을 공식적으로 발표했다. 메르켈 총리는 사건과 관련, 어떠한 언급도 하지 않았다. 주요한 정치적 사건으로 간주하지 않고 있으며, 사카쉬빌리와 포로센코 사이의 개인적인 정치적 갈등으로 간주하고 있는 분위기가 많다. 유일하게 주조지아 얀 켈리 미국 대사의 입장이 발표되었는데, 미국은 이번 사태를 주시하고 있으며, 사카쉬빌리에 대한 법적 심리에 관해서는 법률적 과정이 준수되어야 한다고 강조하였다. 전체적으로 사건 자체는 서방의 관심을 끌지 않았으며, 우크라이나 내정으로 간주하는 분위기이다. 사카쉬빌리는 이후 2021년 조지아에 입국했다가 수감되었으며, 2022년 3월 현재 아직 교도소에서 풀려나지 못하고 있는 상황이다.

2010년대 이후 조지아의 핵심 통치자: 이바니쉬빌리

2010년대 이후 조지아의 정치적 핵심 인물인 이바니쉬빌리는 조지아의 최고 거부이며, 조지아의 꿈의 대표로 2012년 총선에서 최초의 집권에 성공했다. 그는 2013년에 총리직에서 물러났지만, 실상은 조지아의 꿈 후견인 역할을 하고 있어 그의 정치적 영향력은 결정적이다. 2018년 대선에서도 여성 후보인 살로메 주라비쉬빌리 후보를 적극 지원했다. 주라비쉬빌리는 무소속으로 출마한 상태였다. 이바니쉬빌리가 그녀를 지원한 것은 대통령의 역할이 국가에서 그렇게 큰 비중을 차지하지 않는다고 하더라도, 이바니쉬빌리와 조지아의 꿈이 권력에 대한 강력하고도 확고한 의지가 있다는 점을 보여주기 위한 것이라고 할 수 있다. 그는 2013년, 2018년 두 번의 대선에서 무소속 후보를 적극 지원하면서 당선시켰다. 조지아 대통령의 권한은 미미하더라도, 이바니쉬빌리의 정치적 영향력이 매우 높다는 점을 보여주는 사건이라고 하겠다.

조지아의 꿈이 국민으로부터 광범위한 지지를 받고 있지만, 내정 불안으로 국내 정치 상황은 불투명하였다.[144] 총선 승리로 조지아의 꿈이 강력한 친러시아 정책을 도입할 것이라는 예측도 있었다. 그러나 조지아 국민은 친러시아 정책보다 여전히 친서방 노선을 더 지지하고 있어 조지아의 꿈도 전임 정부의 대외정책을 답습하였다. 이바니쉬빌리가 거부가 된 이유는 러시아와 경제·무역 교류를 통해 이룬 성과였다. 그러나 조지아의 꿈이 친러시아 정책을 추진하기에는 명백한 한계점이 있다. 전통적으로 대외전략의 핵심이 친서방이었다. 조지아의 꿈도 그러한 대외정책의 기조를 이어받아야 했다.[145] 신정부가 일정한 부분 러시아와의 관계를 개선한 것은 사실이었다. 조지아의 꿈이 대부분의 선거에서 승리했다고 친러시아 노선으로 방향을 전환할 수는 없는 일이다.[146]

사카쉬빌리 대통령 이후: 기오르기 마그벨라쉬빌리 대통령

사카쉬빌리가 대통령에서 물러난 이후 대선에서 당선이 된 이는 '기오르기 마그벨라쉬빌리'(Giorgi Margvelashvili)였다. 그는 2013년 11월 17일에서 2018년 11월 16일까지 대통령직을 수행했다. 마그벨라쉬빌리는 취임식 다음 날인 2013년 11월 18일, 이라클리 가리바쉬빌리(Irakli Garibashvili) 내무장관을 총리로 기용했다. 집권당인 조지아의 꿈이 그를 신임 총리로 추천하였으며, 헌법에 따라 대통령은 이를 승인했다. 이로써 총선 이후 총리로 재직한 이바니쉬빌리는 1년 남짓 총리직을 수행하고 물러났다. 신임 총리는 공석이 된 내무장관에 알렉산더 치카이췌를 임명했으며, 기존 내각을 그대로 유지하였다. 총리는 임명되자마자 사카쉬빌리 통치 하에 수백 명의 국민이 강제적으로 행방불명되었으며, 신정부는 이에 심리를 벌이고 있다고 밝힘으로써, 사카쉬빌리에 의해 자행된 여러 불법 행위에 대한 전면적인 조사를 시작할 뜻임을 시사하였다.[147] 마그벨라쉬빌리는 2013년 11월 17일 수도 트빌리시의 구 의회 빌딩 앞 정원에서 해외 축하 사절 50명 정도가 참석한 조촐한 규모의 대통령 취임식을 가졌다. 그는 44세의 철학자이며, 5년간 대학교 총장으로 재직하였다.

조지아 총리들: 2번의 총리직을 역임 중인 이라클리 가리바쉬빌리

이라클리 가리바쉬빌리 총리는 2013년 11월 15일에서 2015년 12월 30일까지 조지아의 꿈-민주 조지아 정당의 총재를 역임했다. 그는 2013년 11월 20일에 공식 취임하였고 2015년 12월 28일까지 2년 남짓 총리를 역임했다.

이라클리 가리바쉬빌리 총리(출처: wikipedia)[148]

가리바쉬빌리는 2019년 9월 8일부터 2021년 2월 22일까지 국방부 장관을 역임했다. 2021년 2월 22일에 기오르기 가하리아 총리의 뒤를 이어 총리로 임명되어 2022년 현재 두 번째 임기를 시행 중이다.

총리: 기오르기 크비리카쉬빌리

2015년 12월 29일, 기오르기 크비리카쉬빌리 제1부총리 겸 외무장관이 신임 총리로 임명되었다. 조지아의 꿈은 크비리카쉬빌리 전 장관을 총리로 재청했는데, 의회는 찬성 86, 반대 28로 총리 임명에 동의했다. 총리 후보와 임명된 내각 후보들은 12월 28일에 의회에 출석, 의원들로부터 다양한 이슈들에 관해 의견을 피력했는데, 의원들은 러시아의 가즈프롬과의 가스 협상, 러시아와의 관계, 코카서스의 안보에 관한 서방과 러시아와의 전망에 관한 질의를 하였다. 크비리카쉬빌리는 조지아는 유럽 – 대서양 통합을 꾸준히 추진해 나갈 것이라는 원칙적인 답변을 하였다. 그는 임명 당시 48세였고 미국의 일리노이 대학교에서 재정 분야 석사 학위를 취득했다. 총리는 러시아가 조지아의 주권과 영토 통합을 승인하기 위한 노력으로 러시아와도 건설적인 관계를 유지해나갈 것이라고 강조했다.[149] 그는 총리 직전인 2015년 9월 1일에 외교부 장관으로 임명되었다. 그는 2018년 6월 13일에 총리직을 사임했다.

현직 대통령인 살로메 주라비쉬빌리

살로메 주라비쉬빌리는 구소련 출신으로는 발틱 공화국을 제외하고 포스트소비에트 독립국가에서 대통령으로 선출된 첫 번째 여성 대통령이었다.[150] 그녀는 무소속으로 출마했고 나이는 66세였다. 이바니쉬빌리와 조지아의 꿈의 적극적인 지원으로 당선되었다.

4장   조지아 내정과 영토 통합성

1. 2008년 러시아 – 조지아 전쟁과 영토 통합성 이슈

러시아 – 조지아 전쟁과 영토 통합성

조지아가 직면한 가장 중요한 국가적 해결 과제는 무엇인가? 국가 통합성, 혹은 영토 통합성(territorial integration)이다. 조지아 내에 아브하지아, 남오세티아 등이 자치공화국으로 존재하고 이 지역에는 조지아인과 아브하지아, 오세틴 민족 등이 거주하고 있다. 조지아는 사카쉬빌리의 주도하에 영토 통합정책을 국가전략으로 전면에 내세웠다. 남오세티아, 아브하지아 등이 친(親)러 성향을 가지고 있는 이유는 러시아 정부가 적극적으로 이 자치공화국을 지원하고 있기 때문이다.

영토 통합성의 핵심 목표는 남오세티아와 아브하지아 공화국이 다시 편입되는 일이다. 그러나 2008년 러시아 – 조지아 전쟁 이후 2개 자치공화국은 독립을 선포하였고, 러시아가 공식 승인하였다. 이 지역에 러시아군대가 주둔하면서 중앙정부의 영토 통합성에 걸림돌로 작용하고 있다. 남코카서스에 러시아군인이 주둔하면서 조지아 정부가 러시아와 어떤 대외관계 전략을 구사할 것인지가 관심의 초점이었다.

아브하지아와 남오세티아국의 독립을 승인한 국가는 러시아 이외에 베네수엘라, 니카라과와 남태평양 일부 국가이다. 전쟁 이후 'EU 모니터링 미션'(EUMM)은 2개 자치공화국 내에서 활동에 들어갔다. 제네바 평화회담이 분쟁 해결을 위해 가동되었다. 참여자는 전쟁 이해 당사국인 조지아, 러시아, 아브하지아, 남오세티아 공화국, UN, EU, 미국 등이었다.[151] 그러나 실제적인 효과는 미미하였다. 2008년 이래 남오세티아와 아브하지아는 러시아와 강력한 유대 관계를 지속하고 있다. 대통령선거도 각각 거행되는데, 대부분 친러시아 인사가 당선되었다. 정부는 대선

자체를 불인정하고 있다.

정부는 2개 자치공화국을 자국 영토로 간주한다. 그러나 아브하지아와 남오세티아는 스스로 독립국가라고 주장하고 있다. 러시아는 이 2개 행정구역을 따라 장벽을 설치하였다. 조지아는 영토 통합성에 위배되는 어떠한 행동도 용납할 수 없음을 천명하고 있다. 서방국가도 국제법에 따라 독립을 전혀 인정하지 않고 있으며, 장벽 설치를 비판했다. 국제공동체에 공헌한다는 러시아의 약속과도 배치되는 행위이며, 지역 갈등의 평화적 해소에 전혀 도움이 되지 않는다는 것이다. 나토는 분리 독립을 승인하고 있는 러시아에 이를 철회해달라고 요청하였다.[152]

2012년 총선 이후 변화된 환경에서 조지아의 주요 국가 파트너는 러시아였다. 러시아와 조지아는 국교가 단절된 상태이다. 조지아는 양국 관계의 회복을 위해서 러시아가 먼저 이 2개 자치공화국이 조지아 영토에 속한다는 입장을 밝혀야 한다고 주장하고 있다. 조지아의 국제관계에서 첨예한 부분은 아브하지아와 남오세티아 공화국 문제이다. 어떻게 보면, 이 사안은 국내 정치 문제로 판단될 수 있지만, 러시아가 적극적으로 개입하고 있다는 점에서 국제 문제에 속한다.

러시아-조지아 관계는 특히 사카쉬빌리 대통령 재임 시기(2004~2013년)에 최악의 상황이었다. 사카쉬빌리가 반 러시아, 친서방 노선을 걸었기 때문이다. 양국 갈등이 최고조에 달한 것도 영토 통합성과 관련된 것이었다. 양국 전쟁 이유도 분리 독립 문제가 그 직접적인 원인이었다. 조지아 군대가 먼저 남오세티아를 공격하자 러시아는 남오세티아, 그리고 아브하지아에도 군대를 파병하면서 조지아와 전쟁을 벌였다. 러시아는 전쟁 이후 2개 공화국의 자치권을 유지시키기 위해 대규모의 재정 지원을 제공해왔다. 러시아 재정 지원은 2개 자치공화국의 주요 수입원이다. 니카라과, 베네수엘라, 시리아, 나우루, 투발루 등도 2개 지역의 자치권을 인정하고 러시아에 동조했다.

조지아는 전쟁 이후 러시아와 외교 관계를 단절했으며 독립국가연합(CIS)에서도 탈퇴했다. 전쟁을 둘러싸고 벌어진 제반 사건을 심의하는 특별 조사 그룹이 조지아 정부 내에서 출범했다. 검찰청, 내무부, 군 검찰에서 8명의 고위급 조사단이 구성되었다. 이 조사단은 전쟁 과정과 전쟁 이후의 모든 범죄 행위를 조사하는 임무를 맡았다. 이바니쉬빌리 총리는 전쟁 관련 조사를 위해 사카쉬빌리 전 대통령을 합법적으로 소환할 수 있다는 입장을 밝혔다.[153]

조지아 영토 통합성의 정치적 함의

그렇다면 조지아의 영토 통합성에 관한 정치적 함의는 무엇인가?

첫째, 조지아 내정 현안에서 영토 통합성은 해결되어야 하는 최우선 국가 과제이다.

영토 통합성은 전쟁 이후 갑자기 등장한 이슈가 아니고 1991년 이후 지속된 국가적 의제였다. 영토 통합성은 오랜 시간 조지아를 규정짓는 용어로 작용해왔다.[154] 그러나 이는 해결되지 못한 채 현재까지 이어지고 있다. 전쟁 이후로 이 2개 자치공화국의 정치적 상황도 한계에 부닥쳤다. 즉 자신들의 보호자로 러시아를 선택하고 러시아에 자신의 운명을 전적으로 의존하는 상황이 되어버렸다. 러시아가 이 2개 공화국의 안보를 좌지우지하는 세력으로 등장했다. 독립국으로서의 위상에 한계가 있을 수밖에 없다.[155]

둘째, 조지아의 영토 통합성 정책에 가장 강력한 반대 세력은 러시아이다.

러시아는 2014년 11월, 남오세티아 공화국과 '통합의 포괄적 협정'을 체결했다. 이 협약에는 무엇보다도 군사 분야에서 진전 있는 새로운 내용이 포함되어있다. 러시아가 크름반도(크림반도)를 합병하고 연방에 포함시킨 것처럼, 남오세티아 공화국을 똑같은 방식으로 합병한다는 시나리오를 러시아가 준비하고 있다는 소식도 들린다. 그 직전에 러시아는 아브하지아 공화국과도 '동맹 및 전략적 파트너십 관계' 협정에 서명했다. 러시아는 나토의 군사 확장을 강력히 반대하였다. 조지아가 러시아군의 철수를 요구하고 있지만, 러시아는 도리어 2012년에 CIS 국가들과의 사회-경제 관계를 관장하는 새 부서를 행정부 내에 설치하면서 2개 자치공화국을 관장 대상 국가에 포함시켜 관리하고 있다. 푸틴 대통령은 남오세티아, 아브하지아와 동맹과 통합 조약을 조인하고 매우 강력한 군사 연대를 체결하였다.

이에 대응해 조지아 정부는 외교 관계 복원의 전제조건으로 남오세티아와 아브하지아가 조지아의 영토에 속한다는 것을 러시아가 전향적으로 받아들여야 한다고 강력히 요구하고 있다. 그런데 러시아는 이를 전혀 수용할 수 없다. 러시아는 사카쉬빌리의 임기가 만료되던 2013년까지 양국 관계는 복원이 안 된다는 분명한 입장을 가지고 있었고, 조지아의 꿈이 집권당이 된 이후에도 그 입장에는 변함이 없었다. 러시아는 군대 철군 계획을 전혀 가지고 있지 않다. 러시아는 군사적 분야 이외에 적절하게 경제적 수단으로 조지아를 압박하였다. 예를 들면, 러시아는 2013년 상반기에 조지아산 생수와 포도주 수입을 재개하였지만, 후반기에는 바로 조지아산 주류 수입 금지 조치를 단행하는 등 경제적인 압박 조치를 취했는데, 양국의 경제 교류는 자주 불투명한 상황에 부닥쳤다.

셋째, 조지아는 영토 통합성과 관련, 적극적으로 서방의 정책 공조를 이끌어내고 있다.

2017년 5월 크비리카쉬빌리 총리는 방미하여 트럼프 대통령과 회담을 가졌는데, 트럼프는 조지아의 주권과 영토 통합성을 전적으로 지지한다고 밝혔다. 그는 조지아가 미국의 주요한 동맹이며, 전략적 파트너 국가라고 강조함으로써, 조지아의 친서방 전략에 지지를 표했다. 총리는 트럼프 대통령과의 회담 이후에 펜스 부통령과도 협의를 가졌다. 펜스도 "국제적으로 승인을 받은 국경 범위 내에서 조지아의 주권과 영토 통합성을 전적으로 지지한다는 사실을 재확인했다"고 회담 결과를 전했다. 펜스는 나토를 포함, 유럽 – 대서양 기구 내에서 통합을 추진하는 조지아의 결정을 지지하며, 적어도 영토 통합성에 관련, 강력한 지지를 표명한다고 강조했다.

넷째, 영토 통합성은 우크라이나의 상황과도 연동되어 있다.

우크라이나 동부에서 우크라이나 정부군은 반군과 내전 중에 있다. 러시아의 크름반도(크림반도) 합병과 더불어 동부 지역의 복잡한 군사적 상황은 영토 통합성 문제 그 이상의 난제이다. 특정 국가에 있어 이것보다도 더 강력한 국가적 이슈가 있을까? 2017년 3월에 우크라이나는 UN 안보리 비상임이사국 자격으로 조지아의 영토 통합과 주권을 지원하는 결의안을 UN에 제출하였다. 양국은 EU 및 나토 가입 등 공동의 관심 분야가 일치하고 있어 국가 연대를 펼치고 있다. 양국의 이슈인 영토 통합성이 러시아에 위협을 받고 있다는 인식을 공유하고 있는 셈이다. 군사적으로도 양국은 흑해 북부와 동부 지역에서의 전략적 가치가 유사하다. 이곳은 각각 러시아의 서쪽과 남쪽 공간이며, 흑해에 대한 조지아와 우크라이나의 전략적 이해는 일치한다.

2. 2008년 전쟁 이후 남오세티아 – 아브하지아 자치공화국 상황

남오세티아 대선 둘러싸고 복잡한 내홍

남오세티아의 기본적인 역사 개관을 살펴보면 다음과 같다. 남오세티아는 러시아-북오세티아 공화국과 국경을 맞대고 있다. 면적은 약 3천 9백 km²이다. 남오세티아를 구성하는 인구는 주로 오세트인, 조지아인, 그리고 기타 인종 그룹이다. 2008년 전쟁 당시 통계에 의하면, 남오세티아 공화국에서 오세트인은 약 60%, 조지아인이 약 25%, 러시아인은 약 2%였다. 오세티아는 예카테리나 여제 통치 시기인 1774년에 러시아에 복속되었다. 1917년 러시아 혁명 이후 오세티아는 북오세티아로 분리되었는데, 산악 공화국(Горская республика)으로 포함되었다. 1924년, 산악공화국은 소멸되고 북오세티아 자치주가 출범하였다. 그런데 혁명 이후에 남오세티아는 조지아에 포함되었다.[156]

2008년 전쟁 이후 2개의 자치공화국은 러시아의 지원 하에 여러 정치적 로드맵을 실현하고 있다. 2011년 남오세티아에서는 독립 대선이 거행되었다. 조지아는 분리 독립을 주장하는 남오세티아의 대통령 선거를 인정하지 않았다. 2011년 대선은 2008년 전쟁 이후 러시아가 남오세티아의 독립을 공식 선포한 이후, 치러지는 첫 번째 선거였다. 조지아 중앙정부는 남오세티아에 대한 통치권을 회복하지 못했다. 2001년 에두아르드 코코이티(Eduard Kokoity)가 남오세티아 대통령이 되고 연임하면서 10년간의 임기를 마치게 되었다.[157]

특별재난 장관인 아나톨리 비빌로프(Anatoly Bibilov)와 전 교육부 장관인 알라 지오예바(Alla Dzhioyeva)가 11월 13일 선거에서 각각 약 25%를 득표, 최종 후보가 되었다. 결선 투표는 2주 후에 거행되었다. 비빌로프는 친러시아 성향의 후보였다. 그런데 11월 27일 결선 투표는 무효화되었고 남오세티아 내부에서도 복잡한 상황이 연출되었다. 결선 선거의 예비 결과는 지오예바의 우세로 나타났으나 대법원이 전격적으로 선거 결과를 무효화했다. 이후 지오예바는 12월 10일에 코코이티 대통령과 합의서를 체결했다. 그러나 그녀는 이후 이를 철회한다고 발표했다. 퇴임하는 코코이티 대통령이 합의문을 준수하지 않았기 때문이라는 주장이다. 지오예바는 선거 이후 대통령 권한 대행을 맡은 바딤 브로츠세프(Vadim Brovtsev)가 자신에게 권력을 이양해야 한다고 촉구했다. 지오예바는 브로츠세프가 행동에 나서지 않는다면, 이는 권력을 불법 점유하는 행위라고 경고했다.

당시 지오예바와 코코이티 간에 체결된 합의서는 러시아의 중재 하에 성립되었다. 주된 골자는 선거 결과가 무효화되면서 수도 광장에서 시위하던 지지자들을 지오예바 측에서 해산하고 시위를 중단하는 대신 임기가 만료된 코코이티가 대통령직에서 물러나는 것이 합의 내용이었다. 코코이티를 적극 지지한 아츠사마즈 비체노프 대법원장과 타우루라즈 쿠가예프 검찰총장도 동반 사퇴하도록 되어 있었다. 지오예바는 이 합의를 충실히 수행하였으나 남오세티아 공화국 의회는 2명의 인사에 대한 사퇴 인준을 거부했다.[158] 대법원은 2012년 3월 25일에 대선을 다시 치르기로 결정했다. 대법원은 지오예바가 후보로 대선에 참여하지 못하도록 결정을 내렸다. 2012년 3월 대선에서 레오니드 티빌로프(Leonid Tibilov)가 대통령으로 선출되었다.

러시아 – 남오세티아, 동맹과 통합 조약 공식 비준

세르게이 라브로프 외무장관과 남오세티아의 다비드 사나코예프 외무장관은 2015년 2월 21일, 모스크바에서 국경협정을 체결했다. 조지아 정부는 러시아와 2개 자치공화국이 체결하는 그 어떤 협정도 반대했다. 조지아는 러시아의 이런 행위가 이 지역에서 정치적 개입을 더 확대하는 것으로 파악하고 있다. 2015년 1월에 조지아의 타마르 베르차쉬빌리 외무장관은 러시아가 크름반도(크림반도)를 합병한 것처럼 남오세티아를 점령할 가능성이 높다고 밝혔으며, 게리바쉬빌리 총리도 EU가 러시아와 남오세티아의 국경협정을 강력히 반대해주기를 요청하였다.

푸틴 대통령은 2015년 3월 18일, 크렘린 궁에서 러시아와 남오세티아 공화국 간에 체결된 "동맹과 통합" 조약을 공식적으로 비준하였다. 푸틴 대통령과 티빌로프 대통령은 상호 간의 국가 연대에 관한 의견을 교환하면서 남코카서스 지역의 안보와 안정에 대해 협의했다. 조지아는 이 조약에 대해 강하게 비난했다.[159] 티빌로프는 그해 10월 19일에 남오세티아 - 러시아 합병에 관한 국민투표를 실시할 것을 제안했다. 티빌로프는 블라디슬라프 수르코프 러시아 대통령 보좌관과의 회담 이후 이같이 말하고 남오세티아와 러시아의 재통합은 남오세티아 국민의 세기에 걸친 꿈이었다고 강조함으로써, 조지아 정부가 추구하는 영토 통합성과는 반대되는 행동을 취했다. 러시아는 2014년 12월에도 아브하지아와 유사한 협정을 체결했다. 남오세티아는 1990년에 조지아로부터 독립을 선포했으며, 1991~1992년 내전 이후 독자적인 국가 운영을 시도해왔다.[160]

영토 통합성에 관련, EU는 조지아를 지지해왔다. 조지아는 EU 측에 러시아와 남오세티아 공화국 간의 국가 연대 협약에 대한 반대 입장을 표명해주기를 강력히 요청하였다. 조지아 총리는 러시아와 남오세티아 간에 진행되고 있는 국가 연대 조약에 대한 EU 정상들의 입장을 명확히 제시해달라는 의견을 제시하였다.

AFP 통신은 2016년 1월 28일에 '국제사법재판소'(ICC)가 러시아 - 조지아 전쟁 시기 남오세티아의 전쟁 범죄를 조사하기로 결정했다고 보도했다. 조지아의 테아 츠루키아니 법무장관은 ICC는 러시아와 남오세티아의 대리인들이 조지아인을 인종 청소한 사건을 조사하며, 이로 인해 수감된 조지아인을 살해한 사건을 심리할 기회를 얻었다고 밝혔다. 아프리카 이외의 지역에서 발생한 분쟁을 ICC가 직접 조사하게 되는 것은 이번 경우가 처음이었다. 사카쉬빌리 전 대통령은 2008년 전쟁 당시 러시아와 분리주의자들에 의해 분쟁이 촉발하였다고 비난한 바 있다. 당시 러시아군대는 즉각 반격을 개시하고 조지아 군대를 차단하면서 남오세티아에서 조지아 군대를 몰아내었다.[161]

남오세티아, 2017년 비빌로프 대통령 당선

남오세티아에서 2012년 대선 이후 5년 만에 2017년 4월 9일, 대선이 거행되었다. 아나톨리 비빌로프 의회 의장이 당선되었다. 비빌로프는 약 58% 득표율을 보였고, 티빌로프 당시 대통령은 30%를 차지, 결선투표가 필요하지 않게 되었다. 남오세티아 명칭이 '남오세티아-알라니아'(South Ossetia-Alania)공화국으로 개칭되었다. 공화국 명칭 변경은 대선과 동시에 국민투표로 찬성 여부를 결정하도록 되어있었는데, 투표자의 78%가 찬성하였다. 미국, EU, 조지아는 남오세티아, 아브하지아의 대선, 총선 등 모든 선거를 인정하지 않고 있으며, 이번 대선도 불법 행위로 규정하였다. 조지아 외무부는 자치공화국의 명칭을 변경하는 국민투표는 러시아에 의한 불법 점거의 초석을 놓은 것이라고 비난했다.

영토 통합성 문제를 놓고 서방과 조지아가 항상 같은 입장을 견지한 것은 아니었다. 조지아 외무부가 남오세티아를 방문한 EU 특사가 부적절한 발언을 했다는 이유로 조지아 주재 EU대사를 초치, 문제 제기를 하였다. 2017년 5월 18일, EU의 남오세티아 특사인 헤르베르트 살베르(Herbert Salber)가 비빌로프에게 당선 축하 인사를 보냈다. 다비트 돈두아(Davit Dondua) 조지아 외무차관은 야노스 헤르만(Janos Herman) EU 대사와의 면담에서 살베르 특사의 발언은 받아들일 수 없고, 국제법에 위배된다는 입장을 전달했다. 헤르만 대사는 EU는 남오세티아의 선거를 인정하지 않으며, 국제적으로 인정된 조지아의 주권 및 영토 통합성을 지지한다고 강조했지만, 살베르 특사에 관한 언급은 하지 않았다.[162]

전쟁 이후 아브하지아 공화국 상황

전쟁 이후 러시아와 아브하지아 공화국은 더 진전된 국가 연합 방안을 모색했다. 푸틴 대통령은 2013년 3월 13일 크렘린에서 알렉산드르 안크바프 아브하지아 대통령과 면담하고 가까운 시일 내에 러시아는 아브하지아와 연합하는 방안을 찾기를 원한다고 언급했다. 당시 마야 판지키췌 조지아 외무장관은 "조지아의 영토 통합성에 역행하는 어떠한 행동도 강력한 비판에 직면하게 될 것"이라는 비난 성명을 발표했다.[163]

2014년 라울 카짐바, 아브하지아 대통령 당선

아브하지아 정치 체제는 이원집정부제 요소가 들어간 대통령제이다. 2014년 아브하지아의 정치적 상황은 매우 불안하였다. 아브하지아 시위대는 5월 27일 안크바프 대통령의 집무실을 점거, 즉각적인 사임을 요구했다. 안크바프는 사임 요구를 일축했다. 공화국 의회는 5월 31일, 현 대통령이 직무를 지속할 수 없음을 선언하고 8월 24일 조기 대선을 실시한다는 결정을 내렸다. 아브하지아 의회는 발레리 브간바 의장을 임시 대통령으로 선출했다. 안크바프는 의회 결정은 헌법 위반 사항이며 사임과 관련된 어떠한 서명도 하지 않았다고 주장했다. 안크바프는 대통령 집무실이 점거된 이후 러시아군대 기지로 도피했고 6월 1일 대통령직을 사임했다.[164]

2014년 대선에서 라울 카짐바가 대통령으로 선출되었다. 카짐바가 득표율 50.57%로 1위를 차지하였다. 아슬란 브자니아가 35.91%로 2위였는데, 1차 선거에서 과반수를 상회, 결선 투표를 할 필요가 없었다. 카짐바는 대선에 3번 출마하였는데, 3수 끝에 국민의 선택을 받았다. 투표율은 60%였다. 대선후보들은 러시아와의 정치적 연대를 공동의 선거 공약으로 내세웠다. 러시아는 아브하지아에 재정적 지원뿐만 아니라 4,000명에 달하는 군인을 아브하지아에 주둔시키고 있다.[165]

카짐바는 9월 25일 취임식을 거행하였다. 러시아가 축하 사절을 보냈는데, 블라디슬라프 수로프 러시아 대통령 고문은 "아브하지아는 독립을 위한 어려운 투쟁을 잘 수행하였고 자유 국가로서 존재할 권리를 획득해왔으며, 러시아는 이를 전적으로 인정하고 있다"고 언급했다. 그런데 영토 통합성을 주장하는 조지아 정부는 대선 자체가 불법이라고 간주해왔다. 취임식에는 아브하지아 독립을 인정한 니카라과, 베네수엘라가 축하 사절단을 파견했다.[166] 아브하지아 현 대통령은 아슬란 브자니아(Aslan Bzhania)이다. 2020년 3월 22일 대선에서 그는 무소속으로 출마했는데, 58.92%의 득표율로 당선되었다. 그는 전 아브하지아 국가안보원장이었다.

러시아 – 아브하지아, 동맹 및 전략적 파트너십 조약 체결

아브하지아 공화국은 코카서스 산맥과 흑해 해변 지역 사이에 위치하고 있으며 동남 쪽 인구리 강과 서북 쪽 프수 강에 인접해 있다. 아브하지아는 조지아의 서북지역에 위치하면서 각각 스바네티아와 민그렐리아 지역의 동, 그리고 동남 지역에 위치하고 있다. 북부 지방은 러시아와 국경이 맞붙여있다.

1936년에 아브하지아가 조지아에 자치공화국으로 되면서 아브하지아의 독립, 행정적 지위는 무효화되었다. 아브하지아의 주요한 경제, 물질적 기여가 관광산업, 농업 분야이었다. 소련 시기 아브하지아 지역은 열대기후와 흑해에 위치해있어 가장 방문해 볼 만한 관광지역이었다. 농업 생산물로는 주로 감귤, 담배, 차 그리고 와인이다. 수후미항은 국제선적의 중요한 수송지점이었으며 아브하지아의 북쪽을 횡단하는 조지아와 러시아를 연결하는 선로가 되었다. 조지아와 아브하지아는 역사를 공유하였고 아브하지아의 선조가 누구인지에 대해서는 이견이 대립된다. 아브하지아인은 조지아인과 다른 언어로 말한다. 아브하지아인은 서북코카서스인의 일족의 한 부분이며 키릴 문자로 쓰여지는 문학 언어의 지위를 가졌다.

2014년 대선 이후 러시아와 아브하지아는 전략적 관계(strategic partnership) 정립을 골자로 하는 협정을 체결했다. 푸틴과 카짐바는 2014

년 11월 24일 러시아 소치에서 이 같은 협정을 체결했다. 이 협정은 "동맹 및 전략적 파트너십" 조약이다.[167] 러시아 하원은 양측의 국가 협약을 찬성 441, 반대 1표의 압도적인 표차로 인준했다. 이 협약에는 러시아-아브하지아 간에 합동사령부를 창설하고 합동사령관은 러시아 측에서 맡으며, 양국 국경에서의 합동 순찰을 공동 관리하는 내용이 포함되어 있다. 러시아는 보조금을 2배로 늘려 향후 연 2억 달러를 지원하기로 결정했다.

조지아는 영토 통합성을 저해하는 이러한 협정은 어떠한 법률적인 효력을 가지고 있지 못하다며 강력 반발했다. 조지아 정부는 러시아와 자치공화국의 협정 조인 자체가 러시아가 아브하지아를 합병하는 행위, 즉 러시아가 조지아의 영토를 병합하는 하나의 단계로 간주하고 있다. 그런데 조지아의 반발에 대해 카라신 러시아 외교 차관은 조지아 정치인들이 이 지역에서 새로운 정치적 실체에 익숙해져야 할 것이라고 비판했다.[168]

미국은 즉각 이 협정을 인정하지 않는다고 발표했다. 마그벨라쉬빌리 대통령은 이 협정의 체결은 "어리석고 상식에 어긋나는 행동"이라고 언급했다. 옌스 스톨텐베르그 나토 사무총장은 이 협정은 조지아의 상황을 평화적으로 해결하는 데 방해 요소가 될 것으로 보았다. EU의 페데리카 모헤리니 대외정책 대표는 이 협정이 조지아의 주권과 지역 통합성을 저해하고 있다는 성명을 발표하였다. 당시 협정은 우크라이나 사태를 둘러싸고 서방과 러시아 간에 정치적 긴장이 지속되고 있는 상황에서 나온 것인데, 서방 전문가들은 러시아가 향후 우크라이나에 대한 사태 해결을 어떤 식으로 이끌어 나갈지에 대해 여러 가지 의문점을 주고 있다고 분석하였다. 아브하지아는 1990년대 조지아 내전 이후 조지아 정부로부터 분리 독립을 추구해왔으며, 아브하지아 내 조지아인들은 대부분 이 지역을 떠났다.[169]

미국과 조지아는 영토 통합성에 저해되는 행위로서 러시아와 아브하지아에 의해 구축된 새로운 합동 군사부대를 강하게 비판했다. 조지아 외교부는 2016년 11월 21일 푸틴 대통령과 아브하지아가 서명한 군사협정을 비난하고 "조지아 영토를 합병한 사실을 합법화하는 러시아의 도발적인 행위"로 간주한다는 성명을 발표했다. 이 협정에는 군장비로 무장한 아브하지아의 보병, 포병대, 항공 부대에 러시아군 기지를 확장한다는 내용이 있다. 전쟁 발생 시에 러시아 국방부가 전쟁에 참여할 수 있도록 규정하고 있다. 조지아는 "이 협정은 국제적으로 승인된 조지아의 신성 불가침한 국경과 주권 국가의 영토 통합성에 정면으로 위배되는 비합법적인 행위이며 조지아를 겨냥해서 공격적으로 군사력을 확장한 것"라고 비판했다.

조지아 외무부는 자국 영토에서 러시아의 군부대를 철수시키고 아브하지아와 남오세티아에서 국제 안보를 준수할 것을 명확히 약속하기로 합의한 2008년 8월 12일의 조지아-러시아의 정전협정을 완전하게 준수하고 의무를 성실히 수행할 것을 러시아 측에 요구하였다. 조지아 외무부는 국제 사회가 러시아 연방의 공격적인 군사행위를 적절하게 조사하며, 이 지역에서 안보 환경이 악화되지 않도록 해달라고 요청하였다. 미국은 이 조약이 국제 협정에 유효하지 않고 합법성이 없다는 점을 강조했다.[170]

EU는 2017년 3월 12일, 아브하지아 의회 선거를 인정하지 않는다는 입장을 발표했다. EU는 국제법으로 인정된 조지아의 영토 통합성과 주권을 지지한다고 강조하고 아브하지아가 자체적으로 실시한 선거의 합법적 결과를 인정하지 않는다고 밝혔다. 조지아 외무부도 아브하지아 의회 선거를 비난했는데, 이 선거가 인종 분규, 군사 개입, 점거, 그리고 이 지역에서의 러시아의 공격적인 정책과 결과 등을 인정하는 또 다른 시도라고 간주하였다. 3월 12일 의회 선거의 투표율은 50%를 상회하였

다.[171]

　미국은 조지아의 영토 통합성을 줄곧 지지한 국가이다. 트럼프 대통령은 2017년 5월 8일 대통령 집무실에서 크비리카쉬빌리 조지아 총리와 회담을 갖고 조지아의 주권과 지역 통합성을 전적으로 지지한다고 밝혔다. 트럼프는 조지아는 미국의 주요한 동맹 국가이며, 전략적 파트너 국가라는 점을 강조했다. 총리는 트럼프 대통령과의 회담 이후에 마이크 펜스(Mike Pence) 부통령과도 협의를 가졌다. 이 회담에서 펜스 부통령은 "국제적으로 승인을 받은 국경 범위 내에서 조지아의 주권과 지역 통합성을 전적으로 지지한다는 사실을 재확인했다"는 입장을 전했다. 펜스 부통령은 이외에도 나토를 포함하여 유럽 – 대서양 기구 내에서의 통합을 추진하는 조지아의 결정을 지지하고 정치적, 경제적 개혁을 추진하는 조지아 총리의 리더십에 경의를 표하였다. 트럼프는 조지아 내에서 러시아의 점령을 지지해주는 어떠한 자금도 금지하는 법령을 포함하는 거대 연방지출법안을 승인했다.[172]

　러시아는 조지아의 나토 가입 추진에 신경질적인 반응을 보이고 있는데, 나토 측은 이는 러시아에 전혀 위협이 되지 않는다는 입장을 견지해왔다. 트럼프 행정부는 동유럽 지역 현안에 대해서는 전임 오바마 대통령의 정책을 유지하였다. 2014년 러시아가 우크라이나의 크름(크림) 공화국을 합병한 이후 취해지고 있는 대러시아 제재는 지금도 지속되고 있다.

3부　조지아 국제 관계 및 대외 정책

5장 조지아의 친서방 정책 전개 과정

1. 조지아 – EU 관계

조지아의 친서방 정책의 역사적 기원

역사적 기원으로 본다면, 조지아는 동(東)과 서(西)의 문물이 교류하는 공간이었다. 조지아는 기본적으로 그리스와 로마 문화의 영향을 받았고 기독교를 수용하면서 조지아 정교 정체성을 유지하는 등 친유럽 문화를 가진 국가였다.[173] 조지아는 서유럽 문화를 수용했으며, 기원전부터 그리스, 로마와 상업 교류를 해왔다. 그러나 서방과의 유대가 더 가깝다고 조지아가 친서방 정책을 현재 적극적으로 펼치는 것은 아닐 것이다.

사카쉬빌리 정부뿐만 아니라 2012년 신정부 하에서 조지아는 일관적으로 친서방 방향성을 보였다. 국민이 신정부 하에서도 기존의 EU 가입과 친서방 정책을 강력히 지지하고 있기 때문이다. 독립 이후 조지아도 동유럽 국가들처럼 탈(脫) 러시아 국가 정책을 지속적으로 추진하고 있다. 조지아는 러시아가 주도적으로 이끌고 있는 EAEU에는 거의 관심을 보이지 않고 있다. 조지아는 더 이상 CIS 회원국도 아니다. 러시아와 외교 관계도 단절된 상태이다. 총리 및 외무장관 등 정부 주요 인사들의 언사를 종합해보면, 조지아는 러시아와 실용적인 경제적 유대를 가지기를 원하지만 현재 입장에 수정을 가할 의도가 전혀 없는 상태인 것으로 보인다.[174] 국제 정치 전략가들은 조지아는 친서방 기조를 오랜 기간 유지할 것으로 판단하고 있다. 그러나 대외 정책 전략의 핵심 사항인 EU와 나토로의 가입이 언제 성사될 수 있는지는 불투명하다. EU가 조지아, 몰도바, 우크라이나 등 동유럽의 친서방 국가들과 협력협정을 체결하였지만, 이 협정이 EU 가입을 완벽히 보증해주는 확약서는 아니다.

이전 정부든, 신정부든 조지아는 친서방 국가전략을 명확히 내세울 것이라는 사실에는 변함이 없을 듯하다. 거대한 정치적 흐름이고 국가적 사명이다. 조지아의 유럽 및 유럽-대서양으로의 추구는 러시아-조지아의 정상적 국가관계로서는 양립할 수 없는 영역이다. 신정부는 대러시아 정책의 한계를 절감하였고, 유럽 지향성이라는 국가적 희망을 강력히 표명할 수밖에 없다는 사실을 인정하였다. 조지아 외무장관들이 종종 친서방 방향성을 국제사회에 자주 표명하였던 이유이기도 하다. 즉 조지아의 미래 방향성은 명확하며, 상당한 기간 동안 일정한 기조를 유지할 것으로 판단된다. 그리고 그 결과가 EU가입, 혹은 나토가입으로 나타나든, 조지아는 친서방 스탠스를 계속 유지할 것이다.

조지아 대외 정책의 본질: 유럽-대서양 통합

조지아는 독립 이후 서방으로의 통합이라는 국가전략을 선택하는 데 있어 어떠한 딜레마에 직면하지 않았다. 유럽 통합은 조지아 대외정책의 아젠다였으며, 정치적, 심리적으로 그 동기가 명확하였다. 가야네 노비코바에 따르면, 그 이유는 첫째, 유럽인으로서의 자기 정체성이 국가적 근거이다. 둘째, 조지아 엘리트들은 러시아가 조지아를 지배한 1801~1991년까지의 역사적 시기를 러시아 제국에 의한 강제 점령으로 인식한다. 셋째, 조지아는 러시아를 점령 세력으로 보고 있으며, 이러한 차원에서 중앙정부와 아브하지아, 남오세아티아 자치공화국의 갈등을 바라본다는 것이다.[175] 러시아가 2개의 자치공화국에 영향력을 미치는 상황을 조지아는 묵과할 수 없다는 의미이다.

전체적으로 고려한다면, 조지아의 친서방 방향성은 역사적, 문화적, 정치적 함의를 가진다. 현대 조지아 국제관계의 핵심은 조지아-EU 관계이다. 조지아는 2003년 장미혁명 이후 꾸준히 EU와 나토 가입을 강력히 추진해왔다. 조지아 대외 정책의 본질은 유럽-대서양 통합으로 정리

될 수 있겠다.

조지아의 친서방 정향성을 일련의 실례(實例)로 파악하도록 하자.

첫째, 조지아는 초강대국인 미국과의 관계에서 밀접한 연대를 이루고 있다.

조지아는 소련 해체 이후 미국의 군사기지, 특히 대형 군대 주둔지가 미국의 지원 하에 조지아 영토 내에 건립되는 것에 큰 관심을 보였다.[176] 현재 쌍무 군사 협정이 민주주의 개혁 및 정착이라는 특별한 전제 조건 없이 방어 및 안보 분야에 발효되어 있다. 양국 군사 협정이 제한 없이 체결된 것은 나토의 경우와는 다르다. 나토는 "민주주의 개혁"을 가입의 필수 조건으로 내세웠다. 조지아 정부는 전략적 차원에서 미국과의 군사 협력이 중차대하다고 판단해왔다. 미국은 지금까지도 군사, 재정 측면에서 적극적으로 지원해주는 대표적인 서방 국가이다. 그런 차원에서 조지아는 미국과 일정한 보조를 맞추는 정책을 가동해왔다. 그 중의 대표적인 사건이 아프가니스탄에 평화유지군을 파견한 일이다. 많을 때는 약 1,500여 명을 파견할 정도로 미국의 안보 논리를 적극 지지하는 태도를 취했다. 평화유지군 숫자는 미국에 이어 2번째로 많은 수치였다. 조지아가 친서방 노선을 취하고 있다는 것으로 해석될 수 있는 대목이다. 2009년 1월 9일, 미국-조지아는 전략적 파트너십을 선언하였다.

둘째, 조지아-EU 관계는 특히 2004년 사카쉬빌리 정부가 등장하면서 꾸준한 연대를 이루어왔다.

정부는 무엇보다도 친서방 연대의 핵심 사건을 EU 가입으로 상정하고 있다. 2008년 러시아-조지아 전쟁으로 영토 통합성이라는 중기적 전략 목표가 차질을 빚었다. 사카쉬빌리는 대내적으로 경제적 근대화에 역점을 두었으며, 서구식 민주주의를 정착하는 노력을 기울였다.[177] 그는 2009년에 "EU 회원국으로서의 가입 목표가 나토로의 통합보다도 더 중요한 국가 정책 사항"[178]이라고 분명히 강조했다.

조지아는 EU 가입을 중차대한 국가 아젠다로 설정하였고 현재까지 그 기조는 유지되고 있다. 조지아가 EU와 DCFTA(Deep and Comprehensive Free Trade Agreement; 포괄적 자유 무역협정) 체결 이후 러시아는 조지아와의 FTA(자유무역협정) 연기 계획을 공표했다. DCFTA는 EU-조지아, 몰도바, 우크라이나 사이에 설립된 3개의 자유 무역 지대이다. 즉 EU 연합 협정의 일부이다. 이 협정은 이 3개 국가가 특정한 통상 영역에서 유럽 단일 시장으로의 진입이 가능하도록 허용하고, 해당 분야의 EU 투자자들에게 EU와 같은 관련 규제 환경을 부여한다. 러시아와 조지아의 FTA는 1994년에 체결되었지만, 발동되지 못하고 있다. EU도 2009년부터 우크라이나, 몰도바, 조지아, 벨라루스, 아르메니아, 아제르바이잔 등 구소련 6개국과 협력 강화를 위한 '동방 파트너십'(EaP) 프로젝트를 추진하면서 조지아를 지원하고 있다.

셋째, 2012년 총선에서 승리한 '조지아의 꿈' 신정부는 전임 정부에 이어 대외정책의 핵심을 EU 가입으로 설정했다.

2013년 3월, 조지아 의회에서는 외교정책 입안에 초당파 결의를 하면서 유럽-대서양 지향 정책을 확실히 천명하였다. 결의안에 따르면, 조지아 영토 통합성을 인정하지 않는 국가가 포함된 다자기구의 회원국으로 조지아는 참여하지 않는다는 원칙이 천명되었다. 이에 해당하는 다자기구는 러시아가 포함된 CIS와 유라시아경제연합(EAEU) 등이다.[179] 신정부가 출범하였음에도 조지아가 EU와의 협력을 강화하겠다는 국가 목표에는 변함이 없다. 크비리카쉬빌리 총리는 2016년 4월 방미 시에 조지아가 서방과의 통합을 추진하는 것이 러시아와의 관계를 정상화하지 않겠다는 의미는 아니라면서도, 영토 통합과 주권 문제를 양보하면서

까지 對 러시아 외교관계를 복원하는 의도는 없다는 것을 명백히 하였다. 그는 신정부 하에서 러시아와 외교 관계를 회복한다고 해도, 조지아는 EU, 나토와 긴밀한 연대를 가질 것을 줄곧 강조해왔다.[180]

조지아에서는 대외정책을 총괄하는 외무장관이 EU 가입 역할을 맡고 있다. EU와의 연대와 EU 회원국으로의 가입 목표는 외무장관에 의해 적극적으로 추진되었다. 특히 2016년 1월에 신임 외무장관으로 취임한 미하일 야넬리제(Mikheil Janelidze)는 그해 3월 미국을 방문하면서 영토 통합성과 EU 편입은 러시아와의 협상에서도 양보할 수 없는 의제임을 분명히 했다. 그는 EU, 나토 가입과 남오세티아와 아브하지아 자치공화국에 대한 영토 통합성은 대러시아 외교관계 복원을 위한 회담에서도 결코 양보할 수 없는 레드 라인에 속한다고 언급했다. 장관은 "미국이 조지아의 영토 통합성과 주권을 지지해주어서 감사하며, 케리 국무부 장관이 이를 분명히 확인하였다"고 덧붙였다.[181]

넷째, 신정부는 EU와 협력협정(Associate Agreement)을 체결함으로써 서방과의 통합에 결정적인 전기를 마련하였다.

이는 조지아-EU 관계의 핵심적인 사건이었다. EU 회원국 정상회의로 구성된 유럽위원회(European Council)의 헤르만 판 롬푸이(Herman A. Van Rompuy) 의장은 2014년 5월 14일 조지아의 가리바쉬빌리 총리와 회담을 갖고 조지아가 EU와 협력협정을 체결한다고 발표했다. 롬푸이는 "조지아는 협력협정의 체결로 시민들의 권리를 존중하고 정당한 법을 집행하는 민주주의 제도를 갖추었다"고 평가하였다. 그는 자유 민주국가로서 조지아는 스스로 민주주의를 선택할 수 있는 나라이며, 그 어떤 외부 세력도 이러한 사실을 변화시켜서는 안 되는 것이라고 강조했다. EU와 조지아는 2013년 11월에 리투아니아에서 개최된 EaP 정상회의에서 원칙적으로 협력협정을 체결하기로 합의했다. 이는 2014년 5월

13일, EU와 몰도바가 6월 27일에 협력협정에 조인할 것이라는 보도가 나온 직후 발표되었다.[182]

유럽위원회(European Commission) 의장인 조세 마누엘 바로소는 2014년 6월 27일, EU가 조지아와 협력협정을 체결한다는 사실을 재 강조하였는데, 그는 브뤼셀에서 가리바쉬빌리 총리와 5월 21일 회담을 가진 후 협력협정 체결을 재확인하였다. 바로소 의장은 푸틴 러시아 대통령도 2014년 1월에 자신과의 회담에서 러시아는 EU의 이러한 계획을 저지하지 않을 방침이라는 입장을 표명했다고 전했다. 가리바쉬빌리 총리도 러시아로부터 조지아가 협력협정을 체결하는 부분에 대해 확약을 받았다고 강조하면서 협력협정은 어떠한 방해도 없이 체결될 것이라고 덧붙였다. 바로소 의장은 협력 협정이 EU와 조지아 간의 "마지막 협정"(last post)은 아니라고 언급했다.[183]

협력협정 체결 이전 조지아와 아르메니아 대통령이 회동을 가졌다. 아르메니아의 세르즈 사르기산(Serzh Sarkisianan) 대통령은 2014년 6월 18일부터 19일까지 조지아를 방문했다. 사르기산은 6월 18일, 마르그벨라쉬빌리 대통령과 회담을 갖고, 러시아가 주도하는 유라시아경제연합에 아르메니아가 참여하는 방안에 대해 의견을 나누었다. 이외에도 조지아가 EU와 체결하는 자유무역협정에 관한 사항도 토의하였다. 양국 대통령은 아르메니아와 조지아가 각각 진행해 온 개별 발전 경로를 양국 무역 발전의 새로운 기회를 창출하는 방안으로 변화시키자는 것에 대해 동의했다.[184]

EU와 조지아는 협력협정과 무역협정을 6월 27일, 공식적으로 체결했다. EU는 조지아 이외에도 우크라이나, 몰도바와 협력협정을 체결했다. 협정에 조인하면서 롬푸이 의장은 미래 세대가 이날을 기억할 것이며, EU는 이 3개 국가와 더 긴밀한 협력 관계를 가질 것이라고 강조했다.

협력협정의 역사적 의의

협력협정은 조지아 유럽 정향성의 핵심 사건으로 해석될 만하다. 신정부가 출범하면서 새로운 통치 엘리트들이 조지아 정치의 핵심으로 등장했지만, 협정이 체결되면서 정부 내에 잔존하던 친러시아 기류도 변하기 시작했다. 당시 가리바쉬빌리 총리는 협력협정 체결로 조지아는 유럽 가족의 일원이 되었으며, 이는 일관되고 확고한 국가 목표였다는 점을 강조했다. 또한 6월 27일은 위대한 여정의 시작이라고 천명하는 등 협정 체결에 국가적 총력을 기울였다는 점을 숨기지 않았다. 총리는 아브하지아와 남오세티아 공화국은 EU와 긴밀한 협력을 하게 되면 이익을 얻게 될 것이라는 점을 강조했다.

조지아 의회는 2014년 7월에 즉시 이를 정식 조인했다. EU 의회는 2014년 12월 18일 협력협정 체결을 정식 조인했다. EU는 동유럽 국가들과의 세 번째 협력 협정을 승인하게 되었다. 러시아는 줄곧 동유럽 3개 국가가 EU와 협력협정을 체결함으로써 러시아 경제가 침체에 빠졌으며, 협정 자체가 러시아가 추진해 온 자유 무역지대와 일치하지 않는다고 주장해왔다. 마그벨라쉬빌리 대통령은 EU 의회의 승인 투표 직전에 행한 연설에서 협력협정은 "예외적이고 매우 중요한 사건"이라고 평가하였다. EU 의회가 조지아와의 협력협정을 정식 조인하였지만, 이 협정이 효력을 발휘하기 위해서는 EU 회원국들의 국내 의회의 조인을 필요로 하고 있었다.[185] 이 협정이 정식 발표된 시점은 2016년 7월 1일이었다.

EU는 지난 2009년부터 우크라이나, 몰도바, 조지아, 벨라루스, 아르메니아, 아제르바이잔 등 옛 소련권 6개국과 협력 강화를 위한 EaP 프로젝트를 추진해왔다. 그리고 2014년에 일부 국가와 협력협정을 체결했다. 그렇다면 이 협력협정의 의의는 무엇일까? 이는 조지아가 EU의 정식 회원국은 아니지만, EU의 일원이 되었다는 정치적 함의로 설명될 수 있겠다. 매우 중대한 정치 및 국제관계 발전을 성취했다는 것으로 해석될 수 있다. 조지아는 정치적으로 EU 및 나토 가입을 위한 결정적인 협정을 체결하였으며, 친서방 외교 전략을 꾸준히 추진할 수 있는 동력을 확보하였다. 물론, EU 가입이 확정되었다는 의미는 아니다. 향후 EU의 정식 회원국이 될 가능성을 지녔다는 점에서 그 의의가 있다. 이 협정으로 EU는 우크라이나와 경제적 관점에서 더 긴밀한 관계를 가졌으며, 조지아와 몰도바와는 정치적 유대 관계가 더 깊어졌다는 평가를 받았다. 롬푸이는 러시아 입장을 고려, 이 협정이 러시아에 손해되는 일은 아니며 EU는 3개 국가와 예외적인 규정을 가지고 있지 않다고 밝혔다. 협정은 통상적인 것이며, 어떤 특정 국가를 반대하는 일은 아니라는 것이다.[186]

 EU 집행위원회가 2016년 7월 1일자로 협정 발효를 정식 발표함으로써, 조지아는 친서방 대외 정책 전략을 꾸준히 추진하는 동력을 확보했다는 평가를 받았다. 경제 부분에 있어서도 조지아의 상품이 EU 기준에 기본적으로 합당하다면, 조지아는 협력협정 시에 체결된 FTA(자유무역협정)로 EU 28개 회원국과 관세와 별다른 규제 없이 자유로운 무역 교류를 할 수 있는 포괄적인 자유무역협상을 추진할 수 있게 되었다. 조지아는 향후 10년에 걸쳐 EU의 상품 규정을 단계적으로 채택해야 하며, 유럽을 넘어 국제 무역에도 참가할 수 있다.

 조지아는 EU 가입을 꾸준히 추구해왔다. 소련 해체 이후 조지아는 EU와 나토 가입을 꾸준히 추진해온바, EU와 협력협정을 체결함으로 EU의 정식 회원국으로 가입할 수 있는 기반을 가지게 되었다. EU가 우크라이나, 조지아, 몰도바와 FTA를 포함한 포괄적인 협력협정을 체결했다는 것은 향후 조지아가 친서방 국가전략을 꾸준히 추진하는 원동력이 될 것으로 보인다.[187] 협력협정 이후 조지아-EU 간 매우 특징적인 교류와 변화가 있지는 않았다. 요하네스 한 유럽의회 의장은 조지아가 2016년 말에는 비자면제 권리를 얻게 될 것이라고 언급하였다. 실제적으로 이후에 유럽의회와 협력협정위원회는 비자면제를 승인하였다.

조지아의 EU 가입 이슈

조지아의 EU 회원국 가입을 위한 역사적인 배경에 대해 설명한다면, 조지아는 서유럽 문화와 가까운 측면이 있다. 조지아는 B.C. 시기부터 로마, 그리스 등과 교역 관계를 지속해왔으며 중세 시기에는 지리적으로 그리 멀지 않은 비잔틴 제국과 정치, 경제, 문화 분야에서 빈번한 교류를 이루어왔다. 19세기에는 오스만 투르크의 영향권에서 벗어나기 위해 외교적으로 친러시아 입장을 취하면서 제정 러시아에 복속되었다. 소비에트 시대를 거친 이후 소련 해체를 경험하면서 조지아는 EU 가입을 강력히 추진하였다. 2008년 러시아-조지아 전쟁 이후 조지아는 EU의 파트너십 전략에 적극 동조해 왔으며, EU 및 나토 가입을 강력히 추진하였다.

조지아의 친서방 정책에 대한 국내 상황을 본다면, 조지아는 장미혁명을 통해 소련 및 러시아의 정치적 유산에서 벗어나고자 하였으며, 사카쉬빌리 대통령 재직시 친서방 정책과 EU 가입을 국가전략으로 선택하였다. 그러나 조지아의 꿈의 총선 승리 이후 정치적 상황은 친서방 기조와 친러시아 경향이 대립하는 경향을 보였다. 조지아는 EU 가입을 위해 친서방 전략을 더 강력히 추진하는 입장을 보이지만, 정치적으로는 매우 복잡하다.[188] 조지아에서는 한때 친서방 입장을 가지고 있는 각료들이 전격 사임하기도 했다. 이는 정부 내에서 친서방 및 친러시아 경향이 대립하고 있다는 점을 보여준다.

조지아 외교정책의 방향성: 영토 통합성

조지아 외교정책의 방향성에는 영토 통합성과 밀접한 관련이 있다.

조지아에는 결정적인 아킬레스건이 있는데, 그것이 국가의 영토 통합성이다. 이 문제가 해소되기에는 꽤 오랜 시간이 걸릴 것으로 전망된다. 2개 자치공화국에 대한 통제권이 명확하지 않다는 사실이 내정뿐만 아니라 국제관계에서도 조지아의 선택에 일정한 한계점으로 작용할 가능성을 내포하고 있다. 그리고 협력협정이 발효되었지만, 조지아 국가정책은 내부적으로 완벽한 의견 통일이 이루어지지 않고 있다는 점이 변수로 작용하고 있다. 조지아는 러시아의 국가 이익과 양립하지 않는 서방 지향성의 정책을 강조해왔다. 신정부도 조지아와 러시아 간의 관계가 일정한 한계를 가지고 있다고 인식하고 있다. 영토 통합성 분야는 조지아가 전혀 양보할 수 없는 국가전략이지만, 러시아도 이를 양보할 수 없다.

2016년에 야넬리제 신임 외무장관은 조지아의 영토 통합성과 유럽으로의 편입은 러시아와의 협상에서 양보할 수 없는 의제라고 밝힌 바 있다. 그는 2016년 미국을 방문하였고 3월 18일 RFERL과의 기자회견에서 EU와 나토 가입과 남오세티아와 아브하지아 자치공화국에 대한 영토 통합성은 러시아와의 관계를 복원하고자 하는 회담에서 양보나 협상을 할 수 없는 "레드 라인"에 속한다고 강조했다. 2016년 1월부터 외무장관직을 수행했던 야넬리제는 "러시아와는 레드 라인에 속하지 않는 분야에서의 협상은 가능하다. 레드 라인은 조지아의 대외 정책의 핵심이며, 이는 유럽과 나토로의 통합이며 무엇보다도 영토 통합성"이라고 언급했다. 그는 미국 방문 말미에 이러한 원칙을 천명하였다. 미국 방문에서 존 케리 국무장관, 빅토리아 눌란드 차관보, 미국 공화당 켄터키 의원이며, 상원 다수당 대표인 미첼 메코넬 등과 면담을 하였다.

조지아 외교의 최우선 현안인 영토 통합성 정책에 러시아는 가장 강력한 걸림돌이다. 양국 전쟁 이후 국교는 단절 상태이다. 러시아는 전쟁 직후에 남오세티아와 아브하지아를 독립공화국으로 정식 조인하였지만, EU와 미국 등 국제사회는 이를 전혀 승인하지 않고 있다.

조지아, EU 가입 위해 국제 사회와 적극적 연대

조지아가 정식 EU 회원국이 되기 위해서 조지아가 극복해야 할 난제는 가득히 쌓여있다. EU 및 나토 회원국이 되기 위해서 해결해야 할 부분은 국내 정치의 유동성이다. 정치 경제적으로 조지아는 러시아와의 관계가 악화되는 것을 원하지 않고 있어서 정치적 대립이 매우 심각한 편이다. 조지아는 EU와의 강력한 연대를 적극적으로 추진할 필요성이 있다. 조지아는 그동안 아프가니스탄에 평화유지군을 파견해왔으며 현재도 나토가 추진해 온 임무 지원 결의를 따르고 있으며, 조지아에서 파견한 평화유지군이 한때 2,000명에 이르기도 했다. 이는 미국에 이은 2번째로 많은 수치였다. 이러한 노력으로 2014년 6월 EU와 협력협정을 공식 체결할 수 있었다. EU 의회도 2014년 12월 조지의 협력협정 체결을 정식으로 조인했으며, 이후 EU 의회도 조지아의 셍겐 지역에서의 비자면제에 대해 적극적으로 관심을 가져왔다.

조지아는 EU와의 정치, 군사적 분야와 경제-무역 교류를 더 늘려야 할 필요성이 있다. 2015년 통계 조사에 의하면, 약 31%가 러시아 주도의 EAEU 가입에 찬성하였다. 2014년 조사보다 16%가 더 증가한 수치이다. 이러한 수치의 변화는 EU에 가입하기를 원하는 EU 통합론자에 위기이며 EU 측에 일정한 부담이 될 수 있다. 조지아는 국내에서 EU 회원국이 되기 위한 정치적 안정성과 국민적 공감대를 형성할 필요성이 있을 것이다.

그러나 조지아의 EU 가입은 아주 가까운 시일 내에 이루어질 수 없는 사안이다. 장 클로드 융커(Jean Claude Juncker) 유럽위원회 의장은 2015년 1월 3일자 발틱 뉴스 서비스(Baltic News Service)와의 인터뷰에서 2015년 이후 5년 간 EU 내에 새로운 회원국으로 가입할 국가는 없을 것이라고 천명하였다. 실제적으로 그의 예견처럼 되었다. 2022년 현재까지 새로운 회원국이 없었다. 그만큼 구소련권 국가의 EU 가입은 쉽지 않은 일이다. EU 고위 관리들은 EU 회원국이 아닌 동유럽 국가들과 긴밀한 정치적 관계를 가질 필요성이 있다고 주장했다. 요하네스 한(Johannes Hahn) 유럽 근외 정책 및 확대협상회의 의장은 EU는 미래에 회원국으로 가입을 시도하지 않는 동유럽 국가들과도 연대관계를 가져야 하지만, 이러한 관계는 국가들마다 개별적으로 다른 점이라는 것을 지적하였다. 한 의장은 6개 동유럽 국가들은 EU와의 정치적 연대를 위해 개별적으로 어떠한 행동을 취해야 하는지를 스스로 결정해야 한다고 요청했다.[189]

조지아는 정치적 불안정성에 불구하고 EU 가입을 위해 국제 사회와 매우 적극적인 연대를 체결하기 위해 노력해왔다. 조지아는 나토의 '평화를 위한 동반자 프로그램'(Partnership of Peace and Others Program)에 적극 협력했으며 미국도 조지아에 군사 지원을 하였다. 미국은 흑해 지역 등 해양 안보를 적극적으로 지원해왔다. 나토는 조건이 충족된다면, 조지아의 나토 가입을 약속하였다. 조지아의 EU 가입에 관한 변수는 조지아가 EAEU와 어떠한 관계를 가지는 것인가도 중요한 요소가 될 것으로 보인다.

마르벨라쉬빌리 대통령은 2015년 3월 31일 연두교서를 통해 조지아는 서방과의 정치적 연대를 이루어야 하며, 조지아는 역사적으로나 문화적으로 유럽에 속하는 국가라는 점을 강조했다. 세계는 새로운 질서 창출을 위해 노력 중이며, 조지아는 유럽을 필요로 하고 있으며, 동시에 서방과 유럽은 강하고 민주적인 조지아의 미래를 기원하고 있다는 점을 천명했다. 마르벨라쉬빌리는 3월 31일은 정치적 상징성이 매우 크다고 강조했는데, 이 날이 첫 번째 대통령이던 감사후르디아 생일이었다. 그리고 1991년 3월 31일, 조지아는 국민투표를 통해 독립을 선포하였다.[190]

러시아, 조지아의 EU 가입 강력 반대

크비리카쉬빌리 총리는 러시아와 외교 관계를 회복한다고 해도, 조지아는 EU, 나토와 긴밀한 연대를 추구해 나갈 것이라고 강조했다. 총리는 이는 국민들의 명백한 의지라고 설명했다. 그는 2016년 4월, 조 바이든 미국 부통령, 김용 세계은행 총재, IMF(국제통화기금) 관리들을 만나기 위해 미국을 방문하고 이 같은 언급을 하였다. 신정부는 서유럽과 경제적, 정치적, 군사적 통합을 추진하면서 개혁 정책을 지속하였다. 그러나 조지아는 2008년 전쟁으로 소원한 관계가 되었던 러시아와의 관계를 회복하고 경제적 관계를 회복시키기 위한 노력도 기울여왔다. 크비리카쉬빌리는 러시아가 서방과의 통합 관계를 추진한다는 사실이 러시아와의 관계를 정상화하지 않는다는 의미는 아니라면서 러시아와의 관계에도 신경을 쓰는 언사를 보여주었다. 그러나 총리는 조지아의 영토 통합과 주권 문제를 양보하면서까지 러시아와의 외교관계를 회복하고자 하는 의도는 없다고 단호한 입장을 보였다.[191]

2018년 조지아 대선 이후 EU는 국제적으로 인정된 국경 내에서의 조지아의 지역 통합성을 전적으로 보장한다는 입장을 재차 천명하는 등 조지아의 대 EU 연대에 화답하고 있다. 미국은 조지아에 대한 지속적인 지원을 약속하였다. 헤더 노어트(Heather Nauert) 대변인은 "미국은 국제적으로 인정된 국경 내에서 조지아의 영토 통합성, 민주적이고 경제적인 발전을 지원할 것이며 민주적인 선거 개혁 속에서 지속적으로 협력해 나갈 것"이라고 발표했다.[192] 2018년 대선 결선 투표에서 경합한 2명의 후보는 외무장관 직을 수행한 바 있다. 그들이 추구한 외교 정책은 서방과의 연대였다. 2명의 후보는 EU, 나토와의 연대를 확대하는 친유럽 대외정책을 정강으로 내세웠다.

조지아 비자면제협정: 조지아의 친EU 방향성

조지아가 EU와 무비자면제 협정을 체결하기까지는 여러 난항이 있었다. 2015년, 유럽위원회 연례 비자 보고서에는 조지아에 대한 무비자 권한 획득은 시기적으로 성숙하지 않다는 내용이 있었다. 비자면제 취득 전제 조건으로 우선적으로 마약 밀매를 근절해야 한다는 요구 조항이 있었다. 2015년 5월 동방 파트너십 정상회의에서 조지아와 우크라이나에 대한 셍겐 존(Schengen Zone; 자유통행영역) 권리가 부여되지 않았다. 가장 큰 이유는 독일이 반대했기 때문이다. 독일 등 유럽에서 조지아인의 범죄가 급증하면서 EU 내 안전 문제가 불거졌다. 2015년 5월 초 유럽위원회 연례 비자 보고서에는 비자면제 권한 획득은 시기적으로 성숙하지 않았다는 점이 강조되었다. 2015년 연말 보고서에서는 진전된 입장의 보고서를 차후 제출하겠다는 입장이 있었다.[193]

조지아의 단기 비자면제 여부는 유럽 국가들이 조지아를 서방 일원이 되기 위한 예비적 절차 부분을 수용하느냐의 여부와 관련되어 있었다. 조지아와 우크라이나는 셍겐 지역을 자유로이 통행하기 위한 비자면제 절차의 통과를 위해 지속적으로 EU와의 정치적 통합을 추진해왔다. 유럽의회는 양국의 친서방 국가 정책을 수용하였으며, 대체적으로 유럽화의 일원으로 수용하는 태도를 보였다. EU 회원국들과 유럽의회는 2016년 조지아와 우크라이나가 EU 가입을 위한 진일보한 조치를 취했다고 판단했다. 유럽 의회는 2016년 가을, 조지아와 우크라이나 국민에게 셍겐 국가 지역을 자유로이 출입할 수 있는 '허가'(green light)를 부여하였다. 메르켈 총리는 독일이 비자면제 협정을 반대하지 않는다는 입장을 표명하였다.

조지아는 비자면제 취득 전제 조건으로 마약 밀매 근절을 지적받았다. 이에 반해 우크라이나는 조직범죄 및 인종차별 부분에서 법적 체계 정비가 필요하다고 요구받았다. 몰도바는 그 전해인 2014년에 비자 자유화 권리를 부여받은 바 있다. 조지아 등 동유럽국가 6개 국가는 솅겐존 권리를 받지 못하고 있었다.

'EU 위원회'(European Commission)는 2015년 12월에 조지아 국민에 대한 비자면제를 권고하였다. EU 위원회의 이러한 결정은 독일 등 일부 EU 회원국이 조지아의 범죄 집단에 의해 자행되는 범죄율이 독일 내에서 상당히 높다는 우려를 표명하면서 유럽에서 안전 문제가 불거져서 비자면제가 조인되지 않았기 때문에 문제 해결 차원에서 제시된 것이었다. 이런 가운데 요하네스 한 EU 근린정책 및 협력협정 의장이 2016년 7월 바투미에서 거행된 국제 컨퍼런스에서 조지아가 비자 없이 EU 국가를 방문할 가능성이 있다고 재차 언급했다. 그런데 단서가 있었는데, 요하네스 한은 비자면제 관련, 조지아가 여러 개혁을 수행할 것을 권고했다. 그는 EU의 법적 절차 과정이 2016년 10월까지 종료되어야 할 것을 EU 측에 강조하였다. 독일이 가장 강력한 반대자였다.

독일은 다른 이민 위기가 독일에 발생할 시에는 비자면제 협정을 연기하는 방식이 강구되어야 한다는 입장을 기본적으로 가지고 있었다. 즉 비자면제 연기 시스템이 먼저 포함되어야 한다는 입장이었고, 이는 단지 조지아에게만 해당 사항은 아니라고 강조했다. 독일 언론의 대응도 마찬가지였다. 독일 이민자들에 대한 부정적인 입장이 언론에 많이 전해졌다. 독일 내 조지아 마피아의 행동에 많은 우려가 표명되었다. 2016년 독일 내 조지아인의 범죄율은 터키, 시리아, 루마니아, 폴란드 다음으로 높았다. 2015년 독일 내에서 조지아인에 의한 범죄 건수는 8,085건이었다. 조지아인이 구금된 숫자는 2015년 한해에만 3,838번 있었다. 알바니아(6,689건), 알제리(5,611건), 세르비아(4,699건) 다음으로 높았다. 특히 독일로 들어온 시리아 난민들이 독일 내에서 반 이민 정서를 야기하는 바람에 독일이 조지아 및 우크라이나의 비자면제 협정에 반대 입장을 가졌다.[194]

유럽 의회는 조지아와 우크라이나 등 비유럽국가에서 엄청난 수의 시민들이 EU에 유입되는 상황이 발생하거나 EU 안보에 위협이 되는 경우, 비자 자격 요건이 잠정적으로 재설정될 수 있는 조치를 취하면서 여행 자유에 따른 문제를 완화하기 위한 조치를 적극 마련하였다. 그 배경에는 조지아와 우크라이나가 서방과 통합을 추진했지만, 빠른 속도로 진척되지 못하고 있다는 상황에서 기인했다. 조지아도 비자면제 권리를 획득하기 위한 노력을 기울였다. 2016년에 크비리카쉬빌리 총리는 메르켈 독일 총리에게 조지아를 위한 단기 비자는 독일에 사회적 문제를 야기하지 않을 것이라고 약속하였다. 그러나 독일은 일련의 범죄 행위가 독일에서 발생할 수 있다는 우려를 표명하면서 비판적인 입장을 취했다.

그러나 독일 정부는 진일보한 입장을 취하기 시작했다. 즉 비자면제 최종 인가 이전에 비자 유예 실행 규칙이 마련되어야 한다는 의견을 보였다. 양보 수순이었다. 독일 및 EU의 사회적 안정 방안을 위해 이민자 위기가 발생할 시에는 비자면제 협정을 연기할 수 있도록 유연성 있는 접근 방식이 마련되어야 한다는 뜻이었다. 비자면제 연기 시스템이 먼저 보장될 필요성이 있다는 것이다. EU는 양측의 입장을 조율했다. 즉 일정한 문제가 생길 경우에는 비자 부여 절차를 중지하는 시스템을 도입한다면, 독일 측 우려는 종식될 수 있으며, 조지아의 비자면제 취득도 가능하다는 식으로 중재에 나섰다. 2016년 9월 2~3일 슬로바키아의 수도인 브라티슬라브에서 개최된 EU 외무장관 회담에서 유럽의회와 EU 회원국들은 2016년 말까지 우크라이나와 조지아에 비자면제 권한을 허락할 것인지 결정한다는 입장을 밝혔다.

2016년 12월 유럽의회는 조지아가 비자 취득에 대한 일정한 준비를 갖추고 있다는 것을 전제로 협정 유예 기간을 허락하는 시행 규칙 투표를 실시하였다. 찬성 485, 반대 132, 기권 21표로 통과되었다.[195] 이 결정을 토대로 유럽의회는 2017년 2월 3일, 조지아의 무비자 여행 법안을 상정하고 투표를 실시하였다. 찬성 553표, 반대 66표, 기권 28표로 압도적으로 가결되었다. 조지아와 우크라이나에 대한 단기 비자면제 여부는 그동안 EU 국가들이 양국을 서방 국가들의 일원이 되기 위한 예비적 절차 부분을 수용하느냐의 여부와 관련되어 있었으며, EU 회원국이 되기 위한 하나의 예비적 절차로서의 의의를 가지고 있다.

현재 EU 솅겐 국가는 오스트리아, 벨기에, 체코, 덴마크, 에스토니아, 핀란드, 프랑스, 독일, 그리스, 헝가리, 아이슬란드, 이탈리아, 라트비아, 리히텐슈타인, 리투아니아, 룩셈부르크, 몰타, 네덜란드, 노르웨이, 폴란드, 포르투갈, 슬로바키아, 슬로베니아, 스페인, 스웨덴, 스위스 등 26개국이다. 비자면제시 EU 솅겐 지역 단기 방문자는 조지아인이 EU 영사관에 제출하는 동일한 서류를 국경 지역에서 제출해야 한다. 영사관 제출 서류는 여행 티켓, 호텔 예약서, 수입 상황 및 고용 증명서 등이다. 독일 내 일부 언론가는 비자 자유화가 범죄 문제를 더 많이 야기하지 않을 것으로 간주하고 있다. 범죄자들은 독일여행 방법을 알고 있고, 대부분 솅겐 지역 비자를 가지고 있다.

EU 대사들이 조지아의 비자면제 승인에 동의함으로써, EU 솅겐 국가들에 대한 비자면제가 행해졌다. 2017년 2월 22일 브뤼셀에서 EU 대사들은 비자면제 협정과 비자면제 메커니즘(visa-suspension mechanism)에 승인했다. 비자면제 메커니즘은 조지아와 우크라이나를 위한 비자면제 실행의 조건에 관한 안건(draft)이다. EU의 모든 28개 회원국은 비자면제 및 비자면제 메커니즘의 2가지 안건을 이후에 조인하였다. 조지아는 솅겐 국가들에 비자 없이 통행하고 비자면제 메커니즘도 동시에 실행하였다. 비자면제 메커니즘은 제 3국에 의해 긴급한 안보 위협이 발생하거나 근거 없이 수용소에 대한 신청이 급증하는 경우에는 비자면제 조치가 재빨리 연기될 수 있도록 하는 조치이다.[196]

EU 솅겐 지역에 조지아 국민이 무비자로 자유롭게 입국이 가능하게 된 것도 친서방 방향성과 관련된 사건이라고 하겠다. 2017년 3월 28일, 조지아에는 역사적 날이었다. 무비자 입국의 첫날이었기 때문이다. 크비리카쉬빌리 총리가 직접 트빌리시발 아테네행 비행기에 탑승하였다. 조지아가 솅겐 지역 국가들에 비자 없이 공식적으로 입국한 상징적인 사건이었다. 총리는 비행기 탑승을 앞두고 입장을 표명했다. 그는 "이번 일은 조지아 시민들이 유럽 국가에 가까이 나갈 수 있는 거대한 성취이고 강력한 기회이며, 유럽이 표방하는 가치를 이해할 수 있는 사건"이라고 의미를 부여했다. 총리는 아테네에 도착한 이후 벨기에의 브뤼셀에 가서 유럽이사회 투스크 의장을 만났다. 투스크 의장은 기자회견에서 "이날은 유럽과 조지아에 매우 특별한 날"이라고 언급했으며, 조지아의 이번 행보는 오랜 여정이었지만, 유럽과 친밀한 관계를 가질 수 있는 하나의 성취"라고 평가했다.

비자면제협정의 완전한 체결로 신원 확인 여권을 가지고 있다면, 조지아 국민은 영국, 아일랜드를 제외한 EU 회원국에 자유롭게 여행이 가능하다. 비 EU 솅겐 국가인 스위스 등에도 자유로운 여행이 가능하다. 몰도바가 2014년에 비자 자유화 권리를 부여받았던 것과 비교해보면 몇 년 정도 늦어진 셈이었다. 자넬리쮀 조지아 외무장관은 아브하지아와 남오세티아 시민들도 신원 확인이 가능한 조지아 여권을 소지하고 있으면, 동일하게 비자 없이 여행이 가능하다고 강조했다. 그는 조지아의 유럽 행보는 역행할 수 없는 원칙이며, 이번 비자면제로 매우 긍정적인 결과를 낳을 수 있을 것이라고 밝혔다. 마그벨라쉬빌리 대통령도 비자면제는 서방 국가들과 더 가까운 연대를 할 수 있는 행보임을 강조했다. 시민인 미하일 차부카쉬빌리는 트빌리시 공항에서 "나는 비자 없이 독일에 입국하는 첫 번째 조지아인 중의 한 사람"이 될 것이라고 언급하고 "이전에 유럽에 입국하기 위해서는 여러 절차가 있고 힘든 작업도 있었지만, 지금은 모든 조지아인이 비자면제 여행이라는 이익을 최대한 사용할 수 있기를 희망한다"는 의견을 피력했다. 조지아의 수도인 트빌리시 시내 곳곳과 정부 청사에 조지아와 EU 국기가 정부 청사에 걸려있으며, 갈라 콘서트도 트빌리시의 유럽 광장에서 열렸다.[197]

2. 조지아 – 나토 관계를 통해서 본 친서방 방향성

나토가 설정한 나토 가입의 전제 조건

조지아는 나토가 이끄는 평화작전 등에 참여해왔다. 정부의 대외정책은 사카쉬빌리 정부 때부터 확실히 규정되었으며, 국민과 외부 국가에도 명확하게 전달되었다.[198] 나토는 조지아를 회원국으로 수용할 태세는 되어있다. 옌스 스톨텐베르그(Jens Stoltenberg) 나토 사무총장도 조지아는 "우리가 수호하고자 하는 안보"에 공헌함으로써 군사 동맹에 더 가까이 접근하고 있다고 인정했다.

나토 회원국이 되기 위한 정부의 노력은 오랫동안 진행되어왔으며, 이는 사카쉬빌리 정권의 정치적 동력이었다. 장미 혁명 이후 주요 안보와 국방 문서에 표기되어있다. 전쟁으로 조지아 – 러시아 관계가 악화되면서 이러한 경향은 더욱 촉진되었다.[199] 국가안보개념에 따르면, 유럽 – 대서양 통합은 조지아의 핵심적인 국가 이익 중에서 5번째 정도의 순위를 차지한다. 최고 상위의 국가 정책은 방어 능력의 개선이다. 둘째 순위는 점유로부터의 해방(de-occupation)이다. 셋째, 민주주의와 법률 규정이다.[200] 즉 국방 등 국가 안보와 생존에 관련된 주요 목표를 제외하고서 조지아 대외정책의 핵심이 나토 가입인 셈이다.

나토가 설정하고 있는 회원국 전제 조건은 어떤 것일까? 지리적인 위치로 유럽에 속한다고 가입되는 것은 아니다. 핵심 사항은 공동의 정체성, 문화적 전통, 그리고 상호 간의 신뢰적 관계성이다. 특별히 민주적 기구와 기준, 절차 등이 기본적으로 확립되어 있어야 한다.[201] 어네스트 베빈 전 영국 외무장관은 나토 창설의 근원을 "정신적" 동일성과 문화적 유사성으로 규정하였다.[202] 1990년대 국제 사회에서 군사적 긴장감이 급감함에 따라 이런 원칙들은 타당한 것으로 간주되었다. 회원국 가입은 민주적인 원칙과 절차에 경도되는 경향이 있다. 특히 동유럽권의 가입 희망 국가들은 그러한 원칙과 절차를 수호할 민주적 가치와 제도 확립이 소위 나토 확장 계획의 정당성을 견인하는 주요 요소가 된다는 것을 인지해야 한다.[203]

나토 회원국이 아닌 파트너십 국가에 대해서는 SSR(Security Sector Reform)의 원칙과 유사한 요구사항이 있다. SSR은 방어와 군사 기구 영역에서 상당할 정도의 민주주의 원칙으로의 전환에 대부분 맞추어있다.[204] 나토의 요구 사항과 표준은 실제석이고 설차적 요소라기보다는 정치적으로 규정되는 경우가 더 많다. 가입의 기준점은 특정 국가 내에서 민주적 제도가 주요한 역할을 담당하고 있어 민주주의라는 공동 인식이 결정적으로 중요하다. 방어와 군사 영역에서 민주적으로 통제되고 있는지가 우선적인 고려 사항이다. 군사 방어 영역에서 서유럽 규준에 맞는 거버넌스를 정립하기 위해 SSR이 적용된다.[205]

이런 상황을 고려할 때 나토가 추구하는 목표는 조지아에 중요한 고려 사항이다. 실제적으로 이는 조지아 대외 정책 및 안보 정책이 20년 동안 숙고해 온 사항들이기 때문에 나토 가입이 불가능한 상황이 아니라는 것이다. 조지아 국가 안보 개념에 안보 및 안정성을 위한 명확한 보증을 창출하고, 영토 통합성의 안정을 강화하기 위해 나토 회원국이 되어야 한다고 적시되어 있다.[206] 조지아는 코카서스 3개 국가 중에서 나토 가입 의사를 밝힌 첫째 국가였는데, 2000년에 가입을 희망했고, 2002년 11월 나토 프라하 정상회담 때 공식적으로 회원 가입서를 제출했다. 조지아는 1994년부터 평화를 위한 동반자(Partnership for Peace; PfP) 프

로그램에 참여하고 있다.207

조지아 – 나토 협력 관계의 과정

조지아 – 나토 관계는 어떻게 진행되어왔을까? 러시아는 조지아가 유럽과 경제적, 정치적인 연대를 더 강하게 추진하는 일련의 행동을 비난했고 조지아의 나토 가입을 강하게 반대해왔다. 나토는 조지아를 "포부 있는 나라"(aspirant country)"로 평가하였으며, 나토는 궁극적으로 조지아를 회원국으로 받아들일 것이라고 약속해왔다. 스톨텐베르그 사무총장은 2016년 2월, 조지아는 "우리가 수호하고자 하는 안보"에 공헌함으로써 군사 동맹에 더 가까이 접근하고 있다고 강조했다.208

조지아는 나토와 협력 차원에서 아프가니스탄에서 군사 작전을 벌여왔다. 나토 군대와 협력하여 아프가니스탄에서 대탈레반 군사 활동을 펼쳤다. 조지아 의회는 2011년 12월 20일, 아프가니스탄 주둔군인 수를 2배수 늘리기로 의결했다. 포흐 라스무센(Fogh Rasmussen) 당시 나토 사무총장은 조지아의 멤버십 활동이 인상적으로 발전했다는 점을 언급하였다. 그러나 그는 조지아 민주주의는 여전히 더 발전되어야 한다는 점을 강조했다.209

나토는 2012년 4월에 바람직한 파트너 모델로 조지아를 지목하였다. 2013년에는 가입 조건이 충족된다는 전제 하에 조지아의 나토 가입을 약속했다. 특별히 주목할 부분은 조지아가 군사 분야에서 미국과의 협력을 적극 추진했다는 점이다. 나토는 아프가니스탄에서의 군사 작전에 조지아가 적극적이고 효과적으로 참여해왔다고 높게 평가했다. 미국도 그동안 조지아와 흑해 지역 등 해양 안보를 적극적으로 지원해왔다.210 조지아 해양 경비선을 재정비하는 업무를 미국이 떠맡았다. 2014년 4월, 라스무센은 조지아의 유럽 – 대서양 블록 편입을 지지했다. 그는 남오세티아와 아브하지아 공화국은 조지아 영토에 포함된다는 영토 통합성을 지지해왔다.²¹¹ 특정 국가의 통합성은 전세계가 인정하는 국경선 내에서 처리되어야 한다는 것이 나토의 기본 입장이다. 조지아는 남오세티아와 아브하지아에 주둔 중인 러시아군의 철수를 꾸준히 요구해왔다. 조지아가 나토 가입을 추구하면서 러시아로부터 압력이 증대되고 있다. 조지아 정부 관리들은 나토 가입을 위해서는 전략적 인내가 필요하다고 판단한다.²¹²

나토는 2013년 6월 4~5일에 진행된 나토 국방장관 회담에서 조지아가 나토 가입에 필요한 모든 조건을 충족할 경우에는 나토 가입이 가능할 것이라고 약속했다. 나토 국방장관들은 2014년 브뤼셀에서 아프가니스탄에서 철수하는 나토군의 동맹 작전에 관한 협의를 가지면서 이같이 결정했다. 즉 2014년 이후 아프가니스탄에서 철수하는 나토군의 지위 문제와 더불어 나토 국방장관과 나토군의 파트너인 조지아 간에 나토 가입에 관련된 협의를 하였다.

2013년 당시 조지아는 아프가니스탄에 파병된 10만 명의 나토군 중에서 1,560명 정도의 조지아 군인을 파병하고 있었다. 라스무센 사무총장은 조지아가 필요한 개혁을 진행한다면 나토의 일원이 될 수 있을 것이라고 밝히고 조지아는 "안정적이고 민주적인" 과정을 진행하고 있다고 강조했다. 라스무센은 아프가니스탄에서의 나토군의 참여를 합법화한 주둔군 지위협정(SOFA)이 아프가니스탄과 나토군 사이에 합의가 이루어지고 난 이후, 미국과 아프가니스탄 간의 주둔군 지위 협정도 윤곽을 드러내게 될 것이라고 말했다. 라스무센은 안보 협정의 체결 없이는 나토군이 아프가니스탄에 군대나 훈련 고문관들을 파견할 수 없다는 것을 아프가니스탄 정부가 잘 인식하고 있기 때문에 상호 간에 원만한 협정이 체결될 것으로 확신한다고 덧붙였다. 그는 나토군 전문가들이 아프가니스탄 동맹군의 새로운 지지결의안의 세부 사항을 준비하게 될 것이라고 밝혔다.²¹³

조지아, 나토 가입 위해 국방 분야 나토 표준 정책 추진

조지아도 나토 가입을 위해 나토 표준과 기준에 맞는 정책을 추진하고 있다. 예를 들면, 러시아에 의존하던 군수품을 서방의 군수품으로 교체하였다. 2013년 12월 31일에 국방부는 소련산 헬리콥터를 전부 서방 모델로 교체한다고 발표했다. 알라사니아 국방부 장관은 송년 기자회견에서 공군에 배치된 미국의 유틸리티(다목적용) 헬리콥터 부대를 개선하고 발전시켜 나갈 계획이라고 강조했다. 그는 다른 국가들과도 이에 관련, 협의를 가지고 있으며 프랑스를 방문한 이후 몇몇 기회들이 나타나고 있다고 덧붙였다. 러시아 헬리콥터를 미국산으로 교체하는 이유는 소련산 헬리콥터 유지에 과도한 경비가 소요되기 때문이었다. 소련산 헬리콥터의 부품을 조달하는 데 여러 문제가 있고, 대부분 부패 없는 서비스를 받는 것이 실제적으로 불가능하다. 조지아 군대에는 소련 시절에 제작된 공격용 헬리콥터인 'Mi-24'와 다목적용 헬리콥터인 'Mi-8'과 미국산 유틸리티 헬리콥터인 'UH-1H'가 배치되어 있었다. 러시아의 이즈베스티야 신문은 조지아가 'Mi-8' 기종과 'T-55'와 'T-72' 탱크를 더 이상 조지아 군에 배치하지 않을 것이라고 보도한 바 있다. 조지아는 소련산 군 장비는 일부 아프리카 국가들에 판매할 예정이었다.

마야 판지키쉐 당시 조지아 외무장관도 러시아 헬리콥터 부대를 미국 헬리콥터 부대로 재편하는 계획은 미국과 조지아의 관계를 더 돈독하게 할 것이라는 입장을 보였다. 알라사니아 장관도 조지아 군의 여러 기술적인 문제도 제거되고 있어 미국산 헬리콥터의 도입은 문제가 되지 않는다는 입장이었다. 2013년 조지아의 국방 예산은 3억9천만 달러였다. 그런데 이 금액은 이전 10년간 지속되어 온 연 국방 예산의 절반에도 못 미치는 수준이었다.[214]

사카쉬빌리는 나토 가입을 강력히 희망했다. 조지아 군인들이 아프가니스탄에 파병된 이유도 나토 가입 목적을 위한 것이었다. 미국도 그

동안 조지아를 군사적, 재정적으로 지원해주고 있었던 정책 기조를 계속 유지했다. 그러나 러시아는 조지아를 포함하는 과거의 소연방 국가에서의 나토의 군사 확장을 강력히 반대해왔다.

이외에 조지아는 흑해 지역과의 협력을 확대했다. 2013년 3월에 조지아는 아제르바이잔, 터키 등과 외교 협력 확대 방안에 공동 서명하였다. 당시 조지아의 마야 판지키쉐, 아제르바이잔의 엘마르 마마두아로프, 터키의 아흐메트 다부토글루 외무장관은 3월 28일 흑해 도시인 바투미에서 회동하고 2년간의 협력 방안을 체결하였다. 마마두아로프 장관은 이 협력은 "전 지역의 통합성의 한 예"라고 강조했으며, 다토코글로 장관은 3국 사이에 매우 강력한 협력 플랫폼이 형성될 것이라고 강조했다. 그 이전 3국이 합동 외교부 장관 회담을 개최한 때는 2012년 6월이었으며, 장소는 터키의 트라브존이었다.

나토, 조지아의 나토 가입에 긍정적 입장

고 매케인(John McCain) 상원의원이 가능한 한 가장 빠른 시간 내에 조지아와 몰도바가 나토에 가입할 것을 촉구한 적이 있었다. 대선에도 공화당 후보로 나선 바 있는 매케인은 2014년 3월 12일 '미국의 소리'(Voice of America) 방송과의 인터뷰에서 2014년 우크라이나 사태에 대한 러시아의 반응에 주목하면서, 이에 맞서 미국 의회가 취해야 하는 조치 중의 하나는 "나토로 향하는 조지아와 몰도바의 행보에 가속도를 붙여주는 것"이라고 언급했다. 맥케인 의원은 조지아의 나토 가입 필요성을 언급하면서, 체코와 폴란드에 미국의 미사일 방어 시스템을 정착시킬 필요성에 대해서도 강조했다. 2009년에 미국은 악의 축 국가로부터의 공격에 대비해 부분적인 미사일 시스템을 체코와 폴란드에 설치하는 계획을 세웠다가 포기한 바 있다. 미국 정부는 그 대신 루마니아와 흑해 지역에 적의 미사일 공격에 대비, 정교한 방어 시스템을 갖춘 순양함을

배치하였다.[215]

　라스무센 사무총장은 조지아가 성숙한 민주주의 국가로 발전하는데 있어 놀랄만한 진보를 보여주고 있으며, 나토의 특별한 동반자임을 강조했으며, 서방은 조지아의 나토 가입에 대해 우호적이었다. 2014년 4월 2일, 브뤼셀에서 개최된 나토 - 조지아 외무장관급 위원회 회담에서 라스무센은 조지아가 스스로 "안보 수출국"(security exporter)임을 증명해왔다는 점을 높게 평가했다. 그는 조지아가 아프가니스탄에서 군대를 파병하고 안보 임무에 헌신해왔다고 강조하였으며, 아프가니스탄 지역 안보를 위해 책임을 다하는 국가가 될 것으로 강조했다.

　나토는 아프가니스탄에 안보와 안정을 부여하는 국가로 조지아를 높게 평가했다. 조지아가 실제적 개혁을 추구하고 있다고 인정했다. 나토는 남오세티아와 아브하지아 공화국은 조지아의 영토에 포함된다는 입장을 지지해왔다. 나토는 특정 국가 통합성은 전세계가 인정하는 국경선 내에서 처리되어야 하며, 이런 점에서 나토는 조지아가 유럽 - 대서양 블록에 포함되는 것을 지지하였다.

　나토 - 조지아 회담에서는 우크라이나에 대한 러시아의 군사 행동에 따른 국경 위기에 대한 토론이 있었다. 2014년 말에 아프가니스탄에 파병된 나토군의 철수가 시작되었다. 미군과 나토군은 9.11 사태 20주년이 되는 2021년 9월 11일까지 아프가니스탄에서 완전 철수하는 것으로 되어있다. 이후 아프가니스탄 안보를 책임질 아프가니스탄 국가안보국의 전반적인 상황도 의논되었다.[216] 라스무센 사무총장은 나토와의 군사 동맹에 더 강하게 편입하고자 하는 조지아의 결정을 러시아가 수용할 것을 촉구하기도 했다. 라스무센은 2014년 6월 4일, 브뤼셀에서 나토 국방장관 회담을 마친 직후 조지아 국민이 EU와 나토 회원국으로의 길을 스스로 결정했고, 이러한 선택은 조지아의 주권에 해당하며, 러시아는 이를 존중할 것을 강조했다.

나토-조지아 위원회는 국방장관 회담이 열리기 직전에 회의를 가졌는데, 양측은 러시아의 우크라이나의 크름(크림) 공화국 불법 점거에 관해 의견을 나누었다. 그러나 양측은 조지아가 어느 시점에 나토의 정식 회원국이 될 지에 대한 구체적인 계획에 대해서는 의견을 나누지 않았다. 나토는 조지아의 군대 개혁에 대한 노력을 평가하고 특히 국방과 보안 분야가 더욱 더 투명하고 신뢰할 만한 수준이 되었다는 입장을 가지고 있었다.[217]

사카쉬빌리 전 대통령도 미국의 고위 관리들과 만나 우크라이나에 군사 원조를 강력히 요청하는 로비 활동을 벌이는 등 전임 대통령까지 친서방 전략을 적극 추진하였다. 사카쉬빌리는 워싱턴에서 미국의 고위 관리들과 법률가들을 만나 우크라이나에 무기를 지원하기 위한 미국 의회의 움직임에 관해 의견을 나누었다. 우크라이나 반군에 러시아제 탱크와 군사 장비 등을 제공하고 있는 러시아 정부에 대처하기 위해 미국은 우크라이나에 동일하게 군사 지원을 단행해야 한다는 것이 사카쉬빌리의 입장이었다. 미 의회의 많은 의원들은 우크라이나 동부 지역에서 벌어지고 있는 전투에서 반군을 지원하고 있는 러시아를 비난하였다. 사카쉬빌리는 미국도 우크라이나 정부에 무기를 지원해야 한다고 강력히 요청하였다.[218] 마그벨라쉬빌리 조지아 대통령은 의회에서 조지아의 친서방 경향은 철회할 수 없는 일이라고 강조했다. 그는 "우리의 주된 선택은 유럽 민주주의이며, 주요 성취는 자유이다"라고 언급했다.[219]

신정부의 나토 가입 정책

2012년 총선 이후 신정부가 들어서면서 조지아가 굳이 나토 회원국이 되어야 할 것인가에 대한 의문도 여전하였다. 특히 나토 지원 입장에서 아프가니스탄의 군사 지원 작전에 조지아가 적극 나섰는데, 작전 수행 중에 조지아 군인 희생자가 적지 않게 나왔다. 독립 이후 조지아의 나토 가입은 정부의 최우선 대외 정책이었다. 비회원국으로서 나토의 가장 강력한 파트너는 조지아였다. 조지아는 코소보와 아프가니스탄에서 군사 작전에 참여했으며, 지중해에서 반테러 작전을 수행하였다. 나토는 조지아에 나토 동맹국이 되기 위한 길은 열려있다고 확신시켜왔다. 그러나 2015년 3월, 프랑수아 올랑드 대통령은 프랑스는 나토가 더 이상 새로운 회원국을 받아들이지 않기를 바라는 입장이라고 언급했는데, 이는 조지아를 실망시켰다. 미국 민주당 계열의 연구 기관의 2015년 여론조사에 따르면, 조지아인 중 약 68%가 나토 가입을 국가 과제로 찬성하였다. 이는 2014년 8월의 72%와 2013년 11월의 82%에 비해 떨어진 수치이다.[220]

조지아 내 나토 훈련 캠프 건설

나토의 새로운 훈련 캠프가 트빌리시 외곽 지역에 세워졌다. 당시 스톨텐베르그 사무총장은 2015년 8월 27일 캠프 개소식에서 훈련 캠프는 2014년 9월에 나토와 조지아 정부 간 합의된 약속을 이행한 것으로 조지아의 방어 능력을 증대시킬 것이며, 코카서스 국가들이 더 긴밀한 군사 동맹을 맺을 수 있는 계기가 될 것이라고 강조했다. 훈련 센터는 조지아 군인들과 관리들에게 이론적이고 실제적인 훈련을 제공하였다. 가리바쉬빌리 총리는 이 센터는 특정 국가를 반대하기 위한 목적으로 설치된 것은 아니라는 점을 강조했는데, 이는 러시아를 의식한 발언으로 보인다. 러시아는 이 훈련 캠프 설치를 비난했다. 총리는 지역 안보, 평화, 안정성을 강화하기 위해 캠프를 설치하였다고 강조했다.[221] 훈련 캠프 센터 설치로 미국이 조지아 군인들에게 군사훈련을 실시하였다.

러시아는 훈련 캠프 설립에 반발하였다. 러시아는 미국과 조지아가 조지아에서 거행하는 연합 군사훈련을 비판하였다. 2016년 5월 11일부터 26일까지 '거룩한 동반자(Noble Partner) 2016'으로 명명되는 군사 훈련이 있었다. 러시아 외무부는 이는 코카서스 지역을 불안정성으로 이끄는 '도발적 단계'라고 규정하였다. 이 훈련에는 미국 및 유럽 사령부에서 650명의 병력, 조지아 650명 병력, 그리고 150명의 영국 군인이 참여했다. 조지아 국방부가 밝힌 바에 따르면, 훈련의 주요한 목적은 나토 신속 대응군의 일원으로 활동할 조지아의 군사력을 증진시키는 것이었다. 훈련 참가를 위해 미국의 탱크와 병력수송 장갑차 등이 조지아의 흑해 항구인 포티에 3월 5일에 도착했다. 미국의 군 장비가 처음으로 조지아에 배치되었다.[222]

2016년 6월 조지아 내 여론조사 결과를 보면, EU와 나토 가입에 비교적 찬성이 더 많이 나왔다. 유럽 - 대서양 통합 중 나토 가입에는 64%, EU 가입에는 72%의 찬성이 나왔다. 응답자의 53%가 나토와 유사한 다자기구에로의 가입이 국가적 이득이 될 것이라고 답했다. 29%는 러시아와의 연대를 위해 서방과의 통합을 포기해야 한다고 답했다.[223] 러시아 통치자들은 1990년대 중반까지 러시아가 서방과의 연대를 적극 추구하였다는 점을 강조해왔다. 그러나 러시아는 미국 등 서방국이 나토를 정점으로 동유럽으로 확장 정책을 추구해왔다고 비판했다.

3. 조지아 - 우크라이나 국제관계 및 친서방 정책

2017년 양국 '전략적 동반자 관계'로 격상

2013년 12월, 우크라이나 정부는 사카쉬빌리를 비롯해 30명의 조지아인에 대한 입국 불허 조치를 단행했다. 그들이 친서방 시위를 벌인 우크라이나인과 시위 공조를 했기 때문이었다. 당시는 야누코비치 대통령 통치 시기였다. 친러시아 경향의 우크라이나 정부는 친서방 경향의 시위에 매우 민감해하고 있었다. 입국이 불허된 대부분의 조지아인은 사업가들이었다. 사카쉬빌리는 우크라이나가 2013년 11월에 EU와 체결하기로 되어있던 협력협정 체결을 연기함에 따라 촉발된 국민의 시위 현장인 독립 광장에 나타나 우크라이나 시위를 지원하였다.

2015년 우크라이나의 신정부시기 포로센코 대통령의 요청으로 사카쉬빌리는 오데사 지사로 근무하였다. 신정부는 친서방, 반러시아 경향의 정책을 추진하였다. 그런데 조지아 정부가 2015년 사카쉬빌리의 송환을 요구하였다. 우크라이나 정부는 사카쉬빌리를 보호하는 태도를 취했다. 2015년 4월 1일 우크라이나 검찰청은 사카쉬빌리의 송환 요구는 정치적인 동기이기 때문에 이를 허락할 수 없으며, 인권 보호 및 기본 자유를 규정한 1950 협약에 위반된다고 발표했다. 사카쉬빌리는 2015년 2월 이후 우크라이나 국제고문단의 대표직을 맡았고 이후에 오데사에서 근무했다.[224]

조지아와 우크라이나가 사카쉬빌리 전 대통령 문제 때문에 이견은 있었지만, 사카쉬빌리가 포로센코 대통령에 의해 해임된 이후 조지아와 우크라이나는 '전략적 동반자 관계'(strategic partnership)를 선언했다. 포로센코는 2017년 7월 17~19일 조지아를 공식 방문하면서 조지아 대통령, 총리, 의회 의장등과 회담을 가졌다. 7월 18일에 양국 대통령 정상회담 이후 '전략적 동반자 관계'로 공식 발표되었다. 양국은 UN 총회와 UN 안보리 이슈를 논의하고 UN에서의 협력 관계 강화에 상호 노력하며 EU, 나토 가입과 유럽 – 대서양 통합에 공동 노력한다는데 합의했다.[225]

우크라이나 정부는 돈바스를 비롯한 동부 지역에서 반군과 전쟁을 벌이고 있는 우크라이나 정부군을 지원해준 점에 대해 조지아에 감사의 뜻을 표명했다. 양국은 러시아 점령 문제에 공동 대처하고 무역 협력 증진을 위해 노력하고 국제 운송 프로젝트 등에서 상호 연대하기로 합의했다. 지역 통합성, 민주주의 수호에도 공동 협력하기로 했다. 국제 사회에서 민스크 협정 준수를 요구하였다. 러시아가 점거한 지역에서 무장 군인들이 철수할 때까지 국제 사회가 러시아에 압력을 증가해야 한다고 뜻을 모았다. 양국은 양자 및 다자 협의를 통해 외교 방식으로 러시아를 압박하는 데에 동의하였다. 양국 대통령은 남오세티아 접경의 철조망 지역을 방문하고 러시아는 침략국이라 비난하였으며, 러시아의 점령 지역에서 양국 상황이 유사하며, 러시아로 인해 혼란과 절망, 인도주의적 재난에 직면하고 있다는 인식을 공유하였다.

양국 관계가 전략적 동반자 관계로 격상된 과정은 어떠했을까? 그동안 사카쉬빌리가 우크라이나에서 주지사로 근무하고 몇 년간 정치적 활동을 펼치면서 양국 관계는 급속하게 냉각되었다. 사카쉬빌리와 그 측근들이 2015년에 우크라이나로 이주하면서 우크라이나 신정부의 개혁을 적극 지원하였다. 2015~2016년 조지아 정부는 사카쉬빌리와 그의 측근들을 재임시 권력 남용과 부패로 전격 기소하였고 본국 송환을 추진하였다. 조지아는 우크라이나 정부의 송환 거부로 강한 불만을 가졌고 양국 관계가 경색되었다.

사카쉬빌리는 오데사 주지사로 근무하면서 조지아 정부를 자주 비난하였다. 조지아는 우크라이나가 사카쉬빌리의 행동을 방관하고 있다고 간주했다. 2014년에 바실리 트시벤코 주조지아 우크라이나 대사의 임기가 만료되면서 우크라이나는 2년간 조지아에 신임 대사를 파견하지 않았다. 조지아는 러시아에 대한 서방의 경제 제재에 참여하지 않았다 (다만 러시아 점령하의 크름(크림)반도의 생산품에 대해서는 경제 제재 참여). 조지아는 돈바스 지역에서 우크라이나 반군들과 전투하던 수백 명의 조지아인들의 군사 행동을 공식적으로 승인하지 않았다.

그런데 양국 관계에 반전이 일어났다. 2016년 11월 사카쉬빌리는 오데사 주지사직에서 해임되었고 양국 관계는 전격 복원되었다. 사카쉬빌리는 포로셴코 대통령을 강하게 비난하기 시작했고 우크라이나 정부는 사카쉬빌리의 우크라이나 시민권을 박탈했다. 이후 우크라이나는 조지아에 전략적 동반자 관계를 선언하자고 요청했다. 2017년 3월, 크비리카쉬빌리 총리는 GUAM 정상회담으로 우크라이나를 방문하고 포로셴코 대통령과 회의했다. 2017년 3월 28일, 우크라이나는 UN 안보리 비상임이사국 자격으로 조지아의 영토 통합과 주권을 지원하는 결의안을 UN에 제출했다. 그런데 이 결의안은 안보리 상임이사국인 러시아의 반대로 무산되었다. 우크라이나는 조지아를 지원한다는 의지를 가지고 가능하다면, 조지아를 러시아에 대항하는 공동의 동맹으로 간주하겠다는 뜻을 표명하였다.

양국은 EU 및 나토 가입 등 공동의 관심 분야가 일치하는 국가이다. 그리고 유럽 지향성의 정치, 문화적 정체성을 역사적으로 소유하고 비교적 긴밀한 관계를 유지한 편이다. 문화적, 심리적 유사성이 수세기 동안 이어져 왔으며, 조지아의 위대한 시인인 다비드 구라미쉬빌리는 18세기에 우크라이나에 거주하기도 했다. 1991년 소련 해체 이후 양국은 EU와 나토 가입 추구로 공동으로 유럽 통합에 관한 관심이 일치하였다. 조지아는 독립 이후 지속적으로 친유럽 정책을 실시했다. 우크라이나는 2004년 오렌지혁명 이후 유럽으로의 정책 지향성을 추진해왔다.[226]

양국은 러시아를 공동의 적으로 설정할 가능성이 있고 정치적 이익도 일치한다. 전략적 동반자 관계 설정은 푸틴의 권위주의 체제에 반대하는 구소련공화국의 모든 세력의 정치적 동기로 작용한다. 정치, 군사, 국제 분야에서 양국 공동의 관심사가 일치한다. 양국이 강력히 추구하는 영토 통합성, 국가성 그 자체가 공동의 적인 러시아로 인해 위협을 받고 있다는 인식을 공유하고 있다. 군사적으로도 흑해 북부와 동쪽 지역에서 전략적 가치를 가지고 있다. 이 지역은 러시아의 서쪽과 남쪽에 접해있으며, 흑해에 대한 양국의 전략적 관심도 일치한다.

양국 경제협력 적극 추진 합의

포로셴코 대통령은 트빌리시에서 개최된 '조지아-우크라이나 비즈니스 포럼'과 아자리아의 수도인 바투미에서 열린 '조지아 투자 포럼'에 참가했다. 포로셴코는 아자리아 의회 의장인 주라브 파타라쉐와 공식 면담하고 경제협력 강화에 합의했다. 마르그벨라쉬빌리 대통령은 비즈니스 포럼에서 조지아는 우크라이나에 매력적인 투자 환경을 조성하고 있음을 강조했다. 양국의 경제 합의 내용에는 관세 장벽의 제거, 철도 및 페리 운송 요금의 조정, 자유 무역 지대의 증대 등이 포함되어있다. 포로셴코 대통령은 양국 교역 총액이 수년 이내에 10억 달러로 증대될 것을 강력히 요청하였다. 대통령은 양국의 경제적 잠재력을 생각하면 2016년 교역액인 5억2천6백만 달러는 매우 부족한 규모라고 지적했다.[227]

GUAM 참여국인 조지아와 우크라이나

양국은 구암(GUAM)에 참여하고 있다. 양국의 관계 심화에는 GUAM의 존재를 무시할 수 없다. 다자간협력기구인 GUAM은 경제 및 정치적 연합체로 향후 GUAM 활동의 활성화에 대한 공동의 관심이 증대되고 새로운 차원의 방향성이 제고되고 있다. 양국은 2002년에 제정한 GUAM의 자유무역협정에 따라 상품과 운송의 관세 통제를 강화하기로 합의한 상태이다. 2017년 3월 GUAM 정상회의에 참석한 조지아 총리의 우크라이나 방문으로 양국의 경제 및 정치적 유대의 강화의 필요성이 대두되었다.

그런데 강대국 러시아에 대항하여 양국이 유대 관계를 지속할 수 있을지의 여부가 주요한 변수가 될 것이다. 우크라이나는 돈바스 지역에서 러시아가 지원하는 우크라이나 반군과 힘겹게 대치하고 있다. 사실상 러시아의 영향력을 완전히 몰아내기는 불가능한 상태이다. 조지아와 우크라이나는 강력한 국가가 아니며, 전쟁으로 인해 각종 사회경제적 문제가 발생하였다. 양국이 매우 강력한 동맹을 결성할지도 불투명하고 러시아의 압력에 대처할 수 있는지의 여부가 지속적인 관찰 대상이 될 것이다. 국제정치전문가는 당분간 양국 관계는 긴밀한 유대 관계가 지속될 것으로 전망하고 있다. 정치전문가들은 조지아-우크라이나 관계는 일정한 테스트 기간이라고 간주한다. 그런데 양국의 잠재력은 인정되고 있으며, 상호 관계를 심화시키기 위한 신중한 조치를 취할 것으로 전망된다. 일정한 시간 경과 이후에 양국 관계 발전의 기회가 더 많이 창출될 가능성이 있다.

양국의 가장 핵심적인 현안은 영토 통합성이다. 영토 통합성의 양상에 따라 양국 관계에 변수가 발생할 수 있다. 아브하지아, 남오세티아 공화국과 러시아 연방과의 유대 관계가 지속될수록 조지아의 EU 가입 정책은 지속적으로 유효할 것이다. 포로셴코 대통령도 영토 통합성을 매우 강조하는 모습을 보였다. 그는 조지아를 방문하면서 "러시아의 조지아 점령 지역은 아브하지아와 남오세티아로 규정하고, 우크라이나에는 크름(크림)반도와 우크라이나의 동부"라고 재차 강조하였다. 그는 영토 통합성의 강력한 의지를 천명했다. 러시아는 2014년에 불법적으로 크름(크림)반도를 점령했고 돈바스 지역에서 우크라이나 반군을 지원했다. 2014년 4월 이후 우크라이나 반군과 정부군의 전쟁으로 10,000명 이상이 사망했다. 이 지역에서의 전쟁 상황이 유동적이고 국제사회의 개입이 다양한 변수로 작용하고 있다.[228]

6장 조지아–러시아 관계

1. 조지아–러시아 관계로 본 조지아의 친서방 외교전략

조지아–러시아의 역사적, 정치적 관계

조지아와 러시아의 역사적 관계는 17세기로 거슬러 올라간다. 제정 러시아는 북부 유라시아 지역의 강자였다. 동방정교인 조지아 정교를 신봉하던 조지아는 오스만 투르크와 페르시아의 사파비 왕조에 대항해 러시아의 보호를 필요로 했다. 러시아의 알렉산드르 1세(재위: 1801~1825)가 통치를 시작한 1801년에 조지아는 러시아에 편입되었다.[229] 역사적으로 양국 관계는 매우 밀접하다.

양국 관계를 논하기 이전에 동유럽에서의 러시아의 정치적 위치에 대해 서술할 필요성이 있다. 동유럽에서 EU와 러시아는 핵심적인 정치적 역할을 하고 있다. EU와 러시아는 다변화적으로 생성되는 외부적 도전을 조정하면서 근린 지역의 국제적 환경을 유리하게 형성하기 위해 각각 보유하고 있는 다자기구 권한을 행사하고 있다. 러시아는 이 지역에서 EU의 정치적 라이벌로 공인되어있다. 러시아는 EU의 근린 이니셔티브 계획에 대항하는 일련의 정책을 내세웠는데, 2010년에 '관세 동맹'(Customs Union) 창설을 주도했다. 2012년에는 공동 경제 공간(Common Economic Space)을 창설하였다. 러시아, 벨라루스, 카자흐스탄이 참여했다. 2015년에는 '유라시아 경제연합'(EAEU)을 출범시켰다.[230]

러시아는 2010년대 동유럽에서 정치적, 경제적, 군사적 분야에서 주도적 역할을 하기 위해 강경한 대외정책을 펼쳤다. 러시아는 1990년대, 미국 등 서방과의 연대를 핵심적인 국가 정책으로 상정하고 실행했다. 그러나 소기의 목적을 달성하지 못했다. 1990년대 초에 러시아와 그

근린 국가들에 부과된 경제적, 정치적 일련의 위기가 러시아의 경제적 약화 및 정치적 혼란으로 이어졌다. 과거 안방이었던 CIS 지역에 미국과 유럽 국가들이 적극 출현하는 것을 바라만 보고 있었던 상황이었다. 유럽은 양자 및 다자 에너지 프로젝트를 추진하고 있었다. 러시아는 제외되었다. 러시아는 EU와 나토의 동유럽 확장을 1990년대 초기에 방관하였다. 이는 조지아를 비롯한 동유럽권에 서방의 영향력이 강하게 확대되었다는 것을 의미하였다. 러시아는 당시에 스스로 고립되었다고 인식하였다.

이런 상황 하에서 러시아는 1990년대 중반 이후 구소련 국가들과의 관계를 중요시 여기는 정책으로 전환했다. 러시아는 과거 소련시기 영향력을 복원하고 국가 역량을 강화하는 정책을 추진하였다. 1990년대 중반 이후인 옐친 후반기에 이르러 국가 안보의 전통적 개념을 전환하였다. 다른 말로 하면, 근린 국가에 대해 과거의 영향력을 복원하고자 하는 러시아의 정책적 전환은 서방과의 유대 및 화해 정책에 대한 실망감으로부터 배태되었다. 즉 러시아는 서방과의 공존을 통해 서방 공동체로 자연스럽게 통합된다는 계획을 성취하지도 못했고, 서방처럼 자산이 풍부한 국가 대열에 포함될 수도 없었다는 인식을 가졌다. 러시아의 전통적 권위와 영향력은 점진적으로 퇴조되었다.[231]

2000년대 조지아 – 러시아 전쟁으로 양국 관계 악화

이런 관점을 토대로 조지아 – 러시아 관계를 분석한다면 아래와 같다.

첫째, 2003년 장미혁명 이후 조지아에서는 반러시아 분위기가 매우 강하게 퍼져나갔다.

사카쉬빌리 집권 이후 반러시아 정치 그룹이 권력을 획득하면서 민주, 경제 개혁이 시작되었다. 조지아는 서방과 긴밀한 관계를 추진하였으며, 분리 독립을 주장하던 남오세티아와 아브하지아 자치공화국을 통제하였다. 이런 과정은 러시아의 개입으로 방해받았다. 러시아는 1990년대 후반 이후 구소련 지역에 대한 영향력을 복원하고자 총력을 기울이고 있었다.[232]

둘째, 사카쉬빌리 정부 출범 이후 양국 간에 정치적 위기가 지속되다가 전쟁으로 그 관계가 급속히 냉각되었다는 점이다.

2006년 여름, 양국의 정치적 긴장 상태는 최고조에 이르렀다. 조지아는 4명의 러시아 관리들을 억류했고 러시아는 조지아인들을 대거 추방함으로써 맞섰다. 2008년 7월 러시아는 아브하지아와 남오세티아에 군대를 전격 주둔시켰다. 이로써 양국 관계는 경색되었다.[233] 2008년 8월 7일 베이징 올림픽 기간에 조지아는 남오세티아의 수도 츠힌발리에 대한 군사 공격을 시도하였고 러시아는 자국 국민을 보호한다는 명목으로 전쟁에 개입하였다. 8월 13일, EU가 중재안을 제시하고 양측이 서명하면서 전쟁이 종결되었다.[234] 이 전쟁은 5일 만에 종식되었다고 해서 '5일 전쟁'으로 불리기도 했다. 러시아는 남오세티아와 아브하지아를 제외한 비분규 지역에서 조지아와 전투를 벌였다. 러시아군대는 점거한 조지아의 영토에서 물러났다.[235]

1992~1993년 조지아에 일련의 내전이 발생하였을 때 당시 옐친러시아 대통령의 개입으로 내전이 종식되었다. 그런데 당시 러시아 정치 지도자들은 조지아 정치 엘리트들이 조지아가 친서방 입장을 견지한다는 사실에 불만을 가졌다. 사카쉬빌리가 약 2,000명에 달하는 군인들을 중동 및 중앙아시아 분쟁 지역에 파병했다는 것도 달갑지 않은 일이었다. 그리고 바쿠-트빌리시-세이한으로 이어지는 BTC 송유관이 등장함으로써 러시아의 에너지 권력이 서방으로 넘어갔다는 사실 때문에 경제적 측면에서도 조지아에 대해 국가적 감정이 좋지 않았다.[236]

셋째, 1991년 독립 이후 국제 사회의 안보 레짐과 영토 통합성과 관련된 영역이 양국 전쟁의 배경으로 등장했다는 점이다.

현승수는 러시아-조지아 전쟁 원인으로 다음의 3가지를 들었다. 첫째, 체첸 분리주의와 테러로 인해 북카프카스의 안보가 중요한 이슈로 등장했으며, 그에 따라 남코카서스 안보의 중요성이 증대되었다는 점이다. 둘째, 러시아가 2007년까지는 조지아에 군사기지를 가지고 있었으나 기한이 종료되면서 2개 자치공화국을 지원하면서 전쟁이 발생했다는 것이다. 셋째, 조지아의 나토 가입 가능성이 증대됨에 따른 러시아의 위기감으로 인해 전쟁 양상으로 발전했다.[237]

러시아는 조지아의 친서방 기조를 방해해왔으며, 중앙 정부와 아브하지아와 남오세티아의 갈등에 단순한 방관자가 아니라 주요한 정치적 역할을 자처한 국가였다. 2개 자치공화국의 소위 '얼어붙은 갈등'(frozen conflicts)은 소련 해체 이후 조지아 내에 엄연히 존재한 정치적 실체였다. 이 갈등은 정치적 수준을 뛰어넘었으며, 종종 군사충돌로 이어졌다.[238] 러시아로서는 나토가 동유럽 확장의 일환으로 조지아를 활용하고 있다고 판단할 수밖에 없었다. 동유럽 국가들이 1990년대부터 나토에 가입했기 때문이다. 1999년 4월 폴란드, 체코, 헝가리, 2004년 3월 불가리아, 에스토니아, 라트비아, 리투아니아, 루마니아, 슬로바키아, 슬로베니아가 가입했다. 나토의 동유럽 확장은 러시아의 안보에 심각한 위협이 되고 있다는 우려가 러시아 내에 광범위하게 퍼졌다.[239]

러시아는 조지아와의 전쟁 초기에 남오세티아와 아브하지아 공화국 경계의 완충지를 전격 점령하였다. 그러나 당시 EU 의장이던 사르코지 프랑스 대통령의 중재로 점령지로부터 물러났다.[240] 러시아는 적어도 주권 국가의 국경을 강제적으로 변화시킨 셈이 된다. 러시아는 자국 이익의 보호 차원에서 군사 행동 전략을 추구할 수도 있다는 사실을 전 세계에 경고했다. 그리고 이를 실행했다. 조지아 개입으로 러시아는 CIS

국가에 대해 여전히 일정한 영향력을 행사할 수 있다는 것을 보여주었다. 러시아가 조지아 영토 내에서 단행한 일련의 행동으로 러시아의 입지는 강화된 측면이 있다. 당시 메드베데프 러시아 대통령에 의해 이는 확인된 바 있는데, 그는 2008년 전쟁은 중대한 목표점을 가지고 있었다고 언급한 바 있다. 즉 동유럽에서의 나토 팽창을 저지하는 것이 러시아의 분명한 국가전략이라고 강조했다.[241]

러시아 – EU, 동유럽 지역에서 근린 정책으로 충돌

넷째, 러시아는 근린 지역의 안보와 관련, 서방이 지원하는 국가에 다양한 정치적, 군사적 압박을 가하고 있다.

세르게이 라브로프 러시아 외무장관도 국제 사회에 일련의 경고를 보낸 바 있다. 즉 조지아가 나토 팽창 정책과 관련되어 더 심화된 노력을 기울인다면, 2008년 사건이 반복될 수 있다는 것이다. 2004년 조지아가 유럽 – 대서양 통합을 주창할 때와 2008년 전쟁 때 러시아는 우크라이나에도 강한 메시지를 전달한 적이 있다. 즉 우크라이나가 나토 가입을 지속적으로 주장한다면 전쟁이 발생할 수 있다는 시그널이었다.

구소련 지역에서 최근에 벌어진 가장 강력한 사건은 2014년 2월 28일 일단의 러시아군 약 2,000여 명이 군사 행동을 벌이고 3월 1일 크름(크림)반도를 무력으로 점령하면서 크름(크림)반도를 병합한 일이다. 이는 국제 사회의 정치 행위자들 간에 권력의 재편이 시작되었다는 것을 의미하였다. 이후 우크라이나 정부군과 반군이 동부에서 내전에 돌입하였다. 러시아는 우크라이나 반군을 지원했다. 국제 사회의 권력 구도 측면에서 본다면, 러시아는 과거 세력을 상당 부분 회복하였다. 메드베데프 대통령이 2008~2012년까지 러시아 연방 대통령으로 재직했다. 이후 푸틴은 2012년에 대통령으로 복귀하고 2018년 재선에 성공했다. 이로써 러시아와 EU 간의 근린 개념은 양측에 전략적 도전이 되고 있다. 이양대 그룹 사이에 직면하고 있는 포스트 소비에트 국가들은 2개의 전략적 선택지에서 그 방향성을 찾아야 한다. 러시아의 보호를 수용할 것인가, 아니면 서방 정향성의 국가발전 전략을 선택할 것인가이다.[242]

다섯째, 2012년 집권한 조지아의 신정부는 러시아와 정치적, 외교적 관계를 회복하고자 하는 노력을 보이지만 양국 관계는 구조적 한계에 부닥치고 있다.

신정부는 러시아와 좋은 관계가 축적되도록 노력하면서도 기본적인 대외 정책 기조는 친서방 정책이었다. 국민운동연합의 집권은 끝나고 조지아의 꿈을 중심으로 새로운 정부가 2012년에 탄생했다. 사실 신정부는 이전과 다르게 對 러시아 관계에 매우 조심스러워했다. 수사적으로 화해의 마음을 담은 행동을 보였는데, 이는 전임 행정부와는 완전히 다른 형태였다. 2012년 총선 승리 이후 이바니쉬빌리 총리는 주라브 아바쉬제를 러시아와의 협상 전권 대표로 임명했다. 아바쉬제는 셰바르드나제 행정부 시절 주 러시아 조지아 대사를 역임했다. 조지아는 러시아가 2개 자치공화국에 대해 독립을 승인하자 2008년 러시아와 외교 관계를 단절했다. 신정부 출범 이후 아바쉬제와 러시아의 그리고리 카라신 외교차관을 대표로 하는 협상단이 수교를 위한 논의에 들어갔다. 러시아는 조지아가 유럽과 경제적, 정치적인 연대를 더 강하게 추진하는 일련의 행동을 비난해왔으며, 조지아의 나토 가입을 강하게 반대해왔다.

2013년 5월 21~22일, 라트비아의 리가에서 EaP 회담이 열렸는데, 아제르바이잔, 아르메니아, 벨라루스, 조지아, 몰도바, 우크라이나, EU 회원국 등이었다. 회의 목적은 6개 동유럽 국가들과 EU와의 정치적, 경제적 유대 관계의 강화였다. EU 관리들은 EU의 동유럽 국가에 대한 근린 정책은 특정 국가에 반대하는 입장은 아니라고 러시아 측에 여러 번 밝혀왔다. EU는 우크라이나, 몰도바, 그리고 조지아와 협력 협정을 체결했으며, 이 국가들은 EU 회원국이 되기 위한 목표를 실현하기 위해 EU 와의 연대를 적극적으로 추진하였다.243 2013년 11월 리투아니아의 수도인 빌뉴스에서 개최된 EaP 정상회담에서 조지아는 EU 측과 DCFTA를 체결했다. 그러나 CIS 지역에서 과거 영향력을 복원하고자 하는 러시아의 정책은 조지아를 곤혹스럽게 하였다. 조지아는 러시아의 군사 공격의 목표가 될 수도 있기 때문이다.244

러시아는 기본적으로 EaP 정상회담에 대해 부정적인 입장을 강하게 보여 왔다. 예를 들면, 2015년 5월에 개최된 EaP 정상회담에 러시아는 이 회담 자체가 반러시아 경향을 지니고 있다고 비판했다. 회담의 본질이 명백하게도 반러시아 경향을 지니고 있기 때문에 러시아는 이에 상응하는 "아주 강력하고 원칙에 입각한" 조치를 강구할 것이라고 경고했다.

2. 2012년 이후 조지아 신정부와 러시아와의 관계

조지아 신정부, 러시아와의 국가 관계 회복 노력

2013년에 조지아 정부의 친러시아 경향의 징후들이 곳곳에서 나타났다. 이바니쉬빌리는 러시아와 관계 개선을 시도했으며, 조지아의 생수와 포도주의 대러시아 수출이 재개되었으며, 이에 따라 양국의 협력 관계가 증대되었다. 2006년 전격 중단된 조지아산 생수의 러시아 수출이 7년 만에 재개되었다. 러시아는 2006년 이후 처음으로 조지아의 와인 및 생수 업체에 대한 제품 검사를 개시하였으며, 이 중 30개 업체가 심사를 통과하였다. 러시아는 2006년 이후 조지아의 와인 및 생수 수입을 품질 이유로 금지하였다. 즉 조지아와 몰도바로부터 수입하였던 포도주가 중금속과 농약으로 오염되었다는 이유로 수입을 불허했다. 러시아의 수입 중단 조치는 조지아와 몰도바의 친서방 정책으로 말미암은 것으로 분석되었다. 이후 몰도바는 2007년에 러시아에 포도주 수출을 재개하였지만, 조지아는 2013년까지 러시아로 포도주 수출을 재개하지 못했다.[245]

러시아는 2013년에 조지아산 포도 수입을 허가하였다. 조지아의 40개 포도주 회사가 러시아에 포도주를 수출할 수 있게 되었다.[246] 조지아는 조지아와 러시아의 국경 근처인 두글라쳬 포도주 양조장으로부터 30,000 병에 달하는 포도주를 러시아로 수출하기 시작했다. 러시아 소비보호원은 2013년 3월, 조지아의 포도주와 생수에 실시한 건강 검열(health checks)을 통과하였다고 발표했다. 포도주와 생수 수입이 시작되었다. 러시아는 2013년에 약 1천만 병의 조지아산 포도주와 코냑 수입을 예상하고 있다고 밝혔다.[247] 조지아산 생수 업체인 '보르조미'(Borjomi)社의 생수도 판매되었다. 보르조미 社는 러시아 시장에서 세 번째로 재등록된 회사였다.[248] 러시아소비보호원은 조지아의 95개 주류 판매업체와 7개 생수 업체가 러시아에서 판매 활동을 하고 있으며 러시아는 아브하지아에서 생산되는 주류도 꾸준히 수입하고 있다고 강조했다.[249]

이바니쉬빌리 총리, 러시아와의 관계 개선 적극 노력

2013년 5월, 조지아는 러시아 소치 동계올림픽에 참가하기로 최종 결정했다. 2012년 총선에서 승리한 이바니쉬빌리 총리는 이전부터 조지아가 소치 올림픽에 참여해야 한다고 강조해왔다. 그러나 당시 사카쉬빌리 대통령은 조지아 영토의 20%를 점거하고 있는 국가가 주최하는 대회에 조지아 선수들은 참여할 수 없다고 언급하면서 소치 올림픽을 거부하고 싶다는 의사를 피력했다. 러시아와 조지아 간의 외교 관계가 조금씩 진전되면서 이바나쉬빌리 총리는 2013년 6월 26일, 조지아를 방문한 나토의 라스무센 사무총장을 면담한 자리에서 조지아가 러시아와의 관계를 증진하기 위한 모든 조치를 취할 것이라고 밝혔다. 동시에 그는 조지아는 가장 빠른 시간 내에 나토 가입이 가능하도록 조치를 취할 것이라고 강조했다. 이바니쉬빌리와 라스무센은 조지아와 나토, 조지아와 러시아의 향후 관계에 대한 의견을 다양하게 교환하였고, 동시에 조지아의 내정에 관해서도 협의하였다.[250]

이바니쉬빌리는 러시아 - 조지아 전쟁 5주년인 2013년 8월 8일, 고리시에서 개최된 육군 신병들을 위한 연설에서 러시아와의 관계는 반드시 정상화해야 한다고 강조했다.[251] 이바니쉬빌리는 EAEU 출범 이전에 러시아가 주도한 '유라시아 경제 공동체'(Eurasian economic union)에 조지아의 가입을 배제하지 않는다는 입장을 밝혔다. 당시 유라시아 경제 공동체에는 러시아, 벨라루스, 카자흐스탄이 회원국이었다. 러시아는 유라시아 경제 공동체에 CIS 국가들이 가입하도록 촉구했었다.

사카쉬빌리는 이바니쉬빌리 총리의 친러시아 정책에 제동을 걸기 위해 노력했다. 2013년 사카쉬빌리 대통령은 신정부가 러시아로부터 천연가스 수입을 고려하고 있다는 계획을 강하게 비판했다. 사카쉬빌리는 신정부가 천연가스 수입국으로 러시아를 고려하고 있다는 생각 자체는 독립국인 조지아의 국가 정책을 수정한다는 의미와 동일한 일이라고 비판했다. 그 대신 조지아는 이웃 국가인 아제르바이잔으로부터 천연가스를 수입해야 하며, 에너지 자원 관련, 러시아로부터 완전히 독립적 위치에 있어야 한다는 점을 강조했다. 그런데 2013년 5월 6일, 카크하 칼라줴(Kakha Kaladze) 에너지 및 광물자원부 장관이 조지아는 러시아로부터 천연가스를 수입해야 한다고 밝혔다. 조지아는 2007년 이후 러시아산 천연가스 수입을 중지하였으며, 이후 아제르바이잔에서 수입하고 있다.[252]

러시아와 조지아는 표면적으로는 양국 외교 관계 복원을 위한 회담을 열었다. 카라신 차관과 조지아 총리 특임 대표인 주라브 아바쉬제 간의 회담이 2012년 12월에 제네바에서 시작되었다. 제네바 회동 이후에는 수차례 체코의 수도인 프라하에서 이루어졌다.²⁵³ 2008년 전쟁으로 단절된 러시아-조지아 직항편이 2013년 10월 27일부터 개설되었다. 러시아 국영항공사 아에로플로트 '에어버스 320' 항공기가 10월 27일 모스크바-트빌리시 노선을 다시 운항하기 시작했다. 당시 민간항공사인 'S7', '우랄항공' 등 러시아국적의 항공사와 조지아 국적인 '조지아 에어웨이즈'(Georgian Airways) 항공사도 러시아-조지아 정기 항공편을 개설할 계획인 것으로 알려졌다.²⁵⁴

조지아와의 외교 관계 개선에 대해 러시아는 어떤 입장을 가졌을까? 푸틴 대통령은 러시아가 조지아와의 외교 관계를 회복할 준비가 되어 있다고 언급한 적이 있었다. 푸틴 대통령은 2015년 12월 17일, 크렘린 궁에서 가진 러시아 언론과의 연례 기자회견에서 조지아 정부로부터 양국 관계가 진전이 있을 것이라는 암시를 받았다고 강조했다. 러시아는 전쟁 이후 조지아인의 러시아 무비자 입국을 금지한 바 있는데, 푸틴 대통령은 이를 해제할 준비도 되어 있다고 언급했다. 그런데 푸틴은 사카쉬빌리 전 대통령과 그 이전의 조지아 대통령들을 남오세티아 공화국과의 군사적 갈등을 유발한 장본인으로 지목하고 비난했다. 푸틴은 "조지아의 전지도자들과 사카쉬빌리는 영토 붕괴를 야기한 모험주의적인 결정을 내리지 말았어야 했다"고 지적하고 "그것은 그들의 잘못이며, 그 행동은 역사적인 것이며, 이제는 그들이 스스로 그러한 잘못을 짊어져야 한다"고 강조했다. 푸틴은 포로셴코 대통령이 사카쉬빌리 전대통령을 오데사 주지사로 임명한 것은 우크라이나 국민에게 침을 뱉는 행위라고 덧붙였다.²⁵⁵

그러나 이바니쉬빌리는 2개의 자치공화국과 직접 대화를 할 준비가 되어있지만, 2개 공화국은 조지아의 영토로 편입되어야 한다는 입장을 강하게 가지고 있었다. 그 자신이 아무리 친러시아적 경향을 가진 정치적 인물이라고 하더라도 영토 통합성은 조지아로서는 절대로 양보할 수 없다. 러시아와 외교 관계를 복원하는 것과 영토 통합성 문제는 다른 사항이었다. 영토 통합성 부분에서는 절대로 양보할 수 없다는 것이 정부의 의지였다.

구소련 동유럽 국가들, EU와 긴밀한 유대 관계 지속

구소련 동유럽 국가들은 EU와 긴밀한 유대 관계를 가지기 위해 애썼다. EaP 정상회담에서 EU와 동유럽 6개국은 긴밀한 유대 관계를 확인하는 성명서를 채택했다. 2015년 5월에 개최된 정상회담에서 EU와 6개국은 1년 전인 2014년 5월에 행해진 러시아의 크름(크림)반도 점령 사건에 대해 '불법'이라는 문구를 채택하느냐에 있어서 이견을 보였다. 그리고 나고르노-카라바흐 지역 자격을 정하는 과정에서 다른 의견을 보였다.

동유럽 6개국은 조지아, 우크라이나, 아제르바이잔, 몰도바, 아르메니아, 벨라루스 등이다. 아르메니아와 벨라루스는 성명서에서 '불법'이라는 문구를 포함시키는 것에 대해 반대했다. 양국은 러시아가 주도하는 유라시아경제연합 회원국이다. 유럽위원회 의장인 도날드 투스크는 2015년 라트비아 리가에서 개최된 이틀간의 정상회담 폐막 직후 동유럽 국가들의 다른 정치적 입장으로 말미암아 연합성명서를 채택하는 과정에서 여러 가지 강력한 감정의 분출이 있었던 것은 매우 자연스러운 일이라고 언급하였다.

그러나 러시아의 크름(크림)반도 점령에 대한 문구 삽입 이슈는 최종 성명서에서 채택 되었다. 최종 성명서의 4항에는 크름(크림)반도에 대한 불법적인 점령에 대한 EU의 반대를 재확인한다는 내용으로 마무리되었다. 그런데 이 문구는 정상회담에 참여한 동유럽 모든 국가가 다 반대하는 입장은 아니라는 의미로 해석된다. 나고르노 카라바흐 이슈는 장기적인 갈등 사항이었다. 투스크 의장은 일함 알리예프 아제르바이잔 대통령과의 전화 통화에서 이 문제에 대해 논의한 것으로 알려졌는데, 당시까지만 해도 명확한 해결 방안은 없었다. 알리예프 대통령은 이 지역과 관련, 성명서에서 언급되지 않기를 바란다는 입장을 표명했다. 당시 투스크 의장과 알리예프 대통령은 유럽과 EaP 국가 간에 이 사건을 해결할 새로운 수단의 필요성이 있다는 점에 대해서는 견해를 같이했다. 그리고 2015년 최종 성명서에서 EaP 회원국들은 유럽 일원이 된다는 열망을 가지고 있으며, 동시에 유럽 국가로서 고려된다는 내용이 성명서에 채택됨으로써 조지아, 우크라이나, 몰도바 등 EU 가입을 강력히 원하는 3개 국가는 이번 성명서 채택의 승자로 해석되었다.[256]

조지아 신정부, 친서방 방향성의 대외 정책

그런데 신정부 출범 이후에도 조지아 내 일부 각료는 여전히 강력한 친서방 기조를 보여주었다. 그만큼 조지아에 있어 친서방 기류는 오래된 역사적 경험과 EU 가입을 통한 서유럽 통합에 따른 것이다. 티나 키디쉘리 국방부 장관은 2015년 7월 22일 RFERL과의 인터뷰에서 조지아 대외 정책의 궁극적인 목표는 EU로의 참여, 지역 통합성을 회복하는 일이라고 밝혔다. 키디쉘리는 러시아는 외교 관계의 교두보를 대부분 상실하고 있고, 조지아는 EU 회원국으로 통합되기 위한 정책 기조를 이어가고 있다고 강조했다. 그는 그 어떤 세력도 조지아의 전진을 방해할 수 없다는 강경한 어조로 조지아의 친서방 의지를 표현했다. 국방부 장관은 특히 러시아를 강력히 비난했는데, 러시아에 관한 환상을 그 누구도 가지고 있지 않으며, 그 어떤 국가도 오늘날 러시아를 파트너로 생각하지 않고 있다는 것이다. 키디쉘리는 조지아로부터 독립을 선포한 지역을 러시아가 점거하고 있지만, 만약 조지아가 유럽 가족의 일원으로 통합된다면, 조지아의 국경은 1992년 당시로 복원될 것이라고 강조하고 조지아의 영토 통합성은 조지아의 EU 가입에 따른 결과물이라는 견해를 밝혔다.[257] 조지아는 2012년 이후 러시아 국민에 대한 비자면제 정책을 도입함에 따라, 러시아인들은 조지아에 비자 없이 90일 동안 체류할 수 있게 되었다.

7장　GUAM과 조지아의 대외정책: 미국과의 관계를 중심으로

1. GUAM 창설과 전개 과정

친서방다자 연합체로서의 GUAM

소련 해체 이후 포스트 소비에트 공간에서 지정학적 공백이 발생한 이후 과거 러시아 남부의 안보 방어선인 중앙아시아와 코카서스(카프카스)를 중심으로 정치·군사·안보·외교·경제 등 총체적 분야에서 러시아와 서방은 치열한 헤게모니 경쟁을 펼쳤다. 특히 미국은 조지아, 우크라이나에서 장미 혁명과 오렌지 혁명을 지원하고 키르기스스탄, 조지아 등에 미군 군사기지를 건설하면서 포스트 소비에트 공간에서의 힘의 우위를 선점하기 위해 공격적인 국가전략을 구사해왔다.

이에 반해 러시아는 과거 자신의 우산 아래 있었던 헝가리, 폴란드, 체코, 슬로바키아 등이 EU와 나토에 가입하고 남부의 사활적 안보 방어선인 흑해와 카프카스에서 색깔 혁명의 발생으로 소련 시기의 국가적 위상을 상당 부분 상실하였다. 그러나 러시아는 미국 중심의 일극 세계 질서에 반대하면서 다각적인 대응책을 강구하였다. 러시아는 구소련권 국가들이 회원국으로 참여하고 있는 '상하이협력기구'(Shanghai Cooperarion Operation; SCO)를 지원하고 있다. SCO는 2005년 7월 정상회담을 통해 우즈베키스탄, 키르기스스탄에서의 미군 군사기지 철수를 요구하였다. 이에 따라 우즈베키스탄의 하나바트 미국 공군기지는 폐쇄됐다.

러시아는 소련 해체 이후 친미 전략을 택했던 우즈베키스탄과 2005년 이래로 현재까지 협력관계를 회복하고 비교적 좋은 관계를 유지하고 있다. 푸틴 체제 이후 러시아는 중앙아시아에서 과거의 지배권을 일정 부분 복원하였다. 현재 중국이 중앙아시아에 대해 일대일로 정책을 통해 경제적으로 긴밀한 관계를 맺고 있지만, 현재 중앙아시아에 대한 지배적 영향력을 가지고 있는 국가는 러시아이다. 우즈베키스탄은 친서방다자지역협력체인 GUUAM을 2005년 탈퇴하였다. 2005년 이전까지 GUUAM은 조지아, 우즈베키스탄, 우크라이나, 아제르바이잔, 몰도바 등 5개국이었다. 원래의 조직체인 GUUAM에서 우즈베키스탄이 탈퇴, GUAM이 되었다.

2006년에 러시아가 우크라이나와 조지아에 공급하던 천연가스 에너지 공급을 전격 중단하는 초강경 압박 전략을 취한 배경도 이 국가들에 대한 지배적 영향력을 회복하고자 하는 국가전략의 일환이었다. 러시아는 2005년, 포스트소비에트 공간에서 EURASEC(유라시아 경제공동체)를 주도적으로 이끌었다. 러시아, 벨라루스, 카자흐스탄, 키르기스스탄, 타지키스탄 등이 초기 회원국이었고, 2006년 1월에 우즈베키스탄이 가입, 6개국이 회원국이 되었다. 러시아는 막강한 경제력을 바탕으로 회원국에 강력한 영향력을 행사하였다. 2014년 러시아는 EAEU(유라시아경제연합)를 창설하고 2022년 현재 회원국은 러시아, 벨라루스, 아르메니아, 카자흐스탄, 키르기스스탄 등이다.

포스트소비에트 공간에서 서방과 러시아의 권력 경쟁 체제를 잘 이해하기 위해서는 GUAM 이라는 다자간 지역 연합체의 창설과 전개 과정에서 나타나는 상황 분석이 필요하다. GUAM은 1997년 10월 조지아, 우크라이나, 아제르바이잔, 몰도바 등 4개국의 전략 연합체로 결성되었다. GUAM에 대해 주도적으로 영향력을 확대한 국가는 미국이다. GUAM은 장미혁명, 오렌지 혁명에 대한 서방 국가의 지원에 힘입어 탈러시아, 친서방 위주의 정책을 펼쳐왔다. GUAM은 소련의 남부 벨트 지역이었고, 러시아의 영향력을 봉쇄하면서 미국의 지전략적 국가 이익 증대를 위한 패권적 전략을 실현할 수 있는 핵심 요충지이다. GUAM은 표면적으로는 경제협력과 이 지역 국가들의 상호 협력을 공고히 하는 대외적인 목표를 표방하면서도 러시아 패권주의 확산방지를 목적으로 창설되었다.

　미국은 자신들의 주도하에 GUAM의 대표적 국가인 조지아와 우크라이나의 색깔 혁명을 지원하고 신정부 출범에 결정적 역할을 제공하였다. GUAM은 1997년 이후로 미국의 지원 하에 적극적인 역내 경제 공동협력을 가속화했다. GUAM이 창설된 이후 미국은 경제협력 방안과 민주주의 지원에 합의하고 헤게모니 장악을 위한 적극적인 대외전략을 전개하였다. GUAM은 2005년 정상회담을 통해 친서방 국가전략을 명백하게 표출하기 시작했다. 즉 포스트소비에트 공간에서 미국과 러시아의 국가전략이 충돌하면서 신생 독립공화국들은 제각기 친러, 반러, 혹은 탈러 성향의 국가로 급격히 재편되는 상황이 나타났는데, GUAM은 대표적인 탈러 지역 연합체이다. 유라시아의 핵심 요충지인 중앙아시아와 코카서스에서 서방과 러시아는 국가전략을 극대화하고 있다. '지정학적 다원주의' 전략이 미국과 러시아의 헤게모니 경쟁을 통해서 다양하게 나타나고 있다.

GUAM 창설의 역사적 의의

　2006년 벽두에 러시아가 서방으로 공급되는 우크라이나와 조지아 천연가스전의 공급을 일시 중단하고 천연가스의 가격을 대폭 인상한 조치는 향후 러시아와 서방의 군사·안보 측면의 지정학적 전략과 에너지 자원을 둘러싼 국가 권력 갈등이 더 심화될 것이라는 해석을 던져주었다. GUAM 창설은 CIS에서 서방과 러시아가 치열한 국제 경쟁을 벌이고 있다는 사실을 보여주었다. 유라시아의 다양한 지역 다자 연합체움직임은 패권적 영향력을 차지하고자 하는 미국과 기타 강대국 간의 권력 역학 구조에 의하여 복잡하게 진행되었다. 유라시아 공간에서 CIS 체제로 시작했던 다자간 지역 연합체는 이후 지정학적 다원주의 경향으로 복잡한 양상을 가지고 발전하고 있으며, 미국과 러시아 이외에도 중국, 인도, 이란 등이 자국의 군사 안보, 에너지 안보 등의 영역에서 복잡하고 중층적인 국제관계를 형성하였다.

에너지 자원, 에너지 수송관 등의 경제자원 패권을 노리면서 이 지역에 지정학적 다원주의를 표방하는 서방의 국가 대외전략으로 말미암아 GUAM을 둘러싼 국제 권력 경쟁은 앞으로도 치열하게 지속될 것이다. 특별히 GUAM 정치지도자들은 민주주의 발전 등 친서방 정책을 펼쳐왔다. 러시아 푸틴 정부의 국가전략은 강력한 국가건설을 통한 강대국의 위상 회복이다. 이런 원칙에 따라 러시아 정부도 포스트소비에트 공간에서 실용주의 외교 노선에 부합하는 국가 정책을 펼쳐왔다. 2000년대 초반 GUAM은 친서방 국가 정책을 선택함으로써, 러시아와 경쟁하였다. 러시아는 GUAM등장으로 국가전략을 수정해야 하는 입장에 처했고 GUAM의 출범이나 과정을 의도적으로 방해하고자 하였다. 유라시아 공간에서 예기치 않은 반러시아 연대의 국제기구가 출현했다는 사실을 러시아는 받아들일 수밖에 없는 현실이 되었다.

GUAM의 창설 목적과 기본 의제

러시아의 코카서스 지역 전문가인 데고예프 교수는 오늘날 러시아 남부의 포스트 소비에트 공간에서 러시아를 위협하는 요소는 '남러시아의 방어선'(Южная дуга) 이라고 지적한다.[258] 그의 견해에 따르면 대다수 러시아 정치 분석가들은 우크라이나 – 남코카서스에서 일어난 급격한 정치적 환경의 변화는 러시아의 생존을 불안케 하는 요소라고 간주했다. 1991년 소련 해체 이후 남코카서스에 속하는 국가인 조지아, 아제르바이잔, 아르메니아에서는 민족분쟁이 발생하였고, 이는 러시아의 안보 및 대외전략에 심각한 과제를 던져주었다. GUAM이 정식으로 출범한 1997년 이래로 이 연합체는 탈러, 친서방 중심의 지정학적 국가전략을 채택하였다고 데고예프 교수는 주장하였다.

　　GUAM은 1997년 10월 10일, 프랑스 스트라스부르에서 아제르바이잔, 조지아, 우크라이나, 몰도바 대통령이 회동, 포스트 소비에트 공간에서 신생 공화국의 독립과 주권의 공공화를 위해 정치·경제·전략적 지역 협력 기구로 창설되었다. 공식적인 창설 목적은 유럽·코카서스·아시아를 잇는 전략적 요충지로서의 역내 다자간 협력이었다. GUAM은 정식 출범 이전인 1996년, 오스트리아 비인에서 첫 모임을 가지고 흑해와 카스피해의 다자간 지역 연합체 창설에 원칙적인 합의를 본 상태였다.

　　GUAM 4개국 정상들은 1997년 회담에서 지역 안보 관련 의제와 지역 현안 문제 해결을 위한 공동 대처에 합의했다.[259] 이들은 공동성명에서 유라시아와 코카서스를 잇는 교통망건설 (TRACECA; транспорныйкоридор) 설립과 상호 국가 이익을 위한 국가 주권, 지역 안보, 국경선 존중, 협력 증대, 민주주의, 인권 존중 등에 합의했다.[260]

　　이때 합의된 사항은 다음과 같다. 1) GUAM 정상들은 매년 정례적인 정상회담을 개최하며 이 회담이 GUAM의 최고 의결기구이다. 2) GUAM의 집행기구로 GUAM 회원국 외무장관들의 상설 협의체를 구성한다. 3) GUAM의 업무기구(рабочий орган)로 각 민족조정위원회(КНК)를 둔다. 이 위원회에는 각 회원국에서 1人이 참여한다. 4) GUAM의 정보센터는 우크라이나 키이우(키예프)에 상설 설치된다. 5) GUAM의 협력관계를 증진하기 위해 8개 분야에서 업무 기구를 설치한다. 이 기구는 에너지, 교통, 무역·경제, 정보 및 통신, 문화, 학문 및 교육, 여행, 테러리즘·조직범죄·마약과의 전쟁 등 8개 분야이다. GUAM 회원국의 양자 간 국가 관계는 현존 국제기구 방식을 따르는 것으로 의견이 통일되었다. GUAM은 1999년 4월 나토 창설 50주년 기념식을 계기로 우즈베키스탄을 새로운 회원국으로 받아들였는데 이니셜 'U'가 하나 더 추가된 GUUAM 연합체가 되었다.

GUAM 창설의 헤게모니와 갈등

GUAM 창설의 헤게모니와 갈등은 기본적으로 다음과 같이 분석될 수 있다.

첫째, GUAM은 창설 초기의 경제·교통망 중심의 연합체에서 지정학적, 지전략적, 지경학적 목적을 가진 기구로 확대되었다.

이는 원래의 창설 목적에서 다양한 외연이 확대되면서 GUAM의 성격이 발전했다는 의미이다. 직접적인 이유는 서방과 러시아가 치열한 헤게모니 경쟁을 벌이고 있기 때문이다. 러시아는 아제르바이잔 등 남코카서스에서 아직도 과거의 지배적 영향력을 회복하지 못하고 있다. 그러나 우크라이나 등 흑해 지역과 중앙아시아에서 주도적인 국가전략을 펼쳐왔다. GUAM의 발전 과정은 탈러시아화 과정뿐만 아니라, 서방과 러시아의 지전략적 헤게모니 경쟁이 정치, 경제, 국제관계 분야에서 점진적으로 심화되고 있음을 보여주었다.

둘째, GUAM의 창설은 기존 러시아 주도의 CIS 통합이 점차로 지역 안보 강화를 우선시하는 다자간 지역 연합체로 변화되었다는 사실을 제시해주었다.

이는 CIS 통합 결속력이 상당 부분 와해되었다는 것을 의미한다. 즉 GUAM 창설로 지정학적 다원주의의 다양한 지역 연합체 세력이 미국과 러시아를 중심으로 복잡하고 중층적인 구조로 출현했다. GUAM은 군사 안보, 에너지 자원, 국제관계의 영역에서 지속적으로 강대국의 국가전략이 충돌하는 연합체로 상당한 기간 동안 존재하게 될 것이라는 전망이다. 포스트 소비에트 공간에서 가장 뚜렷한 친서방 입장을 가지고 있는 기구가 GUAM이기 때문이다.

셋째, GUAM 회원국의 탈러시아화는 소련 해체 이후 민주주의와 서구화가 빠른 속도로 진행되고 있다는 하나의 증거이다.

특히 GUAM이 EU와 나토의 가입을 희망한다는 측면에서 이 지역의 서구화는 급속히 이루어졌다. GUAM의 창설 이래로 GUAM은 미국식 민주주의의 확산과 일정한 보조를 맞추어왔으며, 국가 건설 과정에서 민주주의와 자본주의 시장 경제체제를 지향하는 연합체의 성격으로 발전되어왔다.

넷째, GUAM이 속한 지역은 남코카서스, 흑해 등 과거 러시아 서남부 방어선으로 이 지역에 탈러시아 경향의 지역 협력체가 발족, 나토의 동진정책을 펼친 미국 등 EU는 대외 국제 역학 관계에서 러시아의 군사 안보 영향력을 후퇴시키고 본격적인 민주주의와 헤게모니 경쟁에서 우위를 점할 수 있는 결정적 계기를 얻을 수 있었다는 점이다.

다섯째, GUAM의 창설 역사와 전개 과정, 탈러시아화 과정 및 이 지역에서의 러시아와 서방의 헤게모니 경쟁은 앞으로도 사활적인 에너지 자원, 중부유럽에서의 국가안보 우위를 확보하기 위해 치열하게 전개될 것이다.

GUAM, 미국, EU의 관계가 다양한 분야에서 점진적인 유대 관계로써 확대되어왔으나, 러시아가 수세적인 상황에서 우크라이나에 대해 공격적인 정책을 펼침으로써 GUAM을 둘러싸고 매우 복잡한 양상이 나타났다. 2022년 현재도 러시아는 우크라이나에 대한 침공 위협을 가하면서 이 지역을 위협에 빠트리고 있는 실정이다. 특히 중동부 유럽의 핵심국가인 우크라이나에 대한 영향력을 강하게 복원시키면서 러시아는 유라시아에서 미국 등과 치열한 세력 경쟁 체제로 들어가게 될 것이고, 이에 따라 GUAM의 미래 발전 방향이나 지역 연합체로서의 기능은 확대되면서 이 기구를 둘러싼 국가 간 헤게모니 경쟁도 치열하게 전개되어왔다.

GUAM 창설 이후 전개 과정

GUAM은 1997년 이후로 어떤 과정이 진행되었을까? 초기에는 적극적인 활동이 없었는데, 매년 정상회담을 개최한다는 합의에도 불구하고 1998년에 정상회담 자체가 성사되지 않았다. 1999년에 GUAM 정상들은 공동선언문을 채택했다. 이 선언문에서 GUAM은 국제기구 내에서 다양한 협력과 교류 강화, 주권, 영토 통합성, 국경 불침범성, 분리주의, 테러리즘과의 전쟁에 공동 대처하고 유럽 - 코카서스 - 아시아를 잇는 아시아 교통망을 건설한다는 성명서를 발표했다.[261] GUAM 정상들은 2000년 11월 6일 뉴욕에서 개최된 UN 55차 밀레니엄 총회 때에 회동, 구체적 합의 사항을 '뉴욕 비망록'으로 명명했는데 가맹국간 유대 증진과 다양한 기능을 가진 다자간 지역 연합체로서의 성격이 부여되었다. 연례 정상회담 개최와 각국 외무장관의 상설 회합에도 정상들은 합의했다. 각 국가 조정위원회가 발족되고 상호 유대 협력 증진을 위한 핫라인 개설이 이루어졌다. 뉴욕 정상회담에서는 정치적 내용 보다는 경제·통상 분야에 더 실질적인 합의가 도출되었다. 교통 통신망의 확충과 인프라 건설이 주요 현안으로 등장했다.

2001년 6월 7일, 우크라이나 얄타에서 GUAM 창설 이후 첫 번째 공식 정상회담이 열렸다. GUAM의 정치적 성격이 처음으로 강조되었다. 5개국 정상들은 GUAM이 향후 국제기구의 기능에 부합되는 지역 협력체로 확대되고 포스트 소비에트 공간에서 독립국가의 주권이 존중되어야 한다고 합의했다. 얄타 정상회담의 합의 사항은 '얄타 협정'(Ялтинская хартия)으로 조인되었는데 지역 연합체 성격을 띠는 다자간 국제기구로서 상호 유대 증진과 공동 협력을 바탕으로 하는 협정이 서명되었다. 얄타 협정의 채택으로 GUAM은 국제기구로서의 실제적인 기능과 역할을 가지게 되었다.[262]

2001년 얄타 협정의 주요한 합의 내용은 다음과 같다.

1) GUAM의 유대증진 목적에 관련, 경제발전을 위한 협력방안 → 무역-경제협력 방안의 강화와 확대, GUAM 역내에서의 교통·통신망 개설 및 이에 상응하는 인프라 구축, 지역 안보 강화, 학문·문화와 인문사회분야에서의 상호 관계 발전, 국제기구 성격의 상호 증진 도모, 국제테러리즘, 조직범죄, 마약범죄와의 전쟁

Yalta GUUAM Charter 2001(출처: GUAM)[263]

2) GUAM의 유대증진 원칙 관련, GUAM의 유대증진은 국제법 규정과 원칙에 입각, 부분적으로는 주권 존중, 독립, 지역 통일성, 상호 내정 불간섭의 원칙으로 정한다.

3) GUAM 유대 관계 증진의 방향성에는 다음 분야에서 추진한다. 첫째, 경제, 학문, 기술 및 환경문제 분야, 둘째, 교통, 에너지, 통신망 인프라 구축, 셋째, 공동 투자 및 재정 계획, 넷째, 인문 분야, 문화, 교육, 언론, 여행 분야 등이다.

4) GUAM 회원국들은 각각 유대 관계 증진을 위해 필요하다면 제안서를 개진할 수 있다.

5) GUAM은 회원국 이외 다른 국가들의 참여를 위해 문호를 개방한다. GUAM의 원칙과 목적에 확실히 부합하는 경우에 가입이 가능하다.

6) GUAM의 조직에 대한 합의는 다음과 같다.

첫째, GUAM의 상위 기구는 매년 개최되는 정상회담으로 한다. 정상회담에서는 다음과 같은 내용들이 논의되고 결정된다. 즉 GUAM의 정치, 경제, 인문사회분야의 주요 방향성에 대한 결정, GUAM의 특별 기구에 대한 결정 사항, 상호 이익을 담보하는 국제관계의 실제적인 과제에 대한 정상들의 동의 사항 등으로 의제를 정한다. 둘째, GUAM의 실

행기관으로는 매년 2번씩의 외무장관 회담을 통한 회의기구로 결정된다. 외무장관 회담에서는 GUAM의 방향성과 유대 관계 증진을 위한 다양한 협정이 이루어진다. 또한 미래 유대 관계 발전에 유익한 상호 제안을 중심으로 의제가 진행되는 것으로 한다.

셋째, GUAM의 실제적인 업무기관으로는 민족조정위원회(KHK)가 전담한다. 이 기관에는 각 회원국의 외무부 소속 대표자 1인이 구성된다. 이 위원회는 GUAM 회원국의 활동을 조정하는 업무를 맡는다. 또한, 위원회는 정상회담과 외무장관 회담의 의제를 미리 조정하고 조율하는 역할을 한다. 이 위원회는 매년 4차례 정기적으로 회동한다. 회원국 중에서 한 국가의 요청이 있을 때 비정기적 회합을 가질 수 있다.

7) GUAM의 결정 사항은 만장일치로 한다.

8) GUAM의 공식 언어는 러시아어와 영어로 한다.

우즈베키스탄의 GUUAM 탈퇴

2002년에 우즈베키스탄이 기존의 협정 체결을 거부하면서 GUAM을 탈퇴하겠다는 의사를 밝혔다. 이에 따라 4개국 정상들은 GUAM 자체의 존속에 대한 위기를 타개하기 위해 2002년 7월 20일 우크라이나 얄타에서 정상회담을 가졌는데 회원국 이외 다른 국가의 참여를 적극적으로 유도하였다. 미국, 러시아, 터키, 슬로베니아, 루마니아, 폴란드, 이란, 그리스, 불가리아, 브라질 등 10개 옵서버 국가 대표들이 참석했다. 각국 옵서버들은 GUAM의 통합 및 결속에 합의하고 역내 자유무역지대 창설 방안 등을 논의했다. 회원국 정상들은 우크라이나 '쿠츠마', 아제르바이잔의 '헤이데르 알리예프', 조지아의 '세바르드나제', 몰도바의 '보로닌' 대통령 등이었다. 4개국 정상들은 GUAM 의정서를 조인하고 '얄타협정' 준수에 합의했다.[264]

GUAM 2차 정상회담에서 합의된 사항은 다음과 같다. 1) 얄타협정의 준수 2) GUAM 회원국내에 영사 관련 상호 협조 3) 회원국 간의 자유 무역지대 창설에 관한 합의 4) 키이우(키예프)에 GUAM 정보센터 운영 5) GUAM 내에 테러리즘, 조직범죄 및 일반 범죄와의 전쟁 관련 상호 협조 6) 다양한 분야에서의 상호 유대증진 합의 등이다. GUAM 대통령들은 역내 안전보장 선언, 옵서버의 지위, 외무장관 위원회 협약, 공동 성명서 등에 서명하였다. 이 회담에서 각국 외무장관들은 정보센터의 키이우(키예프) 설립에 합의하고 반테러, 반 범죄 행위 관련 정부 협약에도 조인했다.[265]

GUAM은 2003년 이후 장미 혁명, 오렌지 혁명 등 시민혁명의 영향으로 근본적인 변화를 겪었다. 조지아의 셰바르드나제 대통령이 장미 혁명으로 대통령직에서 물러나고 사카쉬빌리가 대통령이 되었다. 우크라이나에서도 서방의 강력한 지원을 받던 유셴코가 오렌지혁명으로 인해 대통령에 선출되었다. 2005년 3월 자국 총선을 계기로 블라디미르 보로닌 몰도바 대통령도 친서방 입장을 취했다. 몰도바 총선 때에 사카쉬빌리 대통령은 몰도바의 수도 키시네프를 방문하여 양국의 우호 협력 방안을 논의했다. 이에 앞서 보로닌도 키이우(키예프)를 방문, 우크라이나·몰도바 상호 협력 방안에 서명했다. 이러한 일련의 움직임은 2003년 이후로 GUAM이 탈(脫)러시아 행보를 적극 추진하고 있다는 의미로 해석되었다.[266] 2003년 아제르바이잔 바쿠에서 열린 정상회담을 통해 정상들은 지역 안보의 공고화, 조직범죄, 테러리즘과의 전쟁을 위한 정책 공조에 합의하였다.

GUAM은 시민혁명의 전환기를 맞이하여 2005년 4월 22일, 2년 만에 정상회담을 가졌다. 몰도바의 키시네프에서 열린 정상회담에는 회원국 자격으로 조지아, 우크라이나, 몰도바, 아제르바이잔 등 4개국 정상이, 옵서버로서는 루마니아와 리투아니아 대통령이 참석했다.

4개국 정상들은 정치, 경제, 지역분쟁 등의 의제를 협의하고 미래지향적 협력 증진에 합의했다. 이 회담의 주요 의제는 지역 현안인 민족분쟁이었다. 조지아·남오세티아, 조지아·아브하지아 민족분쟁, 아제르바이잔·아르메니아의 나고르노 카라바흐 사태, 몰도바·트랜스 드네스트르 공화국 분쟁 등이 현안으로 등장했다. 이외에 정상들은 민주주의, 국가 안보 강화에 관련한 현안을 의논했고, 테러리즘과 조직범죄와의 전쟁에 관한 의제도 다루었다. GUAM은 또 무역, 경제 상호 유대관계와 타(他) 국제기구와의 협력 방안에 합의했다.[267] 몰도바 대통령은 2005년 회담의 의장 역할을 맡았는데 GUAM과 미국, EU 간에 긴밀한 유대 관계 수립을 강조하면서 주도적 역할을 담당하였다.[268] 보로닌 대통령은 GUAM의 지역 현안이 정상회담에서 집중적으로 토의될 것이라고 개회사에서 선언했다.

    2005년 키시네프 정상회담에서는 회원국의 민족분쟁 해결을 위한 단일 결정이 있었는데 이를 위해 미국과 EU가 해당 당사국과 함께 공동으로 분쟁 문제 해결에 참여, 복잡하게 얽혀있는 민족 간의 갈등을 해결하는 데 결정적인 기여를 할 수 있도록 회원국 상호 간에 합의했다.[269] 이 정상회담 이후 우즈베키스탄은 2005년 5월 5일 공식적으로 GUAM에서 탈퇴하였다. 우즈베키스탄이 GUAM에서 탈퇴한 이유는 GUAM이 본래의 창설 목적에서 벗어나 '정치기구화'되었다는 것이 표면적인 이유였다.[270]

    2006년 5월, 키이우(키예프)에서 GUAM 정상회담이 개최되었다. 이 회담을 통해 2005년 키시네프 회담 때의 결의 사항인 민주주의와 경제 발전을 위한 유대 관계를 증진하기로 합의했다. 즉 GUAM은 이 정상회담 때에 경제적 유대를 지속적으로 발전하고 확대해 나가기로 합의했다. 범(凡)유럽 국가로의 통합을 지향하는 다자지역협력체로 GUAM을 발전시켜 나가겠다고 공식 선언하였다.[271] 이 정상회담에서 GUAM은 ODED-GUAM으로 명칭을 변경하면서 탈러, 친미 경향을 더욱 강화시키는 조치를 취하였다.²⁷² ODED-GUAM은 Organization for Democracy and Economic Development-GUAM의 약자이다.

2. GUAM의 친서방 전략: 미국과의 관계를 중심으로

GUAM의 친서방 전략과 연대

소련 해체 이후 연방에 속했던 15개 공화국은 신생공화국으로 독립하였다. 이후 러시아는 주도적으로 CIS(독립국가연합)를 출범시켰다. 조지아와 발트 3국이 참여를 거부해 11개국으로 CIS가 시작되지만 이후 조지아가 참여, 12개국이 CIS 회원국이 되었다. 러시아 주도의 CIS 통합은 러시아의 정치, 외교 영향력의 신장 및 유지, 군사 안보 이익의 증진이 그 우선 목표였다.²⁷³

그러나 러시아의 CIS 대통합 전략은 성공적이지 못했다. 미국과 서방은 포스트소비에트 공간의 지정학적 공백을 활용하면서 과거 러시아의 영향권 안에 있었던 CIS에 적극적으로 진출하게 되었고 CIS 독립국가들은 각각 친러, 혹은 반러, 탈러 경향의 국가로 분열되면서 '지정학적 다원주의'가 강화되기 시작했다.²⁷⁴ 러시아 측면에서 보면 포스트소비에트 공간에 '탈(脫)러시아적 세계화라는 그림자'²⁷⁵가 드리워졌다. GUAM은 창설 이후로 회원국 간의 공동 협조를 비교적 잘 이행한 것으로 평가받고 있는데 그 이유는 포스트소비에트 공간에 지정학적 다원주의의 출현으로 러시아의 세력이 상대적으로 약화되었기 때문이다.²⁷⁶

1990년대 중반 CIS 국가가 선택할 수 있는 두 가지의 모델이 있었다. 첫째, 모든 CIS 국가가 강력한 하나의 체제로 통합하는 방식이다. 둘째, CIS 개별 국가의 전략적 선택에 따른 다자지역연합체의 통합이었다. 후자의 경우에는 정치·군사 기구의 형태로 통합하는 경우가 대표적인 경우였다.²⁷⁷ GUAM은 러시아 주도의 CIS 통합 형태를 벗어난 다자지역연합체이며 CIS 틀의 원심력으로 나타난 기구이다. GUAM이 탈러시아 연합체로 분류된다면, 이에 대비되는 친러 경향의 다자지역연합체는 SCO이다.

SCO는 러시아, 중국, 카자흐스탄, 타지키스탄, 키르기스스탄 등 5개국이 1996년 결성하였고, 2001년 우즈베키스탄이 참여했다. 2022년 현재 회원국은 이 6개국 이외에 인도, 파키스탄, 이란 등이 참여하여 9개국이 정식 회원국이다. SCO는 러시아와 중국이 주도하고 있다. SCO는 1990년대 중반인 1996년에, GUAM은 1997년에 창설되었다. 포스트 소비에트 공간에서는 이외에 EURASEC (유라시아경제공동체) 등 다양한 다자간 협력체가 결성되었다. EURASEC는 2000년 10월 10일 벨라루스, 카자흐스탄, 키르기스스탄, 러시아, 타지키스탄이 동 조약에 서명함으로써 출범하였는데, 2006년 1월 우즈베키스탄이 가입함으로써 가맹국은 6개국이다.²⁷⁸ SCO와 EURASEC는 친러 협력체이다.

소련 해체 이후 유라시아 공간에서 다자지역협력체가 출현한다는 것은 어떠한 의미일까? 이는 미국과 러시아의 헤게모니 경쟁이 발화하고 있으며 과거 소련에 속한 신생 독립공화국의 역내 혹은 역외 국가들 간의 다자지역협력체가 다양하고 복잡한 지정학적 다원주의의 역동성에 의해 국가 간의 정치적 견해와 이익에 따라 연대와 협력, 경쟁과 대립이 치열하게 전개되고 있다는 것을 함의한다.

그렇다면 소련 해체라는 세계사적 사건에서 GUAM이라는 다자협력체가 탄생하게 된 원인은 무엇일까? 보리스 파라혼스키는 GUAM 창설의 원인을 몇 가지로 분류하고 있다.²⁷⁹

첫째, 포스트 소비에트 공간에서 과거의 지배적 영향력을 되찾고자 하는 러시아의 국가전략과 GUAM의 친서방 국가 이익의 대칭성이 존재하고 있기 때문이다. GUAM이 창설된 것은 포스트소비에트 공간에서의 분화, 즉 러시아와 CIS 국가들의 정치적 위상 변화 때문에 가능했다.

둘째, 러시아가 주도가 되어 창설한 독립국가연합(CIS)의 위상이 불안정하게 지속되고 있다는 것이다.

셋째, CIS 활동이 러시아의 정치적, 경제적 지배를 받고 있는 상황에서 GUAM이 독립국가연합과는 기능적으로 구별되는 성격을 보인다.

넷째, 포스트 소비에트 국가들에 있어서 주요한 국제관계 요소는 더욱 더 실제적이고 효과적인 상호 관계라는 인식이 점차 확산되고 있다는 사실이다.

다섯째, '과거의 형제'인 러시아로부터의 영향력을 벗어나기 위한 소련 시기 공화국들의 국가재건에 대한 노력 등으로 분석하고 있다. 이는 러시아에서의 경제적 자본의 속박을 벗어나기 위해 새로운 다자간연합체를 창설해야 한다는 인식이 담겨있다고 할 수 있다.

러시아의 팽창은 새로 독립한 국가들의 주권 강화에 결코 도움이 되지 않는다는 판단을 GUAM 국가들 사이에 공감대가 형성되고 있는 것이며, GUAM 창설은 러시아 연방이 주도하는 국가전략에 순종적으로 받아들이는 것에서 탈피하여 미국 등 서방과의 관계를 강화해나가는 것이 매우 중요한 사실임을 보여주는 하나의 예(例)이다. 이러한 사실 때문에 CIS 지역에서는 러시아와 GUAM의 경쟁적 구도가 기본축으로 작동되어왔다.

GUAM 창설 이후 전개 과정의 주요 이슈

GUAM의 창설 이후 전개과정을 살펴볼 때 가장 중요한 이슈는 다음의 4가지 정도로 해석될 수 있을 것이다.

첫째, GUAM 회원국이 속한 포스트 소비에트 공간에서 가장 시급히 해결해야 할 과제는 민족분쟁인데, 이 이유 때문에 GUAM은 친(親)서방, 친미(親美) 입장을 견지하면서 이들 국가의 지원을 적극 기대하고 있다.[280]

GUAM 회원국인 조지아, 몰도바, 아제르바이잔은 민족분쟁이라는 매우 심각한 정치적, 군사적, 국제적 상호 관계의 딜레마에 직면했다. 러시아는 조지아의 남오세티아와 아브하지아 공화국에 군사를 주둔시키고 있다. 러시아는 몰도바의 트랜스 드네스트르 자치공화국에도 군사적 지원을 지속하고 있으며, 몰도바는 러시아의 군대 주둔에 반대 입장이다. 즉 이들 국가는 민족분쟁이 일어나는 하나의 원인을 러시아에 돌리면서 영토 통합성과 국가 통합성을 주장하고 있다. 상기 이유로 GUAM 회원국은 민족 분쟁 문제를 해결하기 위해 미국 등 서방국가의 지원이 절실하다.

둘째, GUAM은 창설이래로 EU와 꾸준한 협력 관계를 대내외에 보여주고 있다.

1998년 12월, 노르웨이 오슬로에서 개최된 GUAM 외무장관 회담에서 미국, 나토, OSCE는 지역통합성과 국가 주권의 원칙하에 민족 분쟁 문제가 해결되도록 향후 GUAM의 필수적 회담 의제에 이 문제는 반드시 상정될 수 있도록 상호 합의했다.[281] 1999년 우즈베키스탄이 GUAM에 회원국으로 가입할 때 OSCE는 이를 즉각 승인했다. 2000년 UN은 '뉴욕 비망록'을 승인했고 나토는 2000년 이래로 GUAM과 공동 협력을 강화하고 있다.[282] 2000년 6월, 나토의 조지 로버트슨 사무총장은 GUAM의 협력 요청에 나토가 어떻게 반응하고 있는지 질문 받은 자리에서 '아주 그렇다'고 확신 있게 대답하였으며, 그 이유로 나토는 나토 공동기구를 대체하거나 다른 지역으로 이전하는 업무에 매진하고 있다고 밝혔다. 실제적으로 나토는 쌍방 혹은 다자간 공동의 이익이 있을 경우에는 다자간 국가연합체의 유대증진에 노력해왔다"고 대답했다.

미국과 GUAM은 2000년에 '전략적 파트너'로서의 협력 강화와 국가 안보 및 경제 분야의 유대 증진 방안 등에 합의했다.[283] 2000년 5월

18일, 워싱턴에서 미국 정부와 GUAM 미국대사들은 미국 측에 4가지 분야에서의 즉각적인 상호 협력을 제의했다. 첫째, 동·서 무역과 교통망 건설, 둘째, 나토의 전략적 파트너 평화 프로그램 원칙 내에서의 협력 증진, 셋째, GUAM 내에서 대량 살상 무기의 남용 억제, 넷째, 역내 GUAM 회원국의 마약과의 전쟁 등이다. 대사들은 GUAM 내에 민주주의 정부와 자유 시장경제 체제를 공고히 하고, 미국과의 적극적인 협력 방안을 제시하였다. 2003년 UN 총회에서 GUAM은 옵서버 자격으로 경제포럼, 안보, 세계화, 지역통합 컨퍼런스 등을 개최하였는데 OSCE 틀 안에서 이러한 협력 체제는 순조롭게 진행되었다. 즉 GUAM과 OSCE의 관계는 매우 밀접하다. 조지아, 아제르바이잔, 몰도바 등이 직면하고 있는 민족 분쟁 문제에 대해서 OSCE 내부에서도 GUAM 회원국들과 적극적인 해결 방법을 모색해 왔기 때문이다.

셋째, GUAM은 특별히 미국과의 국제적 연대를 강화시키고 있다.
역으로 미국은 이 지역에서 러시아에 대한 확실한 우위를 지키기 위해 GUAM과의 협력을 강화하고 있다. 미국은 코카서스 지역과 포스트소비에트 공간에서 정치적, 군사적, 경제적 분야 등에서 대외적 국가 전략을 지속적으로 행사해왔다. 워싱턴 정치지도자들은 미국의 국가 이익을 증진할 목적으로 전세계의 다자지역연합체와의 협력을 적극 추진하였다. 미국이 중동부 유럽, 카스피해, 코카서스 지역에서 국가 이익을 창출한다는 것은 러시아의 국가 이익이 일부 제한된다는 사실과 동일한 의미이다.

9.11 사태와 장미 혁명, 오렌지 혁명을 거치면서 미국은 중앙아시아와 남코카서스, 흑해 지역, 즉 러시아의 남서부 국경 지역에서의 러시아의 영향력을 차단하는 새로운 국제 관계의 모델을 전세계에 보여주었다.[284] 1990년대 이래 미국의 대코카서스 정책의 기본 목표는 "신생 독

립국가들이 주권과 독립을 스스로 이룰 수 있도록 지원해주고 포스트소비에트 공간에서 자유 민주주의가 신장되고 시장경제가 발전되도록 정책을 펼쳐주는 것"이었다.[285]

2001년 GUAM 정상회담 때부터 미국은 GUAM이 다자간 지역 연합체로서 독자적으로 친서방 전략을 선택할 수 있도록 지원하였다. 정상회담 때에 GUAM을 방문한 미국 장관은 교통부나 에너지부 장관 등 경제부처 책임자가 아니라 미국의 도널드 럼스펠드(Donald Rumsfeld) 국방장관이었다. 이는 미국이 군사 안보 측면에서 GUAM에 대한 전략적 포석을 하고 있다는 상황으로 인식된다. 2001년 6월 7일 GUAM 정상회담 와중에 미국이 GUAM을 정치기구화(化)한다는 러시아 언론의 비판 여론이 강력하게 대두된 근본 이유도 이 정상회담에 미국 국방장관이 참석, 우크라이나의 쿠츠마 대통령과 회담한 이후, GUAM을 어떤 형식으로든지 지원하겠다는 입장을 밝혔기 때문이다.

미국은 유라시아 공간에서 자신의 영향력을 확대할 정치적, 국제관계 요소가 충분히 성숙되어 있다고 판단하였다. 미국은 민주주의와 인권이라는 목표를 이 지역에 실현시키고자 하였다.[286] 미국은 이외에 GUAM의 경찰 기구가 자체적으로 설립될 수 있도록 지원했는데, 이 기구는 GUAM의 안보, 치안, 세관 문제를 총괄적으로 관여하였다. 미국이 국제 사회의 영향력을 유지하기 위해서는 우크라이나 등 흑해와 카스피해에 대한 영향력의 확보는 매우 중요하며, 국제 사회의 패권적 지배력을 획득하는 데에 있어 매우 중요한 사활적 요소이다. 우크라이나는 유라시아 중동부의 핵심 국가이다. 군사 안보적으로 우크라이나는 러시아 국경에 인접한 지역이고 상대적으로 나토의 동진에 안보 위협을 가지는 러시아로서는 우크라이나에 대한 과거의 지배력 회복이 아주 중요한 전략적 목표가 되고 있다.

2005년 GUAM 정상회담에서 회원국 간에 조인한 '민주주의와 발전을 위한 연대'는 2003년 12월 28일 발표된 미국의 선언인 '민주주의의 확산'에 따른 전략적 결과물이다. 미국의 국가전략에 동의한다는 미국식 이데올로기의 GUAM 선언문이다.[287] 9.11 사태 이후 미국은 유라시아에 미국의 국가전략인 민주주의 정착에 포괄적 이해와 관심을 쏟기 시작했다. 2005년 4월 12일, 럼스펠드 장관이 아제르바이잔을 방문한 자리에서 미국 기동타격부대의 3개 항공기지를 아제르바이잔에 설치하는 것에 대해 원칙적인 합의를 보았다. 이 기동부대의 인원은 미국의 필요에 따라 신축성 있게 배치하는 것으로 결정되었다. BTC 수송라인의 유지를 위해 소위 '카스피해의 파수꾼'(каспийский страж)은 터키의 헌병대, 아제르바이잔의 내무부 소속의 특별 사령부, 또한 이 지역 에너지 자원 산업에 참여하는 기타 국가들이 구성되도록 제안되었다. '카스피해의 파수꾼'의 실제적인 역할은 나토에 아제르바이잔과 조지아가 회원국으로 참여하는 부분을 가속화시키는 계기가 되었다.

　미국은 유라시아 중동부에서의 헤게모니 우위를 확보하기 위해 GUAM을 전략적으로 활용해왔다. 미국과 서방은 중앙아시아, 코카서스, 중동부 유럽에서 동진 정책을 지속적으로 전개해 나갈 것이라는 데에 이견이 없다. 미국은 정치, 군사 분야에서 GUAM을 통해 전략적 이익을 담보할 것이다. 미국은 GUAM과의 관계를 '항구적 관심과 참여 관계'(статус постоянного наблюдателя)[288]로 설정하고 있다. 러시아도 나토의 동진 정책과 더불어 EU - 미국의 대러시아 압박 정책이 GUAM이라는 연합체에 의해 현실화되었다고 판단하고 있다.

　넷째, GUAM은 기타 국가들에 문호를 개방, 다양한 미래적 비전을 제시하기 시작했다.
　GUAM 내부의 전략은 친서방 국가들이 GUAM에 가입, 다양하게 발전하고 확대되는 것이다. 미국의 적극적인 지원 하에 2001 정상회담에서는 포스트소비에트 공간의 지리적 경계를 넘어선 국가 간의 다자 연합체 구상이 발표되었는데, 특히 루마니아, 불가리아 등 발칸국가들이 GUAM에 정식 회원국으로 가입하는 방안도 논의되었다. 그러나 이는 실현되지 않았다. 만약 이들 나라가 GUAM에 가입한다면 이는 GUAM이 흑해, 카스피해, 발칸반도에 이르기까지 탈러 친서방 연합체로 확대된다는 사실을 의미한다.[289] 2005년 키시네프 정상회담에서는 발틱해에서 흑해까지의 민주주의 발전에 관한 공동 협력이 정식 조인되었는데, GUAM이 초국가적 연합체라는 비전이 실현된다는 것으로 해석할 수 있다. 그러나 이는 2021년 현재까지 구체적으로 구현된 것이 없다.

GUAM의 나토 가입 목표

GUAM 회원국의 나토 가입 목표는 매우 중요한 전략이다.[290] GUAM의 연대는 전체적으로 유럽을 향한 지향성이다. GUAM은 유럽으로 진출하는 교두보의 가능성을 항상 열어놓고 있다. 이는 매우 중요한 상징성이다. 창설 이후 GUAM이 추구한 목표는 러시아와 동등한 정치·경제 연대를 발전시키는 사항이었다. GUAM의 미래에 정치적, 경제적, 국제적인 다양한 프로젝트가 가동될 수 있다는 측면에서 GUAM의 정치적 위치는 기타의 다른 다자간 지역 연합체와 비교해 볼 때 변별성을 지니고 있다고 하겠다.

러시아 언론도 색깔 혁명이 발생한 2003년 이후로 GUAM이 탈러시아 경향을 뚜렷하게 외부에 표명하기 시작한 것으로 해석하고 있다. 러시아의 대표적 유라시아주의자인 '알렉산드르 두긴'[291] (Александр Дугин)은 '라시스카야 가제타'(российская газета) 지에 기고한 글에서 GUAM을 '반러시아 연합체'(антироссийский союз)라고 명명했다. 그는 GUAM이 포스트 소비에트 공간에서 러시아에 반대하는 안티테제이며 러시아 안보를 위협하는 탈러시아 연합체[292]라고 언급하였다. 두긴의

입장에서 GUAM은 전통적인 '대서양주의자(атлантист)'의 위치에 서 있었다.[293]

두긴은 러시아의 '유라시아당'의 지도자로 유라시아 연합을 부르짖는 대표적인 러시아의 유라시아주의자이다. 두긴이 제시하고 있는 유라시아 정치 모델은 현재 미국 중심의 세계화 전략에 맞서, 러시아가 취해야 할 전략으로서 '유라시아 연합'을 제안한다. 두긴은 다음과 같이 밝혔다.[294]

> 본질적으로 색깔 혁명은 GUAM의 전략적 승리이다. CIS는 이제 철거되고 있다. 세계 국가 안보 전략의 지정학적 원칙은 상대적으로 빈 공간이 존재하지 않는다는 사실이다. 포스트소비에트 공간의 새로운 환경 변화는 유라시아주의자들의 영향력이 소멸되는 사건이고 대서양주의자의 영향권으로 이전된다는 사실을 의미한다. 즉 GUAM은 미국과 나토가 전략적, 안보 방어선으로 진출하는 공간으로 급속히 재편되고 있다. 색깔 혁명을 성공시킨 지도자들은 이 사실을 굳이 감추려 하지 않고 있다. 그들은 자신들의 주된 임무를 '나토로의 편입과 서방세계로의 통합이다.

국가건설 과정에서 과거 공산권 출신 지도자들은 독립 이후에도 여전히 각국의 정치 지도자로 오랜 기간 통치하였다. 키르기스스탄의 레몬혁명으로 아카예프 대통령이 전격적으로 물러나기도 했지만, 대체적으로 중앙아시아는 과거의 러시아식, 소련식 권위주의 통치가 지속되었다. 투르크메니스탄의 니야조프 대통령이 심장병으로 급사함으로써 중앙아시아의 정치적 환경에 변화의 조짐이 보였지만, 이후 새로운 대통령인 '구르반굴리 베르디무하메도프'(Gurbanguly Berdymukhamedov)가 개인숭배 통치를 이끌어왔다. 강력한 권위주의 통치는 지속되었다. 이에 반해

GUAM의 우크라이나와 조지아는 색깔 혁명이라는 민주주의 혁명으로 정권이 교체되었다.

포스트소비에트 공간에서 GUAM의 탈러시아 입장

포스트소비에트 공간에서 시민혁명 이후의 GUAM의 탈러시아 입장은 어떠한 것인가? GUAM의 탈러시아 경향은 2005년 정상회담 때에 매우 구체적으로 나타났다. 이 정상회담에서 합의된 몇 가지 사항을 통해 GUAM의 탈러시아 입장을 4가지로 분석해본다.

첫째, 4개국 정상들은 이 지역의 민주화 심화 노력 등에 합의했다.

민주화와 관련, 정상들은 벨라루스의 민주주의 발전 계획에 관해 논의했다. 조지아의 사카쉬빌리 대통령은 벨라루스에는 "민주주의도 자유도 없으며 벨라루스 국민은 자유선거와 서구식 발전과 같은 권리를 가져야한다"고 루카셴코 대통령을 강한 어조로 비판했다.[295] 옵서버로 참여한 라트비아의 '발다스 아담쿠스' 대통령도 "루카셴코 대통령은 독재정치와 분리주의를 자신의 국가 통치 철학으로 적용, 포스트소비에트 공간에서 '더욱 더 빠른 속도로' 고립되고 있다"고 동일한 어조로 비판했다. 이는 벨라루스 독재 정권을 지원하는 러시아의 입장을 반대한다는 점을 강조하는 정치적 발언이었다. 벨라루스에도 시민혁명이 일어나서 민주주의 국가가 되어야 한다는 입장을 GUAM 정상들은 희망하였다. GUAM은 러시아가 루카셴코 대통령을 지지하기 때문에 벨라루스 민주주의가 억압되고 있다는 입장을 가졌다. 몰도바 주재 러시아 대사인 '니콜라이 랴보프'는 사카쉬빌리 대통령의 언급과 관련, "벨라루스는 평화의 국가이다. 조지아는 내정 간섭을 하지 않기를 바라며 GUAM은 사카쉬빌리 스스로가 메시아로 착각하지 못하도록 적절한 방법을 강구하라"고 비난했다.[296]

2005 정상회담을 통해서 GUAM은 탈러 친서방의 기차를 이미 출발시킨 것으로 러시아는 판단했다. 그 기조는 현재까지 이어지고 있다. 물론 GUAM 4개국이 민주주의를 강조한다고 해서 이 지역에 민주주의가 이미 정착되었다는 사실은 아니다. 이를 위해서는 상당한 시간이 필요

GUAM 2005년 키시네프 정상회담 공식 포스터(출처: GUAM)

하다. 그러나 색깔 혁명 이후 GUAM은 탈러 과정의 하나로 포스트 소비에트 공간에서의 민주주의에 대해 언급하고 나섰다.

둘째, 군사 안보 측면이다.

4개국 대통령은 몰도바와 조지아 지역에서 분리주의 움직임을 보이는 자치공화국에 배치된 러시아군 철수를 요구하는 반러시아 성명을 채택하고 러시아의 분리주의를 비난했다. 즉 남오세티아, 아브하지아와 몰도바의 트랜스 드네스트르에 배치된 러시아군대의 조속한 철수를 요구했다.297 4개국 정상들은 군사, 정치 분야에서 공동 협력을 현실화 내지는 실용화하자는 데에 합의했는데 주된 내용은 EU, 나토와의 네트워크 방식으로 상호 협력을 도모하자는 것이었다. GUAM은 초국가적인 국제기구와 연계, '안보 및 경제 교통 요충지'298로서의 공동 협력을 서방 국가들과 광범위하게 맺어나간다는 방안이다. 정상들은 GUAM의 민족 분쟁이 해결되지 않은 상태에서는 민주주의의 완전한 실천 및 개혁이 더디게 되고 이 지역의 경제 발전에도 악영향을 주고 있다는 것에 동의하였다. EU 편입 자체도 국내 문제가 해결되지 않고서는 이루어질 수 없는 사안이다. 정상들은 국제법 원칙 하에서 분쟁 해결을 위해 상호 국가의 헌신적인 도움과 동의를 확대할 것에 합의했다.299 테러리즘, 분리주

의, 극단주의 요소는 사라져야 한다고 정상들은 주장했다.

이 정상회담에서 GUAM이 친미, 친서방 입장을 명확히 표명한 이유는 시민혁명으로 친서방 정권이 탄생하면서 탈(脫)러시아 세력의 결집이 이뤄졌기 때문이다.[300] 구체적으로 탈러 움직임은 정상회담에 미국 등 서방 국가 관계자들이 대폭 참석한 사실에서도 알 수 있다. 미 국무부 유라시아 분쟁 담당 특별대표인 '스티븐 만'(Stephen Mann), '얀 쿠비스'(Jan Kubis) OSCE 사무총장 등이 이 회담에 참석했다.

셋째, 경제 및 에너지 자원 분야이다.

카스피해 지역의 석유와 가스를 조지아 트빌리시, 아제르바이잔 바쿠, 터키 세이한 등을 거쳐 유럽으로 수송하는 BTC 라인의 2005년 5월 개통을 앞두고 약 한 달 전에 열린 정상회담에서는 BTC 라인 개통 이후 에너지 자원의 각종 현안 문제를 해결하기 위한 경제적인 이슈가 중점 논의됐다.[301] BTC 송유관은 러시아를 통과하지 않고 우회하는 파이프라인으로 러시아의 경제 안보 전략에 상당한 차질을 야기하였다. 모든 정상들은 경제 분야에 대해 일치된 의견을 보였다. 경제 분야는 지역 안보와 평화를 위한 가장 핵심적인 요소이다. 유럽, 아시아, 태평양까지 GUAM은 경제 및 무역 관계를 확대, GUAM 상호간의 공동이익 도모에 역점을 두기로 합의했다. 유라시아에서 에너지 경제의 가장 핵심적이고 사활적인 국가전략은 에너지 수송의 심장인 파이프라인에 대한 국가 간의 전략 도출이다. BTC 라인이 러시아를 통과하지 않는다는 사실은 GUAM의 탈 러시아화 경향의 핵심적 요소이다. 에너지 자원 분야에서 가장 공을 들이고 있는 국가가 바로 미국이다. 카스피해 원유에 대한 중요성은 매우 높다. 원유 저장량의 감소, 이란의 핵 위협에 따른 국제 관계의 불안정성, 이라크와 사우디아라비아에서의 정치적 불안정 등은 카스피해를 원유 공급처의 매력적인 지역으로 등장하게 했던 요소이다.[302]

넷째, GUAM이 정상회담을 통해 미국과의 유대관계 증진에 다양하게 협력한 사실은 2005 정상회담에서 탈러시아화의 길을 선택하겠다는 전략적 고려에서 나온 행동이었다.

GUAM은 미국과의 고위급 협력 프로그램의 실행, 무역과 교통망에 대한 협력 체제를 공고히 하고 테러리즘, 조직범죄, 마약과의 전쟁 분야에서 미국과 공동 연대와 협력에 동의했다. 미국과의 연대는 안보와 경제 분야에서 EU와 나토와의 파트너십을 확립하는 데에 상호 유기적으로 작용한다. 우크라이나 유셴코 대통령은 "GUAM은 더 이상 과거 소련의 파편으로 스스로 정체성을 부여하지 않는다. GUAM은 포스트소비에트 공간에서 민주주의 혁명이라는 제3의 물결의 기관차가 되기를 소망한다"303고 언급, 탈러시아 입장을 분명히 했다. 키시네프 정상회담에서는 공식적으로 2개의 서류 문서가 조인되었다. 첫째, 민주주의 원칙으로서의 GUAM의 발전과 안정이다. 둘째, 발틱해에서 흑해까지의 민주주의 발전에 관한 공동 협력 등이다.304 GUAM은 발틱해를 포함하는 새로운 연합체를 구상하고 있다는 시사를 대외적으로 과시, 탈러 경향의 정치적 성격을 강조하였다.305

색깔 혁명은 2005년 이후 국제 정세가 더 광범위한 지정학적 다원주의의 상황으로 확대되어간다는 것을 의미한다.306 두긴은 '크라스나야 즈뵤즈다'(Красная звезда)에 투고한 글에서 GUAM이 현안 해결을 위해 미국과 유럽 등으로부터 정치적·경제적 지원을 원하고 있으며 모스크바의 전략적 이해관계에서 멀어질 상황을 대비하고 있다고 밝혔다. 장미 혁명이나 오렌지 혁명만큼 민주주의의 거대한 파급 효과를 가지지 못했지만, 키르기스스탄에서도 레몬 혁명이 발생했다.307 GUAM 회원국들은 키르기스스탄의 GUAM 회원국 가입에 대해서도 매우 긍정적인 시각을 가졌던 적이 있었다. GUAM은 민주주의와 시민 혁명이라는 보편적 가치를 공유하고 있는 국가와는 전략적 연대를 시도하고자 했다. 우즈베키스탄이 GUAM에서 탈퇴했음에도 불구하고 유라시아의 전략 지역으로 부상했던 남코카서스, 흑해, 중앙아시아에서 GUAM은 탈러시아화의 길을 분명하게 선택함으로써, 강대국 간의 지전략적 헤게모니 갈등이 심화된 측면이 있다. 4개국 정상회담에 발트지역 대통령이 옵서버로 참석함으로써 발트 흑해 연합이라는 초국가적 이상도 가시적으로 나타났다. GUAM은 발틱해 까지 포함하는 신(新) 다자지역연합체를 구상, 탈러 성격을 가진 연합체라는 사실을 분명하게 보여주었다. 2005년의 정상회담 이후 폴란드, 라트비아, 우크라이나 3개국은 2005년 5월 27~29일의 연합회의를 통해 흑해 - 발트 연합을 위한 다양한 전략적 의견을 나누었다. 그러나 이는 결국 성취되지는 못했다.

코카서스를 둘러싸고 전통적인 기득권을 유지하고자 하는 러시아와 서방 간의 헤게모니 경쟁은 앞으로도 지속될 것이다. 이는 21세기의 신 '거대게임'이라고 할 수 있다.[308] 거대게임은 19세기~20세기 초에 아프가니스탄과 중앙아시아에서 벌어진 러시아와 영국 간 세력 경쟁을 묘사하는 용어로 사용되었다. 신 거대게임의 재현은 21세기에 들어와 코카서스와 중앙아시아에서 재현되는 러시아, 미국, 서방, 이란, 터키, 중국 등이 참여하는 세력 경쟁을 가리킨다. 미국은 신 거대게임의 강력한 주체로서 GUAM의 탈러시아화 과정에 상당한 영향력을 행사하였다. 러시아 정책입안자들은 발틱 - 흑해 연합체의 이상이 논의되고 있는 자체가 GUAM 연합체의 정치적 성격이 반(反)러 경향이라는 명백한 증거로 보고 있다.[309] 2006년 키이우(키예프) 정상회담의 주요한 합의 내용도 GUAM이 범 유럽 국가로의 통합을 지향하는 지역 협력 기구로 발전시켜 나가자는 선언이었다.[310]

GUAM에서 탈퇴한 우즈베키스탄 국가전략

그렇다면 GUAM에 가장 뒤늦게 가입했다가 결국은 탈퇴의 길을 걸어갔던 우즈베키스탄의 국가전략은 어떤 것인가? 1998년 우즈베키스탄은 "러시아 없이도 국토를 방위할 수 있다"는 논리로 1992년 결성된 CIS 집단안보조약으로부터 탈퇴하면서 탈러시아 길을 가는 듯 했다. 우즈베키스탄은 2001년 5월 러시아가 카자흐스탄, 키르키스스탄, 타지키스탄, 벨라루스 등과 함께 조직한 지역 경제협력체인 EURASEC에도 참여하지 않고 친미 입장으로 돌아섰다. 그러나 우즈베키스탄은 2005년 카리모프 대통령의 강성 권위주의를 극명하게 보여준 안디잔에서의 유혈 사태 등 심각한 국내의 정치적 사건을 겪으면서 2005년, 전격적으로 GUUAM을 탈퇴하였다. 카리모프 대통령은 GUAM 정상회담 이후에 개최된 SCO 정상회담에 참석, 우즈베키스탄에 배치된 미군 군사기지의 즉각적인 철수를 요구하면서 친러시아 입장으로 선회하였다.

카리모프는 2005년 5월 5일 GUAM에 보낸 서한에서 "당초 GUAM이 선언했던 목표와 의제들이 변하는 상황에서 우즈베키스탄은 탈퇴를 선언할 수밖에 없다"[311]고 밝혔다. 카리모프가 이 회담에 불참한 것은 사카쉬빌리, 유셴코 대통령과 같은 스타일의 지도자들 속에서 자신은 어떠한 역할도 할 수 없다고 판단하였기 때문이다.[312] GUAM의 대외적 활동이 반 러시아적이며 GUAM은 이데올로기 및 군사, 정치 협력만을 줄기차게 강조해 왔다는 것이 카리모프 대통령의 입장이었던 것으로 추론된다. 그러나 무엇보다도 우즈베키스탄이 GUAM을 탈퇴한 근본 원인은 조지아, 우크라이나, 몰도바 등 여타 회원국들이 친서방 정책을 강조했기 때문이다.

우즈베키스탄은 포스트소비에트 공간에서 벨라루스와 함께 구소련 국가 중 '시민혁명'이 일어날 가능성이 가장 높았던 국가였다. 자툴린 의원도 우즈베키스탄의 GUAM 탈퇴는 조지아와 우크라이나의 젊은 대통령들이 혁명 기운을 고취하면서 GUAM을 반러시아 기구로 변화시키려 한 것이 가장 큰 이유라고 해석하고 있다.[313] 안디잔 사태 이전까지만 해도 카리모프는 친미 정책을 펼치면서 미국이 GUAM의 활동을 주도적으로 이끌기를 원했던 입장이었다.[314] 우즈베키스탄의 이러한 결정 배경에는 키르기스스탄 시민혁명이 큰 영향을 미친 것으로 정치평론가들은 판단한다. 미국이 기존의 독재성이 짙은 지도자에 대해 발 벗고 지원해주지 않는다는 사실을 키르기스스탄 혁명을 통해 카리모프가 인식하였다는 추론이 가능하다.[315] 자툴린은 "키르기스스탄의 시민혁명 이후에 우즈베키스탄은 더 이상 반러시아 전선의 선봉에 참여하고 싶지 않다는 것을 깨닫고 있다. GUAM을 탈퇴함으로 우즈베키스탄은 미국의 다양한 구애를 뿌리쳐야 한다는 사실을 우선 알아야 할 것이며, 미국은 이제 우즈베키스탄에 대해 공격적인 옵션을 채택할 것이다. 아마도 곧 우리는 미국이 카리모프를 벨라루스의 루카셴코처럼 인권을 준수하지 않는 '악의 자식'이라고 비난하는 소리를 듣게 될 것이다"고 언급하고 있다.

우즈베키스탄의 GUAM 탈퇴의 함의

우즈베키스탄은 왜 GUAM을 탈퇴하였을까?

첫째, 우즈베키스탄과 러시아의 경제적 유대 관계이다.

러시아가 중앙아시아에서의 전통적인 영향력을 복원하고 우즈베키스탄이 안디잔 사태로 위기에 봉착하자 우즈베키스탄을 중앙아시아의 강력한 친러 국가로 이끌기 위한 러시아의 지경학적 전략이 발동되었다.

둘째, 러시아는 우즈베키스탄이 지정학적으로 고립되던 상황을 역으로 활용하고 있었다는 해석이 가능하다.

러시아는 아프가니스탄 전쟁 이후로 중앙아시아에 군사기지를 설치하는 등, 미국의 적극적이고 공세적인 대외 전략에 안디잔 사태를 이용, 우즈베키스탄을 정치적, 경제적으로 지원함으로써 서방의 공격적 전략에 정면 대응할 수 있는 기회를 얻었다. 푸틴 2기에 접어들어 기존 CIS 지역에 대해 지배적 영향력을 되찾기 위한 러시아의 국가전략에 안디잔 사태는 정치적 호재로 등장했고, 우즈베키스탄의 친러 정책으로 중앙아시아의 헤게모니 경쟁이 매우 복잡하게 전개되고 있는 상황이었다. 안디잔 사태 이후 러시아는 SCO라는 다자지역협력체를 통해 우즈베키스탄에서의 미군 공군기지 철거를 주장하여 이를 관철하고 러시아의 대 중앙아시아 전략을 유리한 국면으로 이끌었다.

셋째, 우즈베키스탄은 EU와 나토로의 가입을 원하는 GUAM의 정책적 비전을 공유하고 있지 못하다.

GUAM 내에서 미래의 발전 전망을 뚜렷하게 제시받지 못했다는 것이 우즈베키스탄이 GUAM의 탈퇴 원인으로 해석될 수 있다.

넷째, 우즈베키스탄이 GUAM에서 탈퇴하였다는 것은 역설적으로 GUAM이 '유럽적 이미지'를 보여주는 사건으로 볼 수 있다는 점이다.

GUAM은 CIS 내 기타 국가들의 정형화된 성격의 기타 다자간 지역연합체와는 확실히 변별력을 가지는 비전과 조직을 갖추고 있다.

러시아 · 서방의 헤게모니 갈등 측면에서 GUAM 회원국 입장

유라시아 지역에서는 미국, 러시아, 중국, 이란, 터키, 인도 등이 과거의 거대게임 지역에서 지금은 신거대 게임을 벌이고 있다. 미국은 무엇보다도 러시아와 중동 사이에 위치해 있는 국가 중에서 독립적으로 우호 관계를 증진할 수 있는 대표적인 유라시아 국가로 남코카서스를 상정하고 있다.[316] 그러나 이 지역에서 미국과 러시아의 치열한 헤게모니 각축으로 각 국가의 입장은 모든 사안에서 동일하지는 않다.

조지아

조지아는 역사적으로 유럽과 긴밀한 관계를 유지해왔다. 조지아는 동·서 무역로인 비단길이 통과하던 경제 요충지로 동·서의 가교에 위치, 일찍이 서방의 우수한 문화와 교류하였다.[317] 조지아의 역사 속에서 일정하게 나타나는 흐름은 조지아가 실크로드가 통과하는 핵심 지역으로 동서양의 융합적인 문화에 상당한 적응기를 가졌다는 사실이다. 오늘날 조지아가 친서방 탈러의 움직임을 보이는 데에는 이와 같은 역사적인 배경과 전통이 있기 때문이다. GUAM 회원국 중에서 서방과의 역사적 기원이 가장 긴밀한 국가가 바로 조지아이다. 그리스, 로마, 비잔틴과의 전통적인 정치적, 경제적 교류와 지속적인 대서방 문물 교류가 오랜 기간 이루어져 왔다는 사실은 조지아의 국가적 위치를 가늠해볼 수 있는 하나의 중요한 척도가 되고 있다.

조지아와 우크라이나에서 각각 발생했던 장미 혁명과 오렌지 혁명은 사무엘 헌팅턴이 주장했던 것처럼 제2의 물결과 제3의 물결에 이은 '제4의 민주주의 물결'이라고 여겨질 만큼 거대한 것이었다.[318] 장미 혁명은 미국이 흑해 지역인 조지아에 대해서도 적극적인 개입 정책을 시작하고 있다는 사실을 입증하여 주었다.

장미혁명 이후 조지아 - 러시아 관계

장미혁명 이후 러시아는 2006년에 조지아로 공급하던 가스관을 폐쇄하는 조치를 단행하고 조지아를 압박했다. 러시아가 단행한 이 행동은 이미 예견된 사건이었다. 조지아가 친서방 입장으로 선회하자 러시아는 여러 번 조지아 정부를 향해 독점 공급하던 가스관을 단절하겠다는 경고를 내려 양국 관계는 경색되었기 때문이다.[319] 이에 맞서 조지아 의회는 2006년 7월 18일 아브하지아와 남오세티아에 주둔하고 있는 러시아 군대의 철수 요구안을 채택, 영토 통합성 전략을 포기하지 않겠다는 단호한 의지를 보여주었다.

러시아는 조지아의 국가적 약점인 경제 상황을 활용했다. 과거 구소련 지역에서 영향력 복원이라는 국가전략을 펼치기 위해 오일달러 등을 중심으로 급속한 경제 발전을 이룩한 러시아의 장점을 조지아에 대한 압박 수단으로 활용했다. 조지아에서의 러시아의 전략적 이해에 대해 미국이 취하고 있는 대응책은 무엇인가? 장미 혁명 이후에 조지아를 둘러싼 국제 상황은 급변했다. 미국은 조지아에 군사고문단을 파견하면서 군사 안보 분야에서 러시아와 대립각을 세웠다. 이와 동시에 미국은 BTC 송유관을 2005년에 주도적으로 건설하였고 에너지 자원 분야에서 러시아 국가 이익에 중대한 손해를 끼치면서 에너지 안보 분야에서 러시아를 압박하였다. 미국은 러시아의 영향력으로부터 벗어나려고 하는 조지아의 국가전략에 기본적으로 보조를 맞추어주고자 하는 정책을 지속적으로 펼쳤다. 조지아 국가전략의 기본적인 축은 2가지 요소이다. 대내적으로는 국가 통합성을 확보하기 위한 지배권 확립과 대외적으로는 친서방 정책의 추진[320]이다.

우크라이나와 러시아의 관계

우크라이나는 미국의 유라시아전략가인 브레진스키가 언급하듯이 '유라시아 체스판' 위에 새로이 형성된 공간으로서 지정학적 추축'[321] 국이다. 중부유럽에서의 강대국 건설이 우크라이나의 미래 청사진이다. GUAM에 있어 우크라이나는 지도적 위치에 서 있다. 미국과 나토는 중부유럽에서의 절대적 우위를 목표로 하고 있고 우크라이나는 서방 국가들에게는 지전략적으로 매우 중요하다. 우크라이나에 GUAM은 국가 이익을 담보해주는 미래적이고 예비적인 성격의 전략적 기구이다. GUAM이 창설되기 이전 우크라이나의 국가 이익은 OSCE와 EU의 틀 안에서만 부분적으로 진행되었지만, 이제는 새로운 다자 연합체의 출현으로 국가이익을 실현할 수 있는 환경이 조성되었다.

우크라이나는 러시아와 공통의 역사적 기원을 가진다. 우크라이나는 1654년 러시아와 '뻬레야슬라프'협정을 체결, 공식적으로 러시아에 합병되었다. 이는 우크라이나가 1991년 신생 독립국이 되기까지 거의 350년간이나 러시아의 지배적 영향력을 받아왔다는 사실을 의미한다. 그러나 우크라이나 역사가들은 뻬레야슬라프 협정으로 우크라이나가 러시아에 합병되었다는 사실을 부인한다.

우크라이나의 민족적 정체성은 무엇인가? 키이우(키예프) 루시의 역사적 전통을 러시아와 우크라이나는 공유하고 있다는 해석이 지배적이지만 13세기 몽골 지배 이후에 러시아와 우크라이나는 민족 국가로서의 역사적 경험이 달랐다. 우크라이나인들은 그들을 둘러싸고 있거나 지배하고 있는 민족들 사이에서 자신들의 민족 정체성을 발견할 수밖에 없는 역사적 경험을 소유하고 있는 국가이다.[322] 우크라이나와 러시아가 공식 합병을 이룬 후에는 역사적 운명의 한 축을 공유하였지만 우크라이나는 리투아니아, 폴란드, 러시아와 경쟁 혹은 저항하면서 그 민족성이 형성되어왔다. 우크라이나는 소련 시기 소련의 어떤 다른 공화국보다도 탈러시아화와 우크라이나화를 성취하기 위해 언어와 문화를 부흥시키기 위한 정책을 강력하게 실시하고 있었다.[323]

2000년대 우크라이나의 시민혁명

우크라이나는 지식인들을 중심으로 민족 운동을 활발히 전개하였다.[324] 2000년대 우크라이나 현대사에서 가장 중요한 사건은 2004년 우크라이나 대선이었다. 당시 유셴코 후보의 선거 공약은 EU와 나토 가입이었다. 우크라이나는 적어도 러시아의 우산에서 서유럽의 우산으로 편입되고자 하는 강력한 의지를 보여주었다. 우크라이나는 시민 혁명으로 세계의 이슈가 되었는데, 유셴코를 지지한 우크라이나의 서부는 로마가

톨릭 등 서유럽 문화에 익숙한 지역이다. 우크라이나에서 러시아인이 약 20% 정도 거주하는 동부에 비해, 서부 지방은 서유럽 문화와 접촉하면서 동부와는 다른 민족 정체성을 유지해 왔다. 러시아와 우크라이나는 역사적, 지리적, 문화적 전통에 있어서 상당히 유사하면서도 각기 다른 길을 걸어왔다. 이런 측면에서 우크라이나는 서방의 문화에 대해 이질감이 없으며 2004년의 시민 혁명은 우크라이나가 서방과 긴밀한 역사적 경험이 있기 때문에 가능했다. 우크라이나는 독립국가가 된 이후에 미국과의 협력 관계에 적극적으로 나섰다. 소련 해체 뒤에 보유하던 핵을 미국, 영국, 러시아 등 다자간 안전보장과 원조를 확실히 약속받고서 완전히 폐기하였다.

소련 해체 이후 EU에 가입한 국가는 헝가리, 폴란드, 체코, 슬로바키아 등의 동유럽국가와 라트비아, 리투아니아, 에스토니아 등 발틱 공화국 등이다. 우크라이나는 2022년 현재 EU에 가입하지 못하고 있다. 미국과 러시아는 중부 유럽의 핵심 국가인 우크라이나에 대한 지배적 영향력을 얻기 위해 강력한 헤게모니 경쟁을 펼칠 것으로 보인다. 우크라이나에게 서방과 나토는 핵심 파트너이다.

GUAM의 주도자적 역할을 추진한 우크라이나

우크라이나는 2005년 GUAM 정상회담 때에 몰도바가 직면한 민족 분쟁 문제를 해결하고자 트랜스 드네스트르에 평화유지군 배치 제안을 했다.[325] 유셴코 대통령은 몰도바 분쟁에 대해 다양한 단계를 통한 해결 방식을 주장하였다. 그 예로는 트랜스 드네스트르 공화국내 시민단체의 결성 및 발전을 위한 환경 조성, 국제적 수준에 부합하는 다당제 의회 창출, 분쟁 지역에 우크라이나가 참여하는 신 평화유지군의 배치, 국제 감시단의 활동 보장 등을 제시하였다. GUAM의 지도자적 위치를 공고히 하고자 하는 우크라이나에 있어서 GUAM이 직면한 민족 분쟁 위기는 매우 중요한 사안이다. 유럽이라는 거대한 틀로 편입하고자 하는 우크라이나로서는 무엇보다도 GUAM 내에 직면한 국제 분쟁을 해결하는 것이 GUAM의 지도자적 위치로서 국가 정체성을 공고히 할 수 있는 기회가 되기 때문이다. 유셴코 자신도 민족 분쟁을 평화적으로 해결해야 하는 것이 가장 중요한 사안이고 이를 반드시 해결해야 한다는 입장을 밝혔다.[326]

우크라이나가 러시아의 영향력에서 벗어나 유라시아 공간에서 새로운 경쟁자로 출현하는 상황을 러시아는 우려할 것이다. 일부 러시아 언론이 제기하듯 강력한 대응책을 모색할 가능성도 있다. 이는 러시아가 과거 소련과 같은 강력한 국가연합체를 결성할지도 모른다는 추론이다.[327] 결국 2016년부터 러시아는 우크라이나 반군을 지원하면서 실제적으로 우크라이나 분쟁에 개입하였다.

우크라이나의 경제적 이슈

우크라이나의 경제적인 영역은 다음과 같다. GUAM이 국제기구의 성격을 지니고 있으며 핵심적이고 사활적인 에너지 자원의 확보와 카프카스와 중앙아시아에 이르는 교통망의 확충 계획에 있어서 우크라이나의 입장이 강화되었다. 중앙아시아와 극동에 우크라이나의 원자재와 공산품 등을 수출하는 출구를 확보할 수 있다는 기회를 제공하고 있다는 점에서 GUAM의 연대는 우크라이나에 필수적이다. GUAM은 우크라이나에 지전략적 옵션을 광범위하게 제공하였다.[328] 우크라이나는 향후 아제르바이잔 등과 적극적인 경제협력을 체결하고 에너지 자원의 공급처를 다양화할 수 있는 통로를 마련할 것이다. 그러나 우크라이나의 경제 정책은 불안한 한계에 처해 있는 것도 사실이다. 2006년 1월 초 발생한 가스 분쟁은 우크라이나가 탈러, 친서방의 국가전략만을 추구할 수 없는 상황을 보여주었고, 우크라이나의 국가적 한계가 명백하게 드러났다. 즉 천연가스를 전적으로 러시아에 의존해야만 하는 우크라이나로서는 러시아가 가스 공급을 전격 차단함으로써 우크라이나를 통해 서방으로 공급되는 천연가스의 판매도 중단되는 사태가 일어났다. 이로 인해 우크라이나는 막대한 경제적 피해를 입었다. 러시아 측의 정치적 경고이자, 경제적 압박전략이었다.[329]

또한 2006년 3월 실시된 의회 선거에서 친러 성향의 야누코비치 지역당이 제 1당을 차지하고 헌법 개정에 따른 일종의 의회 중심제 권력구조 하에 막강한 권한을 가진 총리로 야누코비치가 임명된 이후에 유셴코가 추진해온 친서방 정책은 수정 단계에 들어섰다. 민주혁명으로 정권을 쟁취한 유셴코의 입지는 매우 약화되었다. 러시아로부터의 경제적 압박과 국가 정치 구조의 불안정은 우크라이나가 친서방, 탈러 국가전략을 펼쳐나가는 데 있어 일정한 한계에 봉착해 있다는 사실을 보여주었다.

우크라이나가 현대 유라시아 대외 국가전략에 필수적 요소로 부상하고 있는 에너지 자원 분야에서 러시아에 종속되어있고 러시아가 우크라이나를 위협하는 정책의 일환으로 이를 활용하고 있어 우크라이나의 친서방 전략은 매우 어려운 상황에 봉착해 있다. 이를 다시 해석해본다면, 그 어느 때보다도 우크라이나의 미래가 유럽을 지향하느냐, 러시아로 돌아가느냐 하는 중대한 기로에서 러시아와 미국이 치열한 헤게모니 경쟁을 전개할 것이라는 사실이다.[330]

아제르바이잔

아제르바이잔은 나고르노·카라바흐 사태로 오랜 기간 아르메니아와 민족 분쟁을 겪었다. 일함 알리예프 대통령은 2005년 GUAM 정상회담에서 민족 분쟁 해결을 위해 강대국과의 협상을 통한 접근 방법을 모색할 것을 제시하였다.[331] 아제르바이잔은 이 사태를 해결하기 위해 미국 등 서방의 해결 방식에 적극적인 동조를 하겠다는 입장이었다. 아제

르바이잔은 현재 러시아와 긴장된 갈등 관계에 있다.[332]

BTC 송유관이 2005년 5월 25일 개통돼 아제르바이잔은 러시아에 거의 전적으로 의뢰하던 수출 루트를 다변화할 수 있게 되었다. 즉 석유 및 가스 수출 증대와 통과료를 통한 수입을 확보, 터키 등 서유럽국가들과 경제, 에너지, 안보 분야에서 새로운 유대 관계를 구축할 수 있는 토대가 마련되었다.[333] 카스피해 원유는 지중해를 통해 유럽으로 통과되기 때문에 서방 각국이 아제르바이잔과 협상을 맺는 데 유리하게 작용하였다. 에너지 자원 개발 및 수송에 있어서 서방의 카스피해 진출은 미국 등 서방의 지전략적 비교 우위의 강화를 의미하기 때문이다.[334]

브레진스키는 아제르바이잔을 '지정학적 회전축'(pivot)이라고 정의한 바 있다. 그가 내린 의미만큼 21세기 아제르바이잔의 지정학적 옵션은 미국과 매우 밀접한 관계를 맺는 전략이다. 9.11 테러가 발생한 이후 2001년 미국이 아프가니스탄의 탈레반 정권에 군사 공격을 시작할 때에 군사 안보적으로 전세계에서 미국을 도와 테러리즘과의 전쟁에 나서도록 역할을 한 나라도 조지아와 아제르바이잔이었다. 이들 국가는 미국이 중앙아시아와 흑해, 코카서스 지역에 군사적인 접근을 시도하는 데에 직접적인 도움을 주었다. 러시아는 아프가니스탄 전쟁 때에 미국 공군기가 인도적인 목적으로 영공을 통과하는 것은 허락하였지만, 전투기의 러시아 영공 통과는 불허하였다.[335] 그러나 조지아와 아제르바이잔 등 GUAM 국가들은 아프가니스탄 전쟁 수행을 위해 러시아와 다른 입장을 취하였다. 미 공군기가 아프가니스탄으로 가는 영공을 완전히 개방함으로써 전세계 국가 중에서 가장 먼저 군사적으로 미국의 대 테러리즘 전쟁을 도와준 국가가 되었다. 이는 안보적 측면에서의 친미 전략이었다.[336]

미국과 러시아가 아제르바이잔에서 헤게모니 경쟁을 벌이고 있는 대표적인 분야는 경제 분야이다. 특히 에너지 안보 분야에서 매우 첨예한 대결 양상을 벌이고 있다. 상기에 언급한 것처럼 과거 소련의 지배 영토였던 카스피해는 이제 5개국이 서로의 영유권을 주장하고 있는 공통의 땅이 되어버렸다. 러시아는 더 이상 카스피해의 원유 등 에너지 자원이 자신의 것이라고 주장할 수 없게 되었다. 현재 카스피해의 에너지 지정학에서 가장 중요한 이슈는 파이프라인 건설을 둘러싼 서방과 러시아의 갈등이었다. 아제르바이잔의 에너지 자원에 가장 적극적인 영국과 미국은 러시아의 완강한 반대에도 불구하고 아제르바이잔을 포함한 카스피해 연안의 에너지 자원을 러시아로 우회하는 새로운 송유관 및 가스관 건설 라인을 BTC 라인으로 확정하고 완공하였다.

1994년부터 논의가 시작된 BTC 라인은 결국은 서방측의 의도대로 진행됨으로써 러시아에 막대한 경제적 손실을 안겨다 주었다. 아제르바이잔에서 생산된 원유는 BTC 파이프라인을 통해 남부 유럽 국가로 수출되고 있다. BTC 송유관의 건설과 이를 통한 서방세계로의 석유 수출로 인해 아제르바이잔이 얻는 이득은 유가가 배럴당 30달러일 경우 1,000억 달러, 배럴당 45달러일 경우에는 1,500억 달러에 이를 것으로 추정하고 있어 아제르바이잔은 에너지 자원 지정학에 있어서 친서방 입장을 강하게 추진하고 있다.

몰도바

몰도바는 루마니아와 역사적으로 동일한 기원을 가진다. 몰도바인의 민족주의 운동은 고르바초프의 페레스트로이카 개혁으로 중앙통제가 완화되고 인근 루마니아를 필두로 동유럽에서 사회주의 체제가 도전을 받게 된 때와 동시에 시작하였다.[337] 1991년 소련의 해체로 몰도바는 신생독립국가가 되었다. 몰도바 정부도 트랜스 드네스트르 공화국에 주둔 중인 러시아군대의 즉각적인 철수를 요구하였다. 몰도바는 러시아계와 우크라이나계가 70% 거주하는 몰도바 내 친러 '트랜스 드네스트르' 자치 공화국의 분리주의 움직임에 반대하고 있다. 이러한 정치적 상황으로 몰도바도 탈러시아 입장을 보였다. 러시아는 트랜스 드네스트르 공화국에 러시아군을 파견 중이다.

유셴코 대통령은 몰도바 정부와 단절을 선언한 트랜스 드네스트르 자치공화국의 분쟁 문제를 해결하기 위한 현지 시민단체 및 다당제 설립 지원, 러시아, 미국, 우크라이나, OSCE가 감시하는 민주적인 총선 실시를 제안하였다. 서방도 유셴코 대통령의 제안에 긍정적 입장을 보였다. 서방 국가들은 몰도바 자치공화국이 민주주의 수준에 합당한 다당제 의회 자유선거가 실시되어야 한다고 강조했다.[338]

몰도바는 2005년 3월 치러진 총선에서 '친미·친서방 정책'을 선거 공약으로 내세웠던 여당이 승리함으로써 탈러 정책을 가속화할 제도적 기반이 마련되었다. 보로닌 대통령을 중심으로 서방과 연계, 민족 분쟁 문제에 대처하였다. 몰도바 총선 직후 조지아, 우크라이나, 몰도바 대통령은 3국 연쇄 회담을 통해 이 지역의 민주주의 확립과 민족 분쟁 해결에 공동 대처하기로 합의하면서 GUAM의 창설 목적인 포스트 소비에트 공간에서의 신생독립국가 주권 준수를 강조했다. 미국도 몰도바 총선을 기점으로 러시아의 영향력 복원을 무력화하는 일련의 행동을 취하고 있는데 자유무역지대 활성화를 추진하는 등 GUAM에 지속적인 경제적 지원을 약속하고 있다. 2005년 GUAM 정상회담 때 보로닌 대통령은 정상회담의 의제는 GUAM의 정치적 입지 강화에 있음을 분명히 지적했다. 몰도바는 미국, EU와 더 한층 강화된 협력관계를 원하고 있다. 특별히 민족 분쟁 해결에 국제단체의 협조를 제시하면서 서방의 적극적인 지원을 바라고 있다.[339]

참고문헌

국문

강봉구. "편승과 균형: 21세기 세계 정치와 러-미관계."『현대러시아 국가체제와 세계전략』. 서울: 한울아카데미, 2005.

고재남.『구소련 민족분쟁의 해부』. 마산: 경남대학교 출판부. 1996.

고재남. "CIS 통합운동의 동향과 전망. 러시아의 CIS 통합정책을 중심으로."『21세기 러시아 정치와 국가전략』. 서울: 일신사, 2001.

고재남. "유라시아의 다자 지역 협력."『21세기 유라시아 도전과 국제 관계』. 서울: 한울아카데미, 2006.

권정임. "러시아 유라시아주의-상상의 지리에서 현실의 지리로-."「노어노문학」. 17-1. 2005.

김경순. "우크라이나 국가형성과 정치변화."「슬라브학보」. 13-2. 1996.

김부기. "조지아 공화국."「미소연구」. 6집. 단국대 미소연구소.

김영술. "러시아-조지아 분쟁과 국제관계."「아태연구」. 16-2. 2009.

김혜진. "러시아와 조지아의 관계-남오세티야 분쟁을 중심으로."「슬라브연구」. 25-2. 2009.

로버트 카플란.『로버트 카플란의 타타르로 가는길』. 이순호 역. 서울: 르네상스. 2002.

문명식. "우크라이나의 민족문제와 러시아."「슬라브연구」. 17-2. 2001.

박정호. "자카프카지예 지역분쟁의 정치 경제적 요인 분석-조지아와 압하지야 분쟁을 중심으로."『한국슬라흐학회 2005년 9월 정기학술회 발표 논문집』. 2005.

박태성. "러시아 역사발전 과정에서의 자카프카지예-자카프카지예의 발전과정과 정 체성을 중심으로."「슬라브학보」. 22-2. 2006.

브레진스키.『거대한 체스판 21세기 미국의 세계전략과 유라시아』. 김명섭 역. 서울: 삼인, 2004.

신범식. "푸틴시기 러시아의 근외정책과 중앙아시아."『현대러시아 국가체제와 세계전략』. 서울: 한울아카데미, 2005.

엄구호. "남코카서스의 '신거대게임'과 조지아의 친서구 정체성."「중소연구」. 31-1 (통권 113). 2007.
우평균. "유라시아 분쟁에서의 러시아의 개입: 조지아 전쟁과 우크라이나 사태."「국제정치연구」. 17-2. 2014.
이상준. "조지아의 체제전환과 경제발전 – 개혁의 성공 조건."「슬라브학보」. 26-3. 2011.
이종문. "아제르바이잔 에너지안보와 외국인투자분석."『한국슬라브학회 2006년 3월 정기학술회 발표논문집』. 2006.
이영형. "시베리아 공간의 지정학적 의미와 러시아: 지정학적 요소/분석단위를 중심으로."「한국과 국제정치」. 20-4. 2004.
이채문. "그루지야의 장미혁명과 수출용혁명론."「대한정치학회보」14-3. 2007.
정세진. "조지아정교의 정체성: 기원, 국가, 국민적 인식을 중심으로."「노어노문학」. 20-3. 2008.
정세진. "조지아 역사의 공간과 접변 연구 – 동과 서, 북방의 경계를 중심으로."「국제지역연구」. 12-1. 2008.
정세진. "조지아"『한양대 아태지역연구센터 편, 러시아 유라시아 2015년 회고와 2016년 전망』.
정세진. "조지아"『한양대 아태지역연구센터, 러시아 유라시아 2016년 회고와 2017년 전망』.
정옥경. "카스피해 지역에서의 러시아의 법적지위."『한국슬라브학회 2005년 11월 정기학술회 발표논문집』. 2005.
정한구. "몰도바공화국."「미소연구」. 6집. 단국대 미소연구소.
한정숙. "키릴 – 메토디우스 형제단과 근대 우크라이나의 민족 정체성 – 형제단 지식인들의 담론 구성을 중심으로."「러시아연구」14-2호. 2004.
황성우. "카프카즈 지역의 다중 갈등과 지역 국가들의 국가전략."『21세기 유라시아 도전과 국제관계』. 서울: 한울아카데미, 2006.
황영삼. "조지아와 아르메니아의 종교와 민족주의." 임영상. 황영삼 공편.『소련과 동유럽의 종교와 민족주의』. 1996.
허승철.『코카서스 3국의 역사와 문화』. 서울: 고려대학교 출판문화원, 2019.
현승수. "포스트소비에트 조지아의 국가 건설: 국민주의와 제도화, 분쟁의 상관관계를 중심으로." 「동유럽연구」. No. 29. 2013.

현승수. "러시아의 남코카서스 정책: 군사안보 전략을 중심으로." 「슬라브학보」. 29-2. 2014.

영문

Albion, Adam. "US Men and Materiel Reportedly Land in Uzbekistan." RFERL *Central Asia Report. vol. 1 no. 10.* 28 September 2001.

Aprasidze, David. "Democratization's Vicious Circle or How Georgia Failed to Change." Connections. 13-4. 2010.

Arp, Bjorn. "Georgia v. Russia (I)." *The American Journal of International Law.* 109-1. 2015.

Atilgan, Canan and Aprasidze, David. "End to an Era: Transfer of Power in Georgia." *KAS International Reports.* 12. 2013.

Bayram, Balci and Motika, Raoul. "Islam in Post-Soviet Georgia." *Central Asian Survey.* 26-3. 2007.

Berglund, Christofer. "Georgia between Dominant-Power Politics, Feckless Pluralism, an democracy." *Demokratizatsiya: The Journal of Post-Soviet Democratization.* 22-3. 2014.

Brooks, S.G., Wohlforth, W.C. "American Primacy in Perspective," *Foreign Affairs.* 8-4. 2002.

Christophe, Barbara. "When is a Nation? Comparing Lithuania and Georgia." *Geopolitics.* 7-2. 2002.

CIA World Fact Book 2016-2017.

Companjen, Francoise. "Georgia." in Beacham, O. Donnacha and Polese, Abel eds. *The Colour Revolutions in the Former Soviet Republics.* London: Routledge. 2010.

Companjen, Francoise. "The war in South Ossetia, August 2008: Four perspectives." Exploring the Caucasus in the 21th century. 2010.

Cornell, Svante. "US engagement in the Caucasus: Changing gears." *Helsinki Monitor.* No. 2. 2005

Curtis, E. Glenn ed. Armenia, Azerbaijan, and Georgia Country studies. Library of Congress Cataloging-in-Publication Data. 1994.

Companjen, Francoise, Maracz, Laszlo and Versteegh, Lia. eds. *Essays on culture, history and politics in a dynamic context*. Amsterdam: Pallas Publications.

Cory, Welt. "Political Change and Border Security Reform in Eurasia: The Case of Georgia." *Nonproliferation Review*. 12-3. 2005.

Dundua, Salome, Karaia, Tamar and Abashidze, Zviad. "National narration and Politics of Memory in post-socialist Georgia." *Slovak Journal of Political Sciences*. 17-2. 2017.

Dzebisashvili, Shalva. "Conditionality and compliance: the shaky dimensions of NATO influence (the Georgian case)." *Connections*. 13-2. 2014.

Dzebisashvili, Shalva. "Norms versus interests: The ambiguous nature of NATO's democratic conditionality in Armenia." Connections. 14-2. 2015.

Egorova, Elizaveta and Babin, Ivan. "Eurasian Economic Union and the Difficulties of Integration: The Case of South Ossetia and Abkhazia." Connections. 14-2. 2015.

Flint, Colin. "Political geography: context and agency in a multiscalar framework." *Progress in Human Geography*. 27-5. 2003.

Gachechiladze, R. *The New Georgia: Spaces, Society, Politics*. London: UCL Press. 1995.

German, Tracey. "NATO and the enlargement debate: enhancing Euro-Atlantic security or inciting confrontation?" *International Affairs*. 93-2. 2017.

Government of Georgia, National Security Concept of Georgia. No. 3. 2012.

Gürer, Heidemaria. "Return to Babel: The Race to Integration in the Southern Caucasus." *Connections*. 14-2. 2015.

Gvosdev, K. Nikolai. "The Russian Empire and the Georgian Orthodox Church in the first decade of imperial rule, 1801-1830." *Central Asian Sur-

vey. 14-3. 1995.

Hemmer, Christopher and Katzenstein J. Peter. "Why is there no NATO in Asia? collective identity, regionalism, and the origins of Multilateralism." *International Organization*. 56-3. 2002.

Jones, F. Stephen. Socialism in Georgian colors. The European road to social democracy 1883-1917. Cambridge, Massachusetts: Harvard University Press. 2005.

Kennedy, Ryan. "Fading Colours? A Synthetic Comparative Case Study of the Impact of "Colour Revolutions." *Comparative Politics*. 46-3. 2014.

Kyiv Declaration on Establishment of the Organization for Democracy and Economic Development-GUAM. http://guam.org.ua/204,568,1,0,1,0,phtml(검색일: 2006년 6월 2일).

Kirova, Iskra. Public Diplomacy and Conflict Resolution: Russia, Georgia and the EU in Abkhazia and South Ossetia. Los Angeles: Figueroa Press. 2012.

Lang, M. David. *The last years of the Georgian Monarchy. 1658-1832*. New York: Columbia University Press. 1957.

Lanskoy, Miriam and Areshidze, Giorgi. "Georgia's Year of Turmoil." *Journal of Democracy*. 19-4. 2008.

Matsaberidze, Malkhaz. "Georgia and the Geopolitics of Orthodoxy." *Central Asia and the Caucasus*. 6(42). 2006.

Mitchell, Lincoln. "Compromising Democracy: State-Building in Saakashvili's Georgia." *Central Asian Survey*. 28-2. 2009.

Moga, Teodor Lucian and Alexeev, Denis. "Post-Soviet States Between Russia and the EU: Reviving Geopolitical Competition? A Dual Perspective." *Connections*. 13-1. 2013.

Nichol, Jim. "Georgia (Republic) and 나토 Enlargement: Issues and Implications." *CRS Report to Congress, Washington D.C. Congressional Research Service*. 6 March 2009.

Novikova, Gayane. "The Models of Sovereignty in the South Caucasus." *Con-*

nections. 13-2. 2014.

Novikova, Gayane. "The South Caucasus Between Russia and the West: How Pragmatic are the Stakeholders' Approaches?" *Connections*. 40-2. 2015.

Peimani, Hooman. *Conflict and Security in Central Asia and the Caucasus*. Santa Barbara, CA: ABC-CLIO, 2009.

Pelkmans, Mathijs. "Religion, Nation, and State in Georgia: Christian Expansion in Muslim Ajaria." *Journal of Muslim Minority Affairs*. 22-2. 2002.

Sanikidze, George and Walker W. Edward. "Islam and Islamic practices in Georgia." *BPS Working Paper Series*. University of California: Berkeley. 2004.

Sherwood-Randall, Elizabeth. "US Policy and the Caucasus," *Contemporary Caucasus Newsletter, Barkeley Program in Soviet and Post-Soviet Studies*. No. 5. 1998.

Silaev, Nikolai, Sushentsov, Andrei. "Russia's View of Its Relations with Georgia after the 2012 Elections: Implications for Regional Stability." *Connections*. 14-1. 2014.

Studzinska, Zofia. "How Russia, Step by Step, Wants to Regain an Imperial Role in the Global and European Security System." *Connections*. 14-4. 2015.

Suny, G. Ronald. *The making of the Georgian Nation*. London: I.B. Tauris. 1989.

Taras, Kuzio. "Promoting Geopolitical in the CIS: GUUAM and Western Foreign Policy." *Problem of Post-Communism*. 47-3. 2000.

Toft, D. Monica. "Multinationality, Religions and State-Building: The Failed Transition in Georgia." *Regional & Federal Studies*. 11-3. 2001.

Valkenburg, Samuel Van & Stotz. L. Carl. *Elements of Political Geography*. Englewood Cliffs, New Jersey: Prentice-Hall, Inc. 1954.

Walker, E.W, Sanikidze, G. "Islam and Islamic Practices in Georgia." Occasional Paper Series. Barkeley Program in Soviet and Post-Soviet Studies. 28. 2004.

Yalowitz, Kenneth and Cornell, Svante. "The Critical but Perilous Caucasus." *Orbis,* 48-10. 28 September 2001.

노문

Авалов, З.Д. *Присоедение Грузии к России.* Санкт-Петербург: Журнал Звезда, 2009.

Апакидзе, А.М. *Города древней Грузии.* Тбилиси. 1968.

Брашинский, И.Б. "Синопа и Колхида (К проблеме греческой колонизац и и Юго-Восточного Причерноморья)." *Вопросы древней истории.* 1973.

Ватейшвили. Д.Л. *Грузия и европейские страны том 1. Грузия и Запад ная Европа XIII-XVII века.* Книга 1. Москва :Наука. 2003.

Иоселиани, П. И. Описание древностей города Тифлиса. Тбилиси, 1866.

Дегоев, В.В. *Большая игра на Кавказе: история и современность.* М осква: русская панорама, 2001.

Зурабивили, Саломе. "Вывод россииских военныйх баз из Грузии решае т только один из вожных вопросов в отношениях Москвы и Тбилис и." (http://interfax.ru/r/B/0/0.html?id_issue=11304479)(검색일: 2005년 5월 31일).

Гаджиев, К. С. *Геополитика Кавказа.* Москва: Международные Отношения. 2003.

Гачечиладзе, Ревез. "Геополитические ориентиры Грузии: Смена направления?" *Центральная Азия и Кавказ.* No 1(37). 2005.

Георгиевский трактат. *Исследование, документы, фотокопии В. Мачар адзе.* Тбилиси: Хеловнеба. 1983.

Гусейнова, Иджран. "Расширение Европы и ЮжныйКавказ," Центральна я Азия и Кавказ. No. 4 (34). 2004.

Кондрашов, Д. "Фронт против России направления агресии."(http: www.regnum.ru/news/428347.html)(검색일: 2005년 3월 28일).

Ломоури, Н.Ю. К *истории Понтинийского царства*. Тбилиси. 1979.

Мамедов, С. Горднеика А. "У Каспийского стража появила хозяни." *Независимое военное обозрение*. 27 мая 2005. 19(428).

Матийчик, Ярослав. "ГУУАМ: Состояние, риски, перспективы." *Центральная Азия и Кавказ*. 5(35). 2004.

Меликишивили, Г.А. *К истории древней Грузии*. Тблиси. 1959.

Панджикидзе, Теймураз. "Христианство в Грузино-Российских отношениях: история и современность." *Центральная Азия и Кавказ*. No. 3 (39). 2005.

Парахонский, Борис. "Формирование модели регионального сотрудничества в системе ГУУАМ." *Центральная и Кавказ*. No 2(8). 2000.

Рцхиладзе, Гулбаат. "Религиозный фактор и конфликтный потенциал в Грузии." *Центральная Азия и Кавказ*. No. 3(39). 2005.

Тимошенко, "ГУАМ не является альтернативой СНГ,"(http://for-ua.com/news/2005/06/03/121744.html)(검색일: 2005년 6월 3일).

Толстов, Сергей. "Внешне политический курс украины после Оранжево й революции," *Центральная Азия и Кавказ*. No. 5(41). 2005.

Хаптингтон, С. *Третья волнаю Демократизация в волне XX века*. Москва, 2003.

신문

『서울신문』, 2005년 4월 23일.

『연합통신』, 2005년 4월 23일.

Итар Тасс, Apr. 22, 2005.

Коммерсант, Apr. 23, 2005.

유철종, "우크라 주지사 지낸 사카쉬빌리, 현지 검찰에 체포됐다 구출," 『2017년 12월 6일 연합신문』

이머릭스(Emerics) 러시아 유라시아 전문가 오피니언 글

정세진, "조지아 총선, 집권 여당의 승리,"『이머릭스 전문가 오피니언』 https://www.emerics.org:446/issueDetail.es?brdctsNo=201566&mid=a10 200000000&&search_option=SUBJECT&search_keyword=%EC%A1%B0%EC% A7%80%EC%95%84&search_year=2016&search_month=&search_tagkeyword= &systemcode=04&search_region=&search_area=1&currentPage=1&page Cnt=10(2016.11.14일자.).

정세진, "조지아-EU 협력협정 발효의 정치·경제적 의미와 조지아의 EU 가입 전망,"『이머릭스 전문가 오피니언』 https://www.emerics.org:446/issueDetail.es?brdctsNo=202063&mid=a1020000 0000&&search_option=SUBJECT&search_keyword=%EC%A1%B0%EC%A7%80 %EC%95%84&search_year=2016&search_month=&search_tagkeyword= &systemcode=04&search_region=&search_area=1&currentPage=1&page Cnt=10(2016.11.21일자.)

정세진 "조지아, 우크라이나, EU 셍겐 지역 단기 비자면제 받을 수 있을까?" 『이머릭스 전문가 오피니언』.http://www.emerics.org/www/issue.do?systemcode=04&action=detail&brdctsno=206947&search_year=2017&search_month=01(2017.01.19).

정세진, "조지아 야당 세력의 분열,"『이머릭스 전문가 오피니언』 https://www.emerics.org:446/issueDetail.es?brdctsNo=210481&mid=a1020000 0000&&search_option=SUBJECT&search_keyword=%EC%A1%B0%EC%A7%80 %EC%95%84&search_year=2017&search_month=&search_tagkeyword= &systemcode=04&search_region=&search_area=1&currentPage=1&page Cnt=10(2017.03.06.)

정세진, "조지아와 우크라이나, 전략적 동반자관계 선언,"『이머릭스 전문가 오피니언』

https://www.emerics.org:446/issueDetail.es?brdctsNo=225080&mid=a10200000000&&search_option=SUBJECT&search_keyword=%EC%A1%B0%EC%A7%80%EC%95%84&search_year=2017&search_month=&search_tagkeyword=&systemcode=04&search_region=&search_area=1&currentPage=1&pageCnt=10(2017.08.27.)

정세진 "조지아 지방선거 결과: 여당의 압승."『이머릭스 전문가 오피니언』 http://www.emerics.org/www/issue.do?systemcode=04&action=detail&brdctsno=234653&search_regioncode1=01&search_regioncode2=09&search_regioncode3=00&search_area=undefined(2017.12.06.).

정세진, "우크라이나 정부, 샤카슈빌리 전 조지아 대통령 전격 체포: 야권 지도자에 대한 정치적 탄압,"『이머릭스 전문가 오피니언』 https://www.emerics.org:446/issueDetail.es?brdctsNo=236539&mid=a10200000000&&search_option=SUBJECT&search_keyword=%EC%A1%B0%EC%A7%80%EC%95%84&search_year=2017&search_month=&search_tagkeyword=&systemcode=04&search_region=&search_area=1&currentPage=1&pageCnt=10(2017.12.28.)

정세진, "사카쉬빌리 전 조지아 대통령, 우크라이나에서 전격 추방 후 네덜란드로 이주,"『이머릭스 전문가 오피니언』 https://www.emerics.org:446/issueDetail.es?brdctsNo=241972&mid=a10200000000&&search_option=SUBJECT&search_keyword=%EC%A1%B0%EC%A7%80%EC%95%84&search_year=2018&search_month=&search_tagkeyword=&systemcode=04&search_region=&search_area=1&currentPage=1&pageCnt=10(2018.04.04.)

정세진, "조지아 대선, 여당지원 후보당선."『이머릭스 전문가 오피니언』 http://www.emerics.org/www/issue.do?systemcode=04&action=de-

tail&brdctsno=258268&pagenum=2 (2018.12.31.).

정세진, "러시아 하원의원의 조지아 의회 연설 여파로 재발된 양국 갈등,"『이머릭스 전문가 오피니언』,
https://www.emerics.org:446/issueDetail.es?brdctsNo=269831&mid=a1020000
0000&&search_option=SUBJECT&search_keyword=%EC%A1%B0%EC%A7%80
%EC%95%84&search_year=2019&search_month=&search_tagkeyword=
&systemcode=04&search_region=&search_area=1&currentPage=1&pageCnt
=10(2019.09.23.)

정세진, "조지아 의회 선거법 개정안 논란,"『이머릭스 전문가 오피니언』,
https://www.emerics.org:446/issueDetail.es?brdctsNo=305800&mid=a1020000
0000&&search_option=SUBJECT&search_keyword=%EC%A1%B0%EC%A7%80
%EC%95%84&search_year=2020&search_month=&search_tagkeyword=&systemcode=04&search_region=&search_area=1&currentPage=1&pageCnt=10
(2020.07.20.)

한국외국어대학교 러시아연구소 간행『Russia-Eurasia Focus』글

정세진."영웅의 몰락: 사카쉬빌리 기소 사건."『Russia-Eurasia Focus』284호.2014.
정세진."조지아 시위의 과정과 원인."『Russia-Eurasia Focus』538호.2019.
정세진."조지아 총선: 집권당의 승리와 야권의 강력 반발 시위."『Russia-Eurasia Focus』, 607호.2020.

한양대학교 아태지역연구센터 '유라시아 헤드라인: RFERL 글

2011년

http://www.rferl.org/content/first_south_ossetia_poll_results_runoff_likely/24390117.html(2011년 11월 14일자 RFERL 글)
http://www.rferl.org/content/georgian_soldier_killed_in_afghanistan/24439088.

html(2011년 12월 31일자 RFERL 글)

2012년

http://www.rferl.org/content/south_ossetia_new_political_confrontation_looms/24455721.html (2012년 1월 18일자)

http://www.rferl.org/content/georgia-optimistic-russia-talks/24916408.html (2012년 3월 1일자)

http://www.rferl.org/content/NATO_chief_calls_georgia_model_partner/24536136.html.(2012년 4월 3일자).

http://www.rferl.org/content/georgian_president_demands_to_know_opponents_stand_on_russia/24496391.html (2012년 2월 26일자)

http://www.rferl.org/content/나토_chief_calls_georgia_model_partner/24536136.html(2012년 4월 3일자)

2013년

http://www.rferl.org/content/georgia-prisoners-freed-amnesty/24822497.html(2013년 1월 13일자)

http://www.rferl.org/content/protesters-georgia-saakashvili-opponents-resignation/24841813.html (2013년 1월 17일자)

http://www.rferl.org/content/russia-georgia-wine-imports/24921145.html (2013년 3월 6일)

http://www.rferl.org/content/putin-abkhazia/24927142.html (2013년 3월 13일)

http://www.rferl.org/content/georgia-saakashvili-slams-russia-ivanishvili/24879817.html(2013년 3월 25일)

http://www.rferl.org/content/georgia-borjomi-water-russia/24954615.html (2013년 4월 11일)

http://www.rferl.org/content/us-human-rights-reports-countries/24963086.html(2013년 4월 19일)

http://www.rferl.org/content/georgia-gas-imports-russia-saakashvili/24979474.html (2013년 5월 7일)

http://www.rferl.org/content/georgia-russia-war-investigation/24985760.html (2013년 5월 14일)

http://www.rferl.org/content/georgia-saakashvili-interrogation/24996327.html(2013년 5월 24일

http://www.rferl.org/content/saakashvili-charges-budget/25003038.html (2013년 5월 31일)

http://www.rferl.org/content/NATO-afghanistan-georgia/25008287.html (2013년 6월 5일)

http://www.rferl.org/content/russia-georgia-wine-returns/25017834.html (2013년 6월 15일)

http://www.rferl.org/content/georgia-나토-russia-talks/25028737.html (2013년 6월 26일)

http://www.rferl.org/content/georgia-vanuatu-diplomatic-relations/25045811.html (2013년 7월 14일)

http://www.rferl.org/content/georgia-ivanishvili-breakaway-dialogue/25070822.html (2013년 8월 8일)

http://www.rferl.org/content/georgia-eurasia-union/25097530.html (2013년 9월 6일)

http://www.rferl.org/content/나토-russia-georgia/25124300.html (2013년 10월 2일)

http://www.rferl.org/content/russia-bans-georgian-drinks/25130472.html (2013년 10월 8일)

http://www.rferl.org/content/georgia-election-osce-margvelashvili/25150602.html (2013년 10월 28일)

http://www.eurasianet.org/node/67906 (2013년 12월 31일)

http://www.rferl.org/content/georgia-government-president-garibashashvili/25171961.html (2013년 11월 18일)

http://www.rferl.org/content/georgia-saakashvili-allies-trial/25195774.html

(2013년 12월 10일)

2014년

http://www.rferl.org/content/georgia-moldova-mccain-나토/25294893.html (2014년 3월 12일)

http://www.rferl.org/content/georgia-saakashvili-summoned-questioning/25305898.html (2014년 3월 22일)

http://www.rferl.org/content/rasmussen-expresses-support-to-tbilisis-euro-atlantic-aspirations/25318182.html (2014년 4월 2일)

http://www.rferl.org/content/georgia-to-sign-key-eu-pact-on-june-27/25384290.html (2014년 5월 14일)

http://www.rferl.org/content/rival-claimants-to-abkhazias-presidency-to-meet-/25406024.html (2014년 6월 1일)

http://www.rferl.org/content/NATO chief-lauds-georgian-military-reform-efforts/25409625.html (2014년 6월 4일)

http://www.rferl.org/content/ukraine-moldova-georgia-european-union-/25436834.html(2014년 6월 27일)

http://www.rferl.org/content/georgia-saakashvili-/25307129.html (2014년 3월 24일)

http://www.rferl.org/content/eu-committed-to-early-signing-of-association-agreement-with-georgia/25393288.html (2014년 5월 21일)

http://www.rferl.org/content/armenian-leader-concludes-two-day-visit-to-georgia/25427691.html (2014년 6월 19일)

http://www.rferl.org/content/ukraine-moldova-georgia-european-union-/25436834.html(2014년 6월 27일)

http://www.rferl.org/content/abkhazia-presidential-vote-khajimba/26548505.html (2014년 8월 25일)

http://www.rferl.org/content/georgia-russia-abkhazia-khajimba-president-oath-venezuela-nicaragua/26606462.html (2014년 9월 25일)

http://www.rferl.org/content/psaki-state-department-georgia-sakashvili-breifing-rights-retribution/26654263.html (2014년 10월 24일)

http://www.rferl.org/content/aeroflot-russia-georgia-moscfow-tbilisi-resumption-flights/26658729.html (2014년 10월 27일)

http://www.reuters.com/article/2014/11/05/us-georgia-government-idUSKB-N0IP0VV20141105 (2014년 11월 5일)

http://www.rferl.org/content/russia-abkhazia-NATO-european-union-united-states-/26708819.html (2014년 11월 25일)

http://www.rferl.org/content/eu-georgia-association-agreement/26750913.html (2014년 12월 18일)

2015년

http://www.rferl.org/content/eu-eastern-neighbors-central-asia-relations/26774929.html (2015년 1월 3일)

http://www.rferl.org/section/georgia/155.html (2015년 1월 9일)

http://www.rferl.org/content/russia-georgia-treaty-abkhazia/26809825.html (2015년 1월 23일)

http://www.rferl.org/content/saakashvili-washington-arms-for-ukraine/26869618.html (2015년 2월 25일)

http://www.rferl.org/content/russia-south-ossetia-sign-border-agreement/26856046.html (2015년 3월 13일)

http://www.rferl.org/content/margvelashvili-adderss-the-nationa-garibashviuli-snubs/26930058.html (2015년 3월 31일)

http://www.rferl.org/content/ukraine-rejects-georgias-request-to-extradite-saakashvili/26932123.html (2015년 4월 1일)

http://www.rferl.org/content/russia-eu-eastern-partnership/26976376.html (2015년 4월 24일)

http://www.rferl.org/content/georgia-government-confidence-vote/27003106.html (2015년 5월 8일)

https://www.rferl.org/a/georgia-eu-south-caucasus-herbert-salber-south-ossetia/28493838.html (2017년 5월 18일)

http://www.rferl.org/content/eu-eastern-partnership-summit-text-wording/27030727.html (2015년 5월 22일)

http://www.rferl.org/content/georgia-russia-khidasheli-diplomatic-war-success/27147388.html (2015년 7월 22일)

http://www.rferl.org/content/georgia-나토-training-center/27212128.html (2015년 8월 27일)

http://www.rferl.org/content/southe-ossetia-referendum-joining-russia/27315075.html (2015년 10월 19일)

http://www.rferl.org/content/georgia-russia-talks-prague/27322713.html (2015년 10월 23일)

http://www.rferl.org/content/georgia-saakashvili-citzenship-stripped/27406996.html (2015년 12월 4일)

http://www.rferl.org/content/russia-georgia-relations-improve-putin/27433662.html (2015년 12월 17일)

http://www.rferl.org/content/georgian-parliament-vote-kvirikashvili-government-december-29/27454801.html (2015년 12월 29일)

2016년

http://www.rferl.org/content/georgia-welcomes-icc-probe-2008-russia-war/27516927.html (2016년 1월 28일)

http://www.rferl.org/content/georgia-says-western-intergration-sovereignity-are-red-lines-in-russia-talks/ 27622192.html (2016년 3월 18일)

http://www.rferl.org/content/georgian-premier-kvirikashvili-courts-west-while-easing-tensions-moscow/ 27697306.html (2016년 4월 26일)

http://www.rferl.org/content/russia-slams-us-georgia-drills/27720352.html (2016년 5월 6일)

http://www.rferl.org/a/georgian-dream-ahead-parliament-elections-opposition-fraud/28040586.html (2016년 10월 9일)

http://www.rferl.org/a/georgian-dream-super-majority-for-common-good-

or-selfish-ends/28089134.html (2016년 11월 1일)

http://www.rferl.org/a/european-parliament-visa-free-travel-georgia-ukraine-travel/28178124.html (2016년 12월 15일)

http://www.rferl.org/a/us-russia-abkhazia-military-force/28134275.html (2016년 12월 23일)

2017년

http://www.rferl.org/a/georgia-european-parliament-approves-visa-liberalization/28275007.html(2017년 2월 3일)

http://www.rferl.org/a/eu-georgia-abkhazia-elections-breakway/28366907.html (2017년 3월 13일)

http://www.rferl.org/a/eu-envoys-approve-gerogia-visa-liberalization-/28324676.html (2017년 2월 22일)

http://www.rferl.org/a/georgia-eu-visa-free-travel-/28395173.html (2017년 3월 28일)

https://www.rferl.org/a/georgia-kvirikashvili-trump-abkhazia-south-ossetia/28475046.html(2017년 5월 8일)

https://www.rferl.org/a/ukraine-saakshvili-poroshenko-how-they-got-here/28903591.html(2017년 12월 7일)

기타 인터넷 자료

http://www.utro.ru/articles/2001060618195318283.shtml(2001년 6월 6일)

http://www.guuam.org/doc/yalta_char_7jun01.htm(2001년 6월 7일)

http://kref.naver.com/doc.naver?docid=584851(검색일: 2002년 7월 25일).

http:www.guuam.org.ua/cgi-bin/valnews_guuam.sh?recent.html(2004년 4월 1일).

Parliament Adopts Bipartisan Resolution on Foreign Policy.Civil Georgia (7 March 2013), http://civil.ge/eng/article.php?id= 25828 (2014년 8월 3일)

http://www.guuam.org.ua/cgi-bin/valmenu_guuam.sh?p02.html(2005년 3월

27일).

http://www.elvisti.com/2005/4/22/week.shtml(2005년 4월 22일)

http://www.gazetasng.ru/news.phpid=11319(2005년 4월 22일).

http://news.bbc.co.uk/hi/russian/press/newsid_4475000/4475363.stm(2005년 4월 23일)

http://www.news.bbc.co.uk/hi/russian/press/newsid_4475000/4475363.stm(2005년 4월 23일).

http://www.mpa.ru/cis/new.php?id=33293(2005년 4월 26일).

http://www.foreignpolicy.org.ua/eng/papers/index.shtml?id=4799(2005년 5월 5일).

http://news.pravda.ru/abroad/2005/05/05/75515.html(검색일: 2005년 5월 5일).

http://www.lenta.ru/news/2005/05/06/uzbek/(2005년 5월 6일).

"План урегулирования приднестровской проблемы," (http://www.mfa.gov.ua/information/?mfa/)(2005년 5월 19일).

К ГУАМ может присоединиться Киргизия.(http://www.ictv.ua/ru/content/publications/world/utfu_gfdrtdgh.html(2005년 6월 3일).

http://en.wikipedia.org/wiki/GUAM_Organization_for_Democracy_and_Economic_Development(2006년 5월 25일).

주

1. *Д.Л. Ватейшвили, Грузия и европейские страны том 1. Грузия и Западная Европа XIII-XVII века. Книга 1.* (Москва: Наука, 2003), p. 16.
2. 정세진, "GUAM 창설과 헤게모니 갈등: GUAM의 탈러시아적 경향을 중심으로," 「슬라브학보」, 22-1 (2007), 201쪽.
3. Glenn E. Curtis (ed). *Armenia, Azerbaijan, and Georgia Country studies* (Library of Congress Cataloging-in-Publication Data, 1994), p. 157.
4. 위키백과 (https://ko.wikipedia.org/wiki/%EC%B9%B4%EB%A5%B4%ED%8B%80%EB%A6%AC)
5. 위키백과
6. А.М. Апакидзе, "Города древней Грузии (Тбилиси, 1968); Брашинский И.Б. "Синопа и Колхида (К проблеме греческой колонизации Юго – Восточного Причерноморья)," *Вопросы древней истории* (Тбилиси, 1973), pp. 180-190.
7. П. И. Иоселиани, *Описание древностей города Тифлиса* (Тбилиси, 1866), p. 9.
8. Г. А. Меликишвили, *К истории древней Грузии* (Тбилиси, 1959), p. 324.
9. E. Glen, op. cit. p. 158.
10. Д.Л. Ватейшвили, op. cit. p. 21.
11. Н. Ю. Ломоури, *К истории Понтинийского царства* (Тбилиси, 1979), p. 167.
12. 위키백과. https://ko.wikipedia.org/wiki/%EC%A1%B0%EC%A7%80%EC%95%84%EC%9D%98_%EC%97%AD%EC%82%AC
13. 박태성, "러시아 역사발전 과정에서의 자카프카지예 – 자카프카지예의 발전과정과 정체성을 중심으로," 「슬라브학보」, 22-2 (2006), 110쪽.
14. 박태성, 위의 글.
15. 김부기, "조지아 공화국," 「미소연구」 6집 (단국대 미소연구소), 281쪽.
16. https://namu.wiki/w/%EB%B0%94%EA%B7%B8%EB%9D%BC%ED%8B%B0%EC%98%A8
17. 정세진, "그루지야 정교의 정체성: 기원, 국가, 국민적 인식을 중심으로," 「노어

노문학」 20-3 (2008), 399~400쪽.

18. Ronald Grigory Suny, *The Making of the Georgian Nation* (Bliimington and Indianapolis: Indiana University Press, 1988), p. 21. 황영삼, "조지아와 아르메니아의 종교와 민족주의," 임영상. 황영삼 공편『소련과 동유럽의 종교와 민족주의』(서울: 한국외대출판부, 1996), 148쪽에서 재인용.

19. Теймураз Панджикидзе, "Христианство в Грузино-Российских отношениях: история и современность," *Центральная Азия и Кавказ*, No. 3 (39) (2005), p. 35.

20. 허승철,『코카서스 3국의 역사와 문화』(서울: 고려대학교 출판문화원, 2019), 55쪽.

21. Glenn E. Curtis, op. cit., p. 159.

22. 고재남,『구소련 민족분쟁의 해부』(마산: 경남대학교 출판부, 1996), 290~291쪽.

23. Ревез Гачечиладзе, "Геополитические ориентиры Грузии: Смена направления?" *Центральная Азия и Кавказ*, No 1(37) (2005), p. 119.

24. Георгиевский трактат. *Исследование, документы, фотокопии В. Мачарадзе* (Тбилиси: Хеловнеба, 1983), p. 76.

25. Glenn E. Curtis, op. cit. p. 160.

26. Monica Duffy Toft, "Multinality, Regional Institutions, State-Building, and the Failed Transition in Georgia, http://informaworld.com/smpp/title-content=t713636416 (2002년 10월 1일 검색) p. 123.

27. https://en.wikipedia.org/wiki/Zviad_Gamsakhurdia

28. Иджран Гусейнова, "Расширение Европы и ЮжныйКавказ," *Центральная Азия и Кавказ*, No. 4(34) (2004) 참조.

29. 엄구호, "남코카서스의 '신거대게임'과 조지아의 친서구 정체성,"「중소연구」31-1 (2007), 135쪽.

30. 정세진, "GUAM 창설과 헤게모니 갈등: GUAM의 탈러시아적 경향을 중심으로,"「슬라브학보」22-1(2007), 193쪽.

31. Ibid., 194~200쪽.

32. 엄구호, 앞의 글, 151쪽.

33. Ревез Гачечиладзе, op. cit. p. 117.

34. 박정호, "자카프카지예 지역분쟁의 정치 경제적 요인 분석 – 조지아와 압하지야 분쟁을 중심으로,"「한국슬라흐학회 2005년 9월 정기학술회 발표 논문집」, 8쪽.
35. Ревез Гачечиладзе, op. cit. p. 120.
36. 엄구호, 앞의 글, 159쪽.
37. Н. Ю. Ломоури, *История Грузии* (Тбилиси, 1993), p. 10.
38. 정세진, "그루지야 정교의 정체성: 기원, 국가, 국민적 인식을 중심으로," 앞의 글, 394쪽.
39. Теймураз Панджикидзе, "Христианство в Грузино-Российских отношениях: история и современность," *Центральная Азия и Кавказ*. No. 2(38) (2005), pp. 33~43, Malkhaz Matsaberidze, "Georgia and the Geopolitics of Orthodoxy," *Central Asia and the Caucasus*. No. 6(42) (2006), pp. 70~76.
40. Теймураз Панджикидзе, op. cit., p. 33.
41. 황영삼, 앞의 글, 134쪽.
42. 정세진, 앞의 글, 396~397쪽.
43. Гулбаат Рцхиладзе, "Религиозный фактор и конфликтный потенциал в Грузии." *Центральная Азия и Кавказ*. No. 3 (39) (2005), p. 65.
44. Daum 백과: 조지아. https://100.daum.net/encyclopedia/view/b02g3792b
45. Mathijs Pelkmans, "Religion, Nation, and State in Georgia: Christian Expansion in Muslim Ajaria," *Journal of Muslim Minority Affairs*, 22-2 (2002), pp. 249~270.
46. Гулбаат Рцхиладзе, op. cit., pp. 68~70.
47. 박태성, 앞의 글, 111~112쪽.
48. Nikolai K. Gvosdev, "The Russian Empire and the Georgian Orthodox Church in the first decade of imperial rule, 1801~1830," *Central Asian Survey*, 14-3 (1995), pp. 408~409.
49. Ronald, G. Suny, *The making of the Georgian Nation* (London: I.B. Tauris, 1989), p. 65.
50. David, M. Lang, *The last years of the Georgian Monarchy. 1658~1832*

(New York: Columbia University Press, 1957), p. 39.
51. 정세진, 앞의 글, 405쪽.
52. 정세진, 앞의 글, 415쪽.
53. 정세진, "조지아 역사의 공간과 접변 연구 – 동과 서, 북방의 경계를 중심으로," 「국제지역연구」12-1(2008), 344쪽.
54. Barbara Christophe, "When is a Nation? Comparing Lithuania and Georgia," *Geopolitics*. 7-2(2002), p. 151.
55. Malkhaz Matsaberidze, "Georgia and the Geopolitics of Orthodoxy," *Central Asia and the Caucasus*. No. 6(42) (2006), p. 71.
56. Balci Bayram and Raoul Motika, "Islam in Post-Soviet Georgia," *Central Asian Survey* 26-3(2007), pp. 337~338.
57. George Sanikidze, Edward W. Walker, "Islam and Islamic practices in Georgia," *BPS Working Paper Serie* (University of California, Berkeley. 2004), p. 6.
58. Welt Cory, "Political Change and Border Security Reform in Eurasia: The Case of Georgia," *Nonproliferation Review*. 12-3 (2005), *p.* 517.
59. Balci Bayram, op. cit., p. 336.
60. 위키백과. https://ko.wikipedia.org/wiki/%EC%95%84%EC%9E%90%EB%A6%AC%EC%95%BC_%EA%B3%B5%ED%99%94%EA%B5%AD
61. Balci Bayram, op. cit., p. 345.
62. Ronald G. Suny, *The Making of the Georgian Nation* (Bloomington: Indiana University Press, 1994), p. 47.
63. Balci Bayram, op. cit., pp. 345~346.
64. Ibid., p. 345.
65. Mathijs Pelkmans, op. cit., pp. 253~258.
66. Ibid., p. 256.
67. Balci Bayram, op. cit., p. 346.
68. Mathijs Pelkmans, op. cit., pp. 259~261.
69. Balci Bayram, op. cit., p. 347.
70. Pelkmans, op. cit., pp. 258~259.

71. Armenia, Azerbaijan, and Georgia country studies, pp. 179~180.
72. 나무위키. https://namu.wiki/w/%EC%95%95%ED%95%98%EC%A7%80%EC%95%BC
73. Monica D. Toft, "Multinationality, Religions and State-Building: The Failed Transition in Georgia," *Regional & Federal Studies*. 11-3 (2001), p. 129.
74. Ibid., pp. 128~129.
75. 외교부 홈페이지
76. 위키백과 조지아편. https://ko.wikipedia.org/wiki/%EC%A1%B0%EC%A7%80%EC%95%84#종교
77. 외교부 홈페이지
78. 정세진, "조지아-EU 협력협정 발효의 정치·경제적 의미와 조지아의 EU 가입 전망,"『이머릭스 전문가 오피니언』 2016년 11월 21일, https://www.emerics.org:446/issueDetail.es?brdctsNo=202063&mid=a10200000000&&search_option=SUBJECT&search_keyword=%EC%A1%B0%EC%A7%80%EC%95%84&search_year=2016&search_month=&search_tagkeyword=&systemcode=04&search_region=&search_area=1&currentPage=1&pageCnt=10
79. 2016년 회고와 전망 '조지아' 편 (한양대 아태지역연구센터)
80. 이상준, "조지아의 체제전환과 경제발전: 개혁의 성공 조건,"「슬라브학보」 26-3 (2011), 31쪽.
81. 정세진, "러시아 하원의원의 조지아 의회 연설 여파로 재발된 양국 갈등,"『이머릭스 전문가 오피니언』 2019년 9월 23일, https://www.emerics.org:446/issueDetail.es?brdctsNo=269831&mid=a10200000000&&search_option=SUBJECT&search_keyword=%EC%A1%B0%EC%A7%80%EC%95%84&search_year=2019&search_month=&search_tagkeyword=&systemcode=04&search_region=&search_area=1&currentPage=1&pageCnt=10
82. 현승수, "포스트소비에트 조지아의 국가 건설: 국민주의와 제도화, 분쟁의 상관관계를 중심으로,"「동유럽연구」, 29 (2013), 221~222쪽.
83. 김혜진, "러시아와 그루지야의 관계-남오세티야 분쟁을 중심으로,"「동유럽연구」, 25-2 (2009), 37쪽.

84. 정세진, "조지아 대외정책의 방향성: 조지아의 對 EU, 러시아 관계 및 나토 가입 이슈를 중심으로," 「중소연구」, 44-4 (2020/2021), 289쪽.
85. 위의 글, 290쪽.
86. 이채문, "그루지야의 장미혁명과 수출용혁명론," 「대한정치학회보」 14-3 (2007), 68쪽.
87. 위키백과. https://ko.wikipedia.org/wiki/%EC%97%90%EB%91%90%EC%95%84%EB%A5%B4%EB%93%9C_%EC%85%B0%EB%B0%94%EB%A5%B4%EB%93%9C%EB%82%98%EC%A0%9C
88. 이영형, "조지아의 갈등구조와 러시아의 지정전략," 「분쟁해결연구」 13-3 (2015), 262~263쪽.
89. 정세진, 앞의 글, 292쪽.
90. Salome Dundua, Tamar Karaia, Zviad Abashidze, "National narration and Politics of Memory in post-socialist Georgia," *Slovak Journal of Political Sciences*, No. 17 (2017), p. 234.
91. http://www.rferl.org/content/georgian_president_demands_to_know_opponents_stand_on_russia/24496391.html (2012년 2월 26일자 RFERL 글)
92. 현승수, 앞의 글, 229쪽.
93. http://www.rferl.org/content/protesters-georgia-saakashvili-opponents-resignation/24841813.html (2013년 1월 17일자 RFERL 글)
94. http://www.rferl.org/content/georgia-prisoners-freed-amnesty/24822497.html (2013년 1월 13일자 RFERL 글)
95. http://www.rferl.org/content/georgia-saakashvili-slams-russia-ivanishvili/24879817.html(2013년 3월 25일자 RFERL 글)
96. http://www.rferl.org/content/georgia-constitution-amendments-president/24938549.html(2013년 3월 25일자 RFERL 글)
97. http://www.rferl.org/content/us-human-rights-reports-countries/24963086.html(RFERL 2013년 4월 19일자 글)
98. http://www.rferl.org/content/georgia-saakashvili-interrogation/24996327.html(2013년 5월 24일자 RFERL 글)
99. http://www.rferl.org/content/saakashvili-charges-budget/25003038.html

(2013년 5월 31일자 RFERL 글)

100. http://www.rferl.org/content/georgia-saakashvili-allies-trial/25195774.html (2013년 12월 10일자 RFERL 글)
101. http://www.rferl.org/content/georgia-saakashvili-summoned-questioning/25305898.html (2014년 3월 22일자 RFERL 글)
102. rferl.org/content/georgia-saakashvili-/25307129.html (2014년 3월 24일자 RFERL 글)
103. http://www.rferl.org/content/psaki-state-department-georgia-sakashvili-breifing-rights-retribution/26654263.html (2014년 10월 24일자 RFERL 글)
104. http://www.rferl.org/content/georgia-saakashvili-citzenship-stripped/27406996.html (2015년 12월 4일자 RFERL 글)
105. http://www.rferl.org/content/georgia-election-osce-margvelashvili/25150602.html (2013년 10월 28일자 RFERL 글).
106. http://www.rferl.org/content/georgia-election-osce-margvelashvili/25150602.html (2013년 10월 28일자 RFERL 글)
107. 2013년 한양대 아태지역연구센터 발간 '2013년 회고와 전망' 조지아 편
108. http://www.reuters.com/article/2014/11/05/us-georgia-government-idUSKBN0IP0VV20141105 (2014년 11월 5일자 RFERL 글)
109. http://www.rferl.org/a/georgian-dream-ahead-parliament-elections-opposition-fraud/28040586.html (2016년 10월 9일자 RFERL 글)
110. 정세진, "조지아 총선, 집권 여당의 승리," 『이머릭스 전문가 오피니언』, 2016년 11월 14일. https://www.emerics.org:446/issueDetail.es?brdctsNo=201566&mid=a10200000000&&search_option=SUBJECT&search_keyword=%EC%A1%B0%EC%A7%80%EC%95%84&search_year=2016&search_month=&search_tagkeyword=&systemcode=04&search_region=&search_area=1&currentPage=1&pageCnt=10
111. Ibid.
112. 정세진, "조지아 야당 세력의 분열," 『이머릭스 전문가 오피니언』, 2017년 3월 6일 https://www.emerics.org:446/issueDetail.es?brdctsNo=210481&mid=

a10200000000&&search_option=SUBJECT&search_keyword=%EC%A1%B0%EC%A7%80%EC%95%84&search_year=2017&search_month=&-search_tagkeyword=&systemcode=04&search_region=&search_area=1&currentPage=1&pageCnt=10

113. Ibid.
114. 정세진, "조지아 지방선거 결과: 여당의 압승,"『이머릭스 전문가 오피니언』, 2017년 12월 6일 https://www.emerics.org:446/issueDetail.es?brdctsNo=234653&mid=a10200000000&&search_option=SUBJECT&search_keyword=%EC%A1%B0%EC%A7%80%EC%95%84&search_year=2017&-search_month=&search_tagkeyword=&systemcode=04&search_region=&-search_area=1&currentPage=1&pageCnt=10
115. Ibid.
116. 정세진, "조지아 대선, 여당지원 후보 당선,"『이머릭스 전문가 오피니언』, 2018년 12월 31일, https://www.emerics.org:446/issueDetail.es?brdctsNo=258268&mid=a10200000000&&search_option=SUBJECT&search_keyword=%EC%A1%B0%EC%A7%80%EC%95%84&search_year=2018&-search_month=&search_tagkeyword=&systemcode=04&search_region=&-search_area=1&currentPage=1&pageCnt=10
117. Ibid.
118. *Government of Georgia, National Security Concept of Georgia* (2012), 3, http://www.isn.ethz.ch/Digital-Library/Publications/Detail/?lng=en&id=156940.
119. 우평균, 앞의 글, 77~78쪽.
120. 정세진, "러시아 하원의원의 조지아 의회 연설 여파로 재발된 양국 갈등,"『이머릭스 전문가 오피니언』 2019년 9월 23일, https://www.emerics.org:446/issueDetail.es?brdctsNo=269831&mid=a10200000000&&search_option=-SUBJECT&search_keyword=%EC%A1%B0%EC%A7%80%EC%95%84&-search_year=2019&search_month=&search_tagkeyword=&systemcode=04&search_region=&search_area=1&currentPage=1&pageCnt=10
121. 정세진, "조지아 시위의 과정과 원인,"『Russia-Eurasia Focus』제 538호 (한

국외대러시아 연구소 간행. 2019년 7월 22일)

122. 정세진, "조지아 의회 선거법 개정안 논란,"『이머릭스 전문가 오피니언』, 2020년 7월 20일, https://www.emerics.org:446/issueDetail.es?brdctsNo=305800&mid=a10200000000&&search_option=SUBJECT&search_keyword=%EC%A1%B0%EC%A7%80%EC%95%84&search_year=2020&search_month=&search_tagkeyword=&systemcode=04&search_region=&search_area=1&currentPage=1&pageCnt=10

123. Ibid.

124. Ibid.

125. 정세진, "조지아 총선: 집권당의 승리와 야권의 강력 반발 시위,"「Russia–Eurasia FOCUS」607호 (한국외대러시아연구소 간행. 2020).

126. Ibid.

127. "조지아 의회, 2021 선거법 개정안 채택,"「이머릭스 러시아유라시아 뉴스 브리핑」(2021년 7월 1일) https://www.emerics.org:446/newsBriefDetail.es?brdctsNo=317533&mid=a10100000000&&search_option=ALL&search_keyword=&search_year=2021&search_month=&search_tagkeyword=&systemcode=04&search_region=04010900&currentPage=1&pageCnt=10

128. David Aprasidze, "Democratization's Vicious Circle or How Georgia Failed to Change," *Connections*, 13-4 (2010), p. 70.

129. 이상준, "조지아의 체제전환과 경제발전 – 개혁의 성공 조건,"「슬라브학보」26-3 (2011), 40쪽.

130. Lincoln Mitchell, "Compromising Democracy: State-Building in Saakashvili's Georgia," *Central Asian Survey,* 28-2(2009), pp. 171~183.

131. Miriam Lanskoy, Giorgi Areshidze, "Georgia's Year of Turmoil," *Journal of Democracy* 19-4 (2008), pp. 154~168.

132. Christofer Berglund, "Georgia between Dominant-Power Politics, Feckless Pluralism, an democracy," *Demokratizatsiya*: *The Journal of Post-Soviet Democratization,* 22-3 (2014), p. 448.

133. Francoise Companjen, "Georgia," in Donnacha O Beacham, Abel Polese, (eds) *The Colour Revolutions in the Former Soviet Republics* (London:

Routledge, 2010), p. 27.
134. Ibid.
135. Ryan Kennedy, "Fading Colours? A Synthetic Comparative Case Study of the Impact of "Colour Revolutions," *Comparative Politics*, 46-3 (2014), pp. 273~292.
136. 정세진, "영웅의 몰락: 사카쉬빌리 기소 사건," 『Russia-Eurasia Focus』 284호 (한국외대러시아연구소 간행. 2014년 9월8일)
137. Ibid.
138. 유철종, "우크라 주지사 지낸 사카쉬빌리, 현지 검찰에 체포됐다 구출," 『2017년 12월 6일 연합신문』
139. https://www.rferl.org/a/ukraine-saakshvili-poroshenko-how-they-got-here/28903591.html (2017년 12월 7일자 RFERL 글)
140. 정세진, "우크라이나 정부, 샤카슈빌리 전 조지아 대통령 전격 체포: 야권 지도자에 대한 정치적 탄압," 『이머릭스 전문가 오피니언』 2017년 12월 28일, https://www.emerics.org:446/issueDetail.es?brdctsNo=236539&mid=a10200000000&&search_option=SUBJECT&search_keyword=%EC%A1%B0%EC%A7%80%EC%95%84&search_year=2017&search_month=&search_tagkeyword=&systemcode=04&search_region=&search_area=1&currentPage=1&pageCnt=10
141. Ibid
142. 정세진, "사카쉬빌리 전 조지아 대통령, 우크라이나에서 전격 추방 후 네덜란드로 이주," 『이머릭스 전문가 오피니언』 2018년 4월 4일, https://www.emerics.org:446/issueDetail.es?brdctsNo=241972&mid=a10200000000&&search_option=SUBJECT&search_keyword=%EC%A1%B0%EC%A7%80%EC%95%84&search_year=2018&search_month=&search_tagkeyword=&systemcode=04&search_region=&search_area=1&currentPage=1&pageCnt=10
143. Ibid.
144. 정세진, "조지아 지방선거 결과: 여당의 압승," 『이머릭스 전문가 오피니언』, 2017년 12월 6일. http://www.emerics.org/www/issue.do?systemcode=04

&action=detail&brdctsno=234653&search_regioncode1=01&search_regioncode2=09&search_regioncode3=00&search_area=undefined
145. http://www.rferl.org/a/georgian-dream-super-majority-for-common-good-or-selfish-ends/28089134.html (2016년 11월 1일자 RFERL 글)
146. 정세진, "조지아" 『한양대 아태지역연구센터, 2016년 회고와 2017년 전망』
147. http://www.rferl.org/content/georgia-government-president-garibashashvili/25171961.html (2013년 11월 18일자 RFERL 글)
148. https://ko.wikipedia.org/wiki/%EC%9D%B4%EB%9D%BC%ED%81%B4%EB%A6%AC_%EA%B0%80%EB%A6%AC%EB%B0%94%EC%8A%88%EB%B9%8C%EB%A6%AC
149. http://www.rferl.org/content/georgian-parliament-vote-kvirikashvili-government-december-29/27454801.html (2015년 12월 29일자 RFERL 글)
150. Ibid.
151. Heidemaria Gürer, "Return to Babel: The Race to Integration in the Southern Caucasus," *Connections*, 14-2 (2015), p. 100.
152. http://www.rferl.org/content/나토-russia-georgia/25124300.html (2013년 10월 2일자 RFERL 글)
153. http://www.rferl.org/content/georgia-russia-war-investigation/24985760.html (2013년 5월 14일 RFERL 글)
154. К. С. Гаджиев, *Геополитика Кавказа* (Москва: Международные Отношения, 2003), С. 165.
155. Gayane Novikova, "The Models of Sovereignty in the South Caucasus," *Connections*, 13-2 (2014), p. 97.
156. 김영술, 앞의 글, 47쪽.
157. http://www.rferl.org/content/first_south_ossetia_poll_results_runoff_likely/24390117.html(2011년 11월 14일자 RFERL 글)
158. http://www.rferl.org/content/south_ossetia_new_political_confrontation_looms/24455721.html (2012년 1월 18일자 RFERL 글)
159. http://www.rferl.org/content/russia-south-ossetia-sign-border-agree-

ment/26856046.html (2015년 3월 13일자 RFERL 글)

160. http://www.rferl.org/content/southe-ossetia-referendum-joining-russia/27315075.html (2015년 10월 19일자 RFERL 글)

161. http://www.rferl.org/content/georgia-welcomes-icc-probe-2008-russia-war/27516927.html (2016년 1월 28일자 RFERL 글)

162. https://www.rferl.org/a/georgia-eu-south-caucasus-herbert-salber-south-ossetia/28493838.html (2017년 5월 18일자 RFERL 글)

163. http://www.rferl.org/content/putin-abkhazia/24927142.html (2013년 3월 13일자 RFERL 글)

164. http://www.rferl.org/content/rival-claimants-to-abkhazias-presidency-to-meet-/25406024.html (2014년 6월 1일자 RFERL 글)

165. http://www.rferl.org/content/abkhazia-presidential-vote-khajimba/26548505.html (2014년 8월 25일자 RFERL 글)

166. http://www.rferl.org/content/georgia-russia-abkhazia-khajimba-president-oath-venezuela-nicaragua/26606462.html (2014년 9월 25일자 RFERL 글)

167. http://www.rferl.org/section/georgia/155.html (2015년 1월 9일자 RFERL 글)

168. http://www.rferl.org/content/russia-georgia-treaty-abkhazia/26809825.html (2015년 1월 23일자 RFERL 글)

169. http://www.rferl.org/content/russia-abkhazia-NATO-european-union-united-states-/26708819.html (2014년 11월 25일 RFERL 글)

170. http://www.rferl.org/a/us-russia-abkhazia-military-force/28134275.html (2016년 12월 23일자 RFERL 글)

171. http://www.rferl.org/a/eu-georgia-abkhazia-elections-breakway/28366907.html (2017년 3월 13일자 RFERL 글)

172. https://www.rferl.org/a/georgia-kvirikashvili-trump-abkhazia-south-ossetia/28475046.html (2017년 5월 8일자 RFERL 글)

173. 정세진, "그루지야 역사의 공간과 접변 연구 – 東과 西, 북방의 경계를 중심으로," 「국제지역연구」12-1 (2008), 330쪽.

174. Heidemaria Gürer, "Return to Babel: The Race to Integration in the Southern Caucasus," *Connections*, 14-2 (2017), p. 101.
175. Gayane Novikova, "The South Caucasus Between Russia and the West: How Pragmatic are the Stakeholders' Approaches?" *Connections*, 40-2 (2015), p. 44.
176. Hooman Peimani, *Conflict and Security in Central Asia and the Caucasus* (Santa Barbara, CA: ABC-CLIO, 2009), p. 277.
177. 엄구호, 앞의 글, 135쪽.
178. Jim Nichol, *Georgia (Republic) and NATO Enlargement: Issues and Implications, CRS Report to Congress* (Washington D.C.: Congressional Research Service, 2009).
179. Parliament Adopts Bipartisan Resolution on Foreign Policy. *Civil Georgia* (7 March 2013), http://civil.ge/eng/article.php?id= 25828 (2014년 8월 3일자).
180. http://www.rferl.org/content/georgian-premier-kvirikashvili-courts-west-while-easing-tensions-moscow/27697306.html (2016년 4월 26일자 RFERL 글)
181. http://www.rferl.org/content/georgia-says-western-intergration-sovereignity-are-red-lines-in-russia-talks/27622192.html (2016년 3월 18일자 RFERL 글)
182. http://www.rferl.org/content/georgia-to-sign-key-eu-pact-on-june-27/25384290.html (2014년 5월 14일자 RFERL 글)
183. http://www.rferl.org/content/eu-committed-to-early-signing-of-association-agreement-with-georgia/25393288.html (2014년 5월 21일자 RFERL 글)
184. http://www.rferl.org/content/armenian-leader-concludes-two-day-visit-to-georgia/25427691.html (2014년 6월 19일자 RFERL 글)
185. http://www.rferl.org/content/eu-georgia-association-agreement/26750913.html (2014년 12월 18일 RFERL 글)
186. http://www.rferl.org/content/ukraine-moldova-georgia-european-

union-/25436834.html(2014년 6월 27일 RFERL 글)

187. 정세진, "조지아-EU 협력협정 발효의 정치·경제적 의미와 조지아의 EU 가입 전망,"『이머릭스 전문가 오피니언』 2016년 11월 21일 https://www.emerics.org:446/issueDetail.es?brdctsNo=202063&mid=a10200000000&&search_option=SUBJECT&search_keyword=%EC%A1%B0%EC%A7%80%EC%95%84&search_year=2016&search_month=&search_tagkeyword=&systemcode=04&search_region=&search_area=1&currentPage=1&pageCnt=10

188. Ibid.

189. http://www.rferl.org/content/eu-eastern-neighbors-central-asia-relations/26774929.html (2015년 1월 3일자 RFERL 글)

190. http://www.rferl.org/content/margvelashvili-adderss-the-nationa-garibashviuli-snubs/26930058.html (2015년 3월 31일자 RFERL 글)

191. http://www.rferl.org/content/georgian-premier-kvirikashvili-courts-west-while-easing-tensions-moscow/27697306.html (2016년 4월 26일자 RFERL 글)

192. 정세진, "조지아-EU 협력협정 발효의 정치·경제적 의미와 조지아의 EU 가입 전망,"『이머릭스 전문가 오피니언』 2018년 12월31일 http://www.emerics.org/www/issue.do?systemcode=04&action=detail&brdctsno=258268&pagenum=2

193. 정세진, "조지아, 우크라이나, EU 솅겐 지역 단기 비자면제 받을 수 있을까?,"『이머릭스 전문가 오피니언』 2017년 1월 19일 https://www.emerics.org:446/issueDetail.es?brdctsNo=206947&mid=a10200000000&&search_option=SUBJECT&search_keyword=%EC%A1%B0%EC%A7%80%EC%95%84&search_year=2017&search_month=&search_tagkeyword=&systemcode=04&search_region=&search_area=1&currentPage=1&pageCnt=10

194. Ibid.

195. http://www.rferl.org/a/european-parliament-visa-free-travel-georgia-ukraine-travel/28178124.html (2016.12.15.)

196. http://www.rferl.org/a/eu-envoys-approve-gerogia-visa-liberaliza-

tion-/28324676.html (2017년 2월 22일자 RFERL 글)
197. http://www.rferl.org/a/georgia-eu-visa-free-travel-/28395173.html (2017년 3월 28일자 RFERL 글)
198. Canan Atilgan, David Aprasidze "End to an Era: Transfer of Power in Georgia," *KAS International Reports* 12 (2013), pp. 69-88.
199. Shalva Dzebisashvili, "Conditionality and compliance: the shaky dimensions of NATO influence (the Georgian case)," *Connections,* 13-2(2014), p. 13.
200. *National Security Concept of Georgia,* n. d. 1, 2.; http://mod.gov.ge/documents/ cfgeyzvjwhgeo. pdf.
201. Christopher Hemmer, Peter J. Katzenstein "Why is there no 나토 in Asia? collective identity, regionalism, and the origins of Multilateralism," *International Organization,* 56-3 (2002), p. 575, 588.
202. Ibid., pp. 597~600.
203. Shalva Dzebisashvili, op. cit., p. 10.
204. Ibid., p. 13.
205. Ibid., pp. 13~14.
206. *National Security Concept of Georgia* (NSC 11), adopted by parliament 23 Dec. 2011, http://www.mfa.gov. ge/MainNav/ForeignPolicy/NationalSecurityConcept.aspx?lang=en-US, p. 15. Tracey German (2017) "나토 and the enlargement debate: enhancing Euro-Atlantic security or inciting confrontation?" *International Affairs,* 93: 2, p. 301에서 재인용.
207. Tracey German, "NATO and the enlargement debate: enhancing Euro-Atlantic security or inciting confrontation?" *International Affairs.* 93-2(2017), p. 301.
208. http://www.rferl.org/content/georgia-says-western-intergration-sovereignity-are-red-lines-in-russia-talks/27622192.html (2016년 3월 18일자 RFERL 글)
209. http://www.rferl.org/content/georgian_soldier_killed_in_afghanistan/24439088.html(2011년 12월 31일자 RFERL 글)

210. 정세진, "조지아" 『한양대 아태지역연구센터 편, 러시아 유라시아 2015년 회고와 2016년 전망』
211. http://www.rferl.org/content/나토_chief_calls_georgia_model_partner/24536136.html (검색일: 2012.04.03.)
212. Tracey German, "NATO and the enlargement debate: enhancing Euro-Atlantic security or inciting confrontation?", p. 302.
213. http://www.rferl.org/content/NATO-afghanistan-georgia/25008287.html (2013년 6월 5일자 RFERL 글)
214. http://www.eurasianet.org/node/67906 (2013년 12월 31일 RFERL 글)
215. http://www.rferl.org/content/georgia-moldova-mccain-나토/25294893.html (2014년 3월 12일자 RFERL 글)
216. http://www.rferl.org/content/rasmussen-expresses-support-to-tbilisis-euro-atlantic-aspirations/25318182.html (2014년 4월 2일자 RFERL 글)
217. http://www.rferl.org/content/NATO chief-lauds-georgian-military-reform-efforts/25409625.html (2014년 6월 4일자 RFERL 글)
218. http://www.rferl.org/content/saakashvili-washington-arms-for-ukraine/26869618.html (2015년 2월 25일자 RFERL 글)
219. http://www.rferl.org/content/georgia-government-confidence-vote/27003106.html (2015년 5월 8일 RFERL 글)
220. http://www.eurasianet.org/node/73821 (2015년 6월 11일자 RFERL 글)
221. http://www.rferl.org/content/georgia-나토-training-center/27212128.html (2015년 8월 27일자 RFERL 글)
222. http://www.rferl.org/content/russia-slams-us-georgia-drills/27720352.html (2016년 5월 6일자 RFERL 글)
223. National Democratic Institute (Ukraine), 'NDI poll: undecided voters less satisfied with country's outlook; support for 나토 and EU stable', 27 July 2016, https://www.ndi.org/NDI-poll-georgian-voters-june-2016. German (2017), 302에서 재인용.
224. http://www.rferl.org/content/ukraine-rejects-georgias-request-to-extradite-saakashvili/26932123.html (2015년 4월 1일자 RFERL 글)

225. 정세진, "조지아와 우크라이나, 전략적 동반자관계 선언," 『이머릭스 전문가 오피니언』 2017년 8월 27일, https://www.emerics.org:446/issueDetail.es?brdctsNo=225080&mid=a10200000000&&search_option=SUBJECT&search_keyword=%EC%A1%B0%EC%A7%80%EC%95%84&search_year=2017&search_month=&search_tagkeyword=&systemcode=04&search_region=&search_area=1&currentPage=1&pageCnt=10
226. Ibid.
227. Ibid.
228. Ibid.
229. Stephen F. Jones *Socialism in Georgian colors. The European road to social democracy 1883~1917* (Cambridge, Massachusetts: Harvard University Press, 2005), p. 3 ; З.Д. Авалов, Присоедние Грузии к России (Санкт-Петербург: Журнал Звезда, 2009), С. 127-131.
230. Teodor Lucian Moga, Denis Alexeev, "Post-Soviet States Between Russia and the EU: Reviving Geopolitical Competition? A Dual Perspective," *Connections*, 13-1(2013), p. 44.
231. Ibid., p. 46.
232. Zofia Studzinska, "How Russia, Step by Step, Wants to Regain an Imperial Role in the Global and European Security System," *Connections*, 14-4 (2015), p. 25.
233. Bjorn Arp "Georgia v. Russia (I)," *The American Journal of International Law*, 109-1 (2015), pp. 170-171.
234. 김혜진, "러시아와 조지아의 관계 - 남오세티야 분쟁을 중심으로," 「슬라브연구」 25-2 (2009), 44쪽.
235. CIA World Fact Book 2016~2017, 57, p. 280.
236. Francoise Companjen "The war in South Ossetia, August 2008: Four perspectives," *Exploring the Caucasus in the 21th century. Essays on culture, history and politics in a dynamic context*. (eds) Francoise Companjen, Laszlo Maracz, Lia Versteegh (Amsterdam: Pallas Publications, 2010), p. 183.

237. 현승수, 앞의 글, 350~351쪽.
238. Zofia Studzińska, op. cit., p. 23.
239. 김영술, "러시아-그루지야 분쟁과 국제관계," 「아태연구」 16-2 (2009), 51쪽.
240. Francoise Companjen, "Recent political history of the South Caucasus in the context of transition," *Exploring the Caucasus in the 21th century. Essays on culture, history and politics in a dynamic context* (eds) Francoise Companjen, Laszlo Maracz, Lia Versteegh (Amsterdam: Pallas Publications, 2010), p. 115.
241. Iskra Kirova, *Public Diplomacy and Conflict Resolution: Russia, Georgia and the EU in Abkhazia and South Ossetia* (Los Angeles: Figueroa Press, 2012), p. 14.
242. Elizaveta Egorova, Ivan Babin, "Eurasian Economic Union and the Difficulties of Integration: The Case of South Ossetia and Abkhazia," Connections, 14-2 (2015), p. 87.
243. http://www.rferl.org/content/russia-eu-eastern-partnership/26976376.html (2015년 4월 24일자 RFERL 글)
244. Zofia Studzinska, op. cit., p. 29.
245. http://www.rferl.org/content/georgia-optimistic-russia-talks/24916408.html (2012년 3월 1일자 RFERL 글)
246. http://www.rferl.org/content/russia-georgia-wine-imports/24921145.html (2013년 3월 6일 자 RFERL 글)
247. http://www.rferl.org/content/russia-georgia-wine-returns/25017834.html (2013년 6월 15일자 RFERL 글)
248. http://www.rferl.org/content/georgia-borjomi-water-russia/24954615.html (2013년 4월 11일자 RFERL 글)
249. http://www.rferl.org/content/russia-bans-georgian-drinks/25130472.html (2013년 10월 8일자 RFERL 글)
250. http://www.rferl.org/content/georgia-나토-russia-talks/25028737.html (2013년 6월 26일자 RFERL 글)
251. http://www.rferl.org/content/georgia-ivanishvili-breakaway-dia-

logue/25070822.html (2013년 8월 8일자 RFERL 글)

252. http://www.rferl.org/content/georgia-gas-imports-russia-saakashvili/24979474.html (2013년 5월 7일자 RFERL 글)

253. http://www.rferl.org/content/georgia-russia-talks-prague/27322713.html (2015년 10월 23일자 RFERL 글)

254. http://www.rferl.org/content/aeroflot-russia-georgia-moscfow-tbilisi-resumption-flights/26658729.html (2014년 10월 27일자 RFERL 글)

255. http://www.rferl.org/content/russia-georgia-relations-improve-putin/27433662.html (2015년 12월 17일자 RFERL 글)

256. http://www.rferl.org/content/eu-eastern-partnership-summit-text-wording/27030727.html (2015년 5월 22일자 RFERL 글)

257. http://www.rferl.org/content/georgia-russia-khidasheli-diplomatic-war-success/27147388.html (2015년 7월 22일자 RFERL 글)

258. Дегоев В.В. *Большая игра на Кавказе: история и современность* (Москва: русская панорама, 2001), p. 425.

259. GUAM 창설의 역사와 그 의미에 대해서는 http://www.guuam.org/general.brouse.html 참조.

260. http://www.guuam.org.ua/cgi-bin/valmenu_guuam.sh?p02.html(검색일: 2005년 3월 27일).

261. 고재남, "유라시아의 다자지역협력," 『21세기 유라시아 도전과 국제 관계』 신범식 엮음 (서울: 한울아카데미, 2006), 174쪽.

262. http://www.guuam.org/doc/yalta_char_7jun01.htm(검색일: 2001년 6월 7일)

263. https://guam-organization.org/en/yalta-guuam-charter-2001/

264. http://www.guuam.org.ua/cgi-bin/valnews_guuam.sh?recent.html(검색일: 2004년 4월 1일).

265. http://kref.naver.com/doc.naver?docid=584851(검색일: 2002년 7월 25일).

266. http://news.pravda.ru/abroad/2005/05/05/75515.html(검색일: 2005년 5월 5일).

267. http://www.elvisti.com/2005/4/22/week.shtml(검색일: 2005년 4월 22일).

268. http://www.gazetasng.ru/news.php?id=11319(검색일: 2005년 4월 22일).
269. http://news.pravda.ru/abroad/2005/05/05/75515.html(검색일: 2005년 5월 5일).
270. http://www.ntv.ru/news/index.jsp?nid=64975.
271. 고재남, "유라시아의 다자지역협력," 176~177쪽.
272. http://en.wikipedia.org/wiki/GUAM_Organization_for_Democracy_and_Economic_Development.
273. 고재남, "CIS 통합운동의 동향과 전망. 러시아의 CIS 통합정책을 중심으로," 『21세기 러시아 정치와 국가전략』(서울: 일신사, 2001), 412~451쪽.
274. Taras Kuzio, "Promoting Geopolitical in the CIS: GUUAM and Western Foreign Policy," *Problem of Post-Communism,* 47-3 (2000), pp. 25~35. 신범식, "푸틴시기 러시아의 근외 정책과 중앙아시아," 『현대러시아 국가체제와 세계전략』(서울: 한울아카데미, 2005), 553쪽에서 재인용.
275. В.В, Дегоев, op. cit., p. 426.
276. Ярослав Матийчик, "ГУУАМ Состояние, риски, перспективы," *Центральная Азия и Кавказ* 5(35) (2004), p. 141.
277. http://news.pravda.ru/abroad/2005/05/05/75515.html(검색일: 2005년 5월 5일)
278. 고재남, "유라시아의 다자지역협력," 176~177쪽
279. Борис Парахонский, "Формирование модели регионального сотрудничества в системе ГУУАМ", *Центральная и Кавказ,* 2000. No 2(8).
280. GUAM의 탈러시아 경향에 대해서는 영국의 BBC 방송의 글을 참조하기 바람. http://news.bbc.co.uk/hi/russian/press/newsid_4475000/4475363.stm(검색일: 2005년 4월 23일).
281. http://www.guuam.org/general/browse.html.
282. 위의 인터넷 자료.
283. 위의 인터넷 자료.
284. 미국의 대러시아 영향력 차단 정책에 대해서는 S.G. Brooks, W.C. Wohlforth, "American Primacy in Perspective," *Foreign Affairs* Vol. 81. No. 4(2002), pp. 24~25.

285. Svante Cornell, "S engagement in the Caucasus: Changing gears," *Helsinki Monitor,* No. 2 (2005), p. 111.
286. http://www.foreignpolicy.org.ua/eng/papers/index.shtml?id=4799(검색일: 2005년 5월 5일)
287. Сергей Толстов. "Внешнеполитическийкурс украины после Оранжевой революции," *Центральная Азия и Кавказ.* 5(41) (2005), pp. 105~106.
288. Ibid.
289. http://www.utro.ru/articles/2001060618195318283.shtml(검색일: 2001년 6월 6일)
290. Мамедов С. Гордненка А. "У Каспийского стража появила хозяни," *Независимое военное обозрение. 27* мая *2005. 19(428).*
291. А.Г.Дугин, "Основные принципы евразийскойполитики,"『Основны евразийства』(Москва: Арктогея Центр, 2002), pp. 564~573. 권정임, "러시아 유라시아주의 – 상상의 지리에서 현실의 지리로 – ,"「노어노문학」17-1 (2005), 190쪽에서 재인용.
292. http://news.bbc.co.uk/hi/russian/press/newsid_4475000/4475363.stm(검색일: 2005년 4월 23일)
293. 위의 인터넷 자료.
294. https://vnnews.ru/aleksandr-dugin-lyuboy-sovremennyy-r/
295. http://www.ntv.ru/news/index.jsp?nid=64975.
296. 위의 인터넷 자료.
297. 『서울신문』, 2005년 4월 23일.
298. http://www.mpa.ru/cis/new.php?id=33293(검색일: 2005년 4월 26일).
299. http://www.foreignpolicy.org.ua/eng/papers/index.shtml?id=4799(검색일: 2005년 5월 5일)
300. 『서울신문』, 2005년 4월 23일.
301. Итар Тасс, Apr. 22, 2005.
302. Svante Cornell, "US engagement in the Caucasus: Changing gears," p. 115.

303. http://www.gazetasng.ru/news.phpid=11319(검색일: 2005년 4월 22일).

304. 위의 인터넷 자료.

305. 『연합통신』, 2005년 4월 23일.

306. http://news.bbc.co.uk/hi/russian/press/newsid_4475000/4475363.stm(검색일: 2005년 4월23일)

307. К ГУАМ может присоединиться Киргизия. (http://www.ictv.ua/ru/content/publications/world/utfu_gfdrtdgh.html(검색일: 2005년 6월 3일).

308. 고재남, "트랜스 코카서스 중앙아시아의 '신거대 게임'과 러시아의 대응", 『외교안보연구원, 2005 정책연구시리즈』, 1~16 쪽.

309. Кондрашов Д. "Фронт против России направления агресии," (http://www.regnum.ru/news/428347.html(검색일: 2005년 3월 28일).

310. "Kyiv Declaration on Establishment of the Organization for Democracy and Economic Development-GUAM," http://guam.org.ua/204,568,1,0,1,0,phtml(검색일: 2006년 6월 2일). 고재남, "유라시아의 다자지역협력," 176~177쪽에서 재인용.

311. http://www.lenta.ru/news/2005/05/06/uzbek/(검색일: 2005년 5월 6일).

312. Коммерсант, Apr. 23, 2005.

313. http://www.mpa.ru/cis/new.php?id=33460(검색일: 2005년 5월 5일). 『연합통신』, 2005년 5월 6일.

314. 『연합통신』, 2005년 5월 6일.

315. http://www.mpa.ru/cis/new.php?id=33460(검색일: 2005년 5월 5일).

316. Sherwood-Randall, Elizabeth, "US Policy and the Caucasus," *Contemporary Caucasus Newsletter, Barkeley Program in Soviet and Post-Soviet Studies*, 5 (1998), pp. 3~4.

317. Д.Л,Ватейшвили, *Грузия и европейские страны Том I. Грузия и Западная Европа XIII-XVII века. Книга 1* (Москва: Наука, 2003), p. 7.

318. С. Хаптингтон, *Третья волнаю Демократизация в волне XX века* (Москва, 2003).

319. 이채문, "조지아의 장미혁명과 수출용혁명론," 『한국슬라브학회 2005년 연례학술대회 발표집 사회과학분과』 참조.

320. 황성우, "카프카즈 지역의 다중 갈등과 지역 국가들의 국가전략," 『21세기 유라시아 도전과 국제관계』 신범식 엮음, (서울: 한울아카데미, 2006), 303쪽.
321. 즈비그네프 브레진스키 저, (김명섭 역) 『거대한 체스판 21세기 미국의 세계전략과 유라시아』 (서울: 삼인, 2004), 70쪽.
322. 한정숙, "키릴-메토디우스 형제단과 근대 우크라이나의 민족 정체성-형제단 지식인들의 담론 구성을 중심으로," 「러시아연구」 14-2 (2004), 390쪽.
323. 문명식, "우크라이나의 민족문제와 러시아," 「슬라브연구」 17-2 (2001), 3쪽.
324. 김경순, "우크라이나 국가형성과 정치변화," 「슬라브학보」 13-2 (1996), 145~176쪽.
325. http://news.pravda.ru/abroad/2005/05/05/75515.html(검색일: 2005년 5월 5일).
326. "План урегулирования приднестровской проблемы," http://www.mfa.gov.ua/information/?mfa/(검색일: 2005년5월 19일).
327. http://news.bbc.co.uk/hi/russian/press/newsid_4475000/4475363.stm(검색일: 2005년 4월 23일)
328. Ярослав Матийчик, "ГУУАМ: Состояние, риски, перспективы," pp. 142~144.
329. 박정호, "전환기 우크라이나 대외정책의 기본방향 및 특성 연구-러시아와 유럽연합과의 역학관계를 중심으로," 『2006년 한국슬라브학회 국제학술대회 사회과학분과 발표문』, 12쪽.
330. 위의 글, 13쪽.
331. http://news.pravda.ru/abroad/2005/05/05/75515.html.
332. 정옥경, "카스피해 지역에서의 러시아의 법적지위," 『한국슬라브학회 2005년 연례학술대회 발표집 사회과학분과』.
333. 이종문, "아제르바이잔 에너지안보와 외국인투자분석," 『2006년 3월 슬라브학회 정기학술회 발표논문집』 18쪽.
334. 강봉구, "편승과 균형: 21세기 세계 정치와 러-미관계," 『현대러시아 국가체제와 세계전략』 (서울: 한울아카데미, 2005), 468쪽.
335. Adam Albion, "US Men and Materiel Reportedly Land in Uzbekistan," *Rfe/RL Central Asia Report*, 1-10 (2001).

336. Kenneth Yalowitz and Svante Cornell, "The Critical but Perilous Caucasus," *Orbis*, 48-10 (2001).
337. 정한구, "몰도바공화국", 「미소연구」 6집 (단국대 미소연구소), 230쪽.
338. http://news.pravda.ru/abroad/2005/05/05/75515.html(검색일: 2005년 5월 5일).
339. http://www.gazetasng.ru/news.php?id=11319(검색일: 2005년 4월 22일).

찾아보기

영문

BTC 라인 40, 71, 230, 243, 287
DCFTA 162, 199
EaP 162-163, 165, 198-199, 203-204
ENP 41
EURASEC(유라시아 경제공동체) 208, 220, 233
PfP 178
SCO 207, 220, 233, 235
SSR 178
UNM 89

ㄱ

감사후르디아 37-38, 48, 62, 65, 87-88, 170, 287-288
거룩한 동반자(Noble Partner) 2016 185
게오르기 5세 30
관세동맹 83-84
그리골 바샤드제 113
기기 우굴라바 97, 106, 123
기오르기예프스크 조약 32
기오르기 크비리카쉬빌리 140

ㄴ

나고르노-카라바흐 40, 203

니카 멜리아 107-108, 118, 127

ㄷ

다비드 4세 29, 58
도널드 투스크 114, 203
도널드 럼스펠드 224
돈바스 187-188, 190-191
두긴 226-227, 231

ㄹ

라스무센 179-180, 183, 200-201
라울 카짐바 152
리온 27

ㅁ

매케인 182
메스케티안 65
므츠헤타 18, 28
미하일 야넬리제 163
민스크 협정 188

ㅂ

바그라티드 28, 33
바투미 36, 66, 68, 70-71, 109, 173, 182, 190
바흐탕 6세 59
베니스 위원회 122
베르디무하메도프 227
보르조미 110, 200

북오세티아 120, 148
블라디카프카스 120
비쥐노크라쉬 105
빅토르 야누코비치 136

ㅅ

사카르트벨로 21
사파비 30-31, 61, 193
살로메 주라비쉬빌리 81, 113, 138, 141
성녀 니노 26, 54
셍겐 존 172, 173
셰바르드나제 11, 37, 40, 65, 88-90, 128-129, 198, 217
스톨텐베르그 154, 177, 179, 185

ㅇ

아나톨리 비빌로프 148, 151
아르고 22
아슬란 브자니아 152-153
알라 지오예바 148
예레반 47, 120
오렌지 혁명 5, 90, 207-208, 217, 223, 231, 236
이라클리 가리바쉬빌리 81, 127, 139-140
이메레티 30-31
이베리아 20-22, 24-25, 27-28

ㅈ

조지아 군사 도로 120

ㅊ

츠힌발리 195

ㅋ

카르트벨리아 20-21
카르틀리 20-21, 24, 26, 30-33, 61-62, 76
카헤티 30-33, 62
콘스탄티노플 8, 30, 54
콜키스 20-22
쿠라 20, 27, 123
크베트 카르틀리 무슬림 76

ㅌ

트라브존 120, 182

ㅍ

판키시 76
펜스 부통령 147, 156
평화를 위한 동반자 프로그램 170
포로셴코 99, 132-136, 138, 187-191, 202
폰트 공국 24

ㅎ

하차푸리 49